sondern auch aus dem Blickwinkel einer weltoffenen Engländerin. Ganz abgesehen davon überzeugt Ethel Smyth durch die literarische Qualität ihres Erzählens. Ihre Schilderungen leben von den aufmerksam erspürten Nuancen, große Augenblicke werden leicht und stimmungsvoll hingeworfen. Die Smyth ist eine Schriftstellerin von Rang, die den unverwechselbar angelsächsischen Konversationstonfall perfekt beherrscht.

Die Herausgeberin: Eva Rieger wuchs in London auf und studierte ab 1967 in Berlin Musikpädagogik, Musikwissenschaft und Anglistik; Promotion bei Carl Dahlhaus. Seit 1985 ist sie Dozentin für Musikerziehung an der Hochschule Hildesheim. Sie legte zahlreiche Publikationen zum Leben und Schaffen von Musikerinnen und Komponistinnen vor, darunter 1980 ›Frau und Musik‹ und 1981 ›Frau, Musik und Männerherrschaft‹.

Ethel Smyth · Ein stürmischer Winter

John Singer Sargent, Ethel Smyth singt, 1901

Ethel Smyth

Ein stürmischer Winter

Erinnerungen einer streitbaren
englischen Komponistin

Deutsch von Michaela Huber
Herausgegeben von Eva Rieger

Bärenreiter Kassel · Basel

© 1988 Bärenreiter-Verlag Karl Vötterle GmbH & Co. KG, Kassel, für die deutsche Ausgabe
© 1919, 1921, 1928, 1933 Bruce Ian Randall Davidson; Douglas Randall Davidson;
Rita Daphne Jeanes
Schutzumschlag: Wiebke Schinköthe, Hamburg
Satz und Druck: Werbedruck GmbH, Horst Schreckhase, Spangenberg
Buchbinderische Verarbeitung: Buchbinderei Ludwig Fleischmann, Fulda
Printed in Germany
ISBN 3-7618-0923-9

Inhalt

Bleibende Eindrücke
7

Zwei kurze Eindrücke von Königin Victoria
59

Ein stürmischer Winter
77

Weibliche Töne im Paradies
137

Die letzte Brücke hinter sich abbrechen
149

Schlagworte und die geliebte Ignorantia
201

Anhang

Eva Rieger: »Bleibende Eindrücke«
225

Verzeichnis der Kompositionen
251

Literatur
252

Kurzbiographien
253

Nachweise
260

Bleibende Eindrücke

In ihren beiden Memoirenbänden ›Impressions that Remained‹ schildert Ethel Smyth ihre Kindheit und Jugend. Das großzügige Elternhaus, die mangelnde musikalische Ausbildung und ihre Anstrengungen, dieses Defizit zu überwinden, füllen den ersten Teil. Der folgende Text beginnt mit ihrem Studium in Leipzig, das sie nach der Überwindung schwerer familiärer Widerstände 1877 durchsetzte. Die Leipziger Jahre bezeichnete sie später als die glücklichsten in ihrem Leben.

Sommer 1877

Bevor ich mich daran begebe, die Geschichte der glücklichsten Epoche im Leben einer Künstlerin zu erzählen – den Zeitraum harter, von Hoffnung getragener Arbeit zwischen Selbstaufgabe und dem Bemühen, das Interesse einer gleichgültigen Außenwelt zu wecken –, will ich darauf hinweisen, daß das Szenario jener goldenen Zeit einen Abglanz des guten alten Deutschlands Heines und Goethes darstellte, bald dazu verurteilt, dem Druck des Imperialismus zu weichen.

In jenen Tagen lagen Preußen und Sachsen miteinander in Fehde; Hannover betrachtete sich als aristokratisches Bollwerk gegen die von anderen Staaten anstürmende Vulgarität, und Bayern haßte alle anderen Staaten gleichermaßen. In dieser Situation blieb, genau entgegen den Absichten des Kaiserreiches, alles beim Alten: ein individuelles, würdiges, selbstgenügsames Leben in jedem einzelnen Staate. Goethe hat einmal gesagt: »Es bildet ein Talent sich in der Stille«, und so gab es in jenen Tagen, als die kleinen deutschen Höfe und Provinzstädte zufrieden zu ihrem eigenen Nutzen wirkten, hunderte von beschaulich schönen Gärten der Kunst. Diese werden durch das Kaiserreich hinweggefegt; der Wettbewerb mit anderen Ländern mündet in die Industrialisierung aller Lebensbereiche, einschließlich der Musik. Als ich mehr als ein Vierteljahrhundert später Leipzig wieder besuchte, stellte ich fest, daß genau das dort gerade geschah; es fand, wie überall, eine Inszenierung dieses grellen Schauspiels statt, das mich traurig und sehnsüchtig an die Vergangenheit denken ließ.

Ob der Krieg, der so vieles zu einem abrupten Ende führte, der Kunst wieder Würde und Ausstrahlung verleihen wird, bleibt abzuwarten, doch die alte Situation ist auf jeden Fall für immer dahin. Aus diesem Grund, und nicht nur, weil ich diese vergangene Epoche so sehr liebte, erscheint es mir wert, meine Erinnerungen an sie so genau wie möglich aufzuzeichnen.

Von der Reise erinnere ich nur wenig, außer daß der Zug, bald nachdem er die holländische Grenze überquert hatte, einen in der Ferne erkennbaren Höhenzug ansteuerte; und plötzlich tat sich in der Bergkette ein enges Tal auf, das wir neben dem Fluß, der es in den Berg gegraben hatte, durchfuhren. Diese Stelle, eines der eindrucksvollen Tore nach Deutschland, das mich an die Guilford-Spalte auf dem Rücken des Hog erinnert, nur daß er sehr viel größer ist, diese Stelle habe ich danach noch oft passiert, niemals ohne ein Gefühl innerer Erregung. Und dann kam der packende Moment – nach einer langsamen Fahrt hinunter durch häßliche Vorstädte –, das unbeschreibliche Gefühl, das mich ergriff, als ich das Wort ›Leipzig‹ auf dem Schild am Bahnsteig las. Wir frühstückten im kleinen alten Hôtel de Rome ganz in der Nähe und machten uns dann auf die Suche nach Frau Professor Heimbachs Wohnung mit dem romantischen Namen Place de Repos, Treppe G.

Nun, es war ganz zweifellos ein Ort der Ruhe: ein großer Wohnblock abseits der Straße, zwischen zwei gleich scheußliche Wohnblocks gezwängt; es würde wohl niemand darauf kommen, den Ort romantisch zu nennen, doch wen kümmert das? Zwischen mir und ihm schwebte ein Schleier, gewebt aus jugendlicher Hoffnung – das stärkste Gewebe romantischer Empfindungen; und als wir durch einen schmuddeligen Bogengang auf den Hof gingen, der zu ›Treppe G‹ führte, war es für mich das Tor zum Gelobten Land. Wir erklommen drei verrottete Treppen, und mein Schwager schnupperte neugierig den Gerüchen nach, die sich im Treppenhaus gefangen hatten und die, wie ich glaube, von den zwei oder drei schwerfälligen Flüssen ausgedünstet wurden, zwischen denen Leipzig erbaut wurde; einer davon, ein übelriechender Tümpel namens Pleisse, wälzte sich dicht am Haus vorbei. Eine stämmige Frau, die einen ebenso schüchternen wie mütterlichen Eindruck machte und, wie ich später erfuhr, ihr bestes Sonntagskleid trug, begrüßte uns sehr freundlich und informierte uns (oder eher Harry Davidson, denn gegen ihren Leipziger Akzent kamen meine kümmerlichen Deutschkenntnisse nicht an), daß ich nicht von England abgeschnitten sein würde, denn sie hatte noch einen weiteren Logiergast – einen »charmanten Jungen«, Herrn B., Neffe eines berühmten Potentaten mit guten Verbindungen zum ›Punch‹* und *Protégé* von Frau Schumann.

Wir stellten mein Gepäck ab, inspizierten mein Zimmer und die kleine hölzerne Bettstatt mit ihrem riesigen bauschigen Federbett darauf und begaben uns daran, die Stadt zu erkunden, die Harry schon von früher kannte.

Damals schon war sie eine Stadt voller Charme; die Wälle und Befestigungen waren geschleift worden bis auf die Pleissenburg, die in einem Winkel der Stadtbefestigung erbaut worden war und den inneren Altstadtkern zusammenhielt; und obwohl sie eigentlich alles andere als schön war, wirkte sie doch imposant, mit ihrem gedrungenen Turm und der unerschütterlich massigen Form. Der ›Graben‹, wie ihn die Deutschen nennen, war vor Jahrhunderten bereits hineingebaut und als Promenade bepflanzt worden, und darüber türmten sich – jedenfalls aus unserer Sicht, denn wir befanden uns dicht außerhalb der Altstadt – auf einem Hügel die großen, engen, ziegelbedeckten Häuser aus Dürers Bildern und fingen auf hübsche Weise das Abendlicht ein. Dicht neben uns am Rande der Altstadt befand sich die Thomaskirche, in der Bach einst die Orgel spielte, und die Thomasschule, an der er als Kantor arbeitete; dies war der einzige ehemalige Wohnort eines großen Toten, der mich je beeindruckt hat, obwohl auch er recht unansehnlich war. Inzwischen wurden die Pleissenburg und die malerische alte Mühle dahinter abgerissen, doch ich vertraue darauf, daß das Rathaus immer noch steht. Es war zwar kein besonders schönes Bauwerk der Spätrenaissance, dennoch aber ein faszinierendes Gebäude, mit seinen kupferbedeckten Fialen, die inzwischen Patina angesetzt hatten, und den Ziegeln in einer warmen, dunklen Farbe. Zu meiner Zeit gab es immer wieder Aufruhr um das Rathaus, man wollte es abreißen und drei oder vier engere Gäßchen in der Nähe verbreitern, in denen einige sehr schöne alte Häuser standen, doch es gelang immer wieder, die Philister zu bezwingen.

Wir speisten im besten Restaurant der Stadt zu Mittag, und Harry meinte, es würde meinen Vater sicherlich freuen zu hören, daß wir für umgerechnet etwa 10 Pence pro Person gegessen hatten. Dann gingen

---

* Englische Zeitschrift

wir ins Rosenthal spazieren, eine Art Waldpark – das zwar etwas steif wirkte, doch recht hübsch war; allerdings war es dafür berüchtigt, daß es dort im Frühling penetrant nach Knoblauch roch, so daß selbst die glühendsten Liebespaare reißaus nahmen. Hier machte ich zum ersten Mal die Bekanntschaft mit den berühmten ›Verbotsschildern‹, von denen das deutsche Kaiserreich so überreichlich Gebrauch machte und auf die wir an jeder Ecke stießen; ich war bis dahin der Meinung gewesen, Gras sei dazu da, daß man darauf geht, doch hier wurde ich eines Besseren belehrt.

Eine Eigentümlichkeit an Leipzig war, daß der Raum zwischen den verschwundenen Wällen und der Promenade in winzig kleine Schrebergärten von der Größe einer Kapelle der Westminster Abtei eingeteilt war, die an jeden vermietet wurden, der sich darum bewarb. Wir hatten um vier Uhr eine Verabredung zum Kaffeetrinken im Garten der Frau Professor, die Stelle war uns vorher genau beschrieben worden, und man hatte uns versprochen, daß Herr B., den wir noch nicht zu Gesicht bekommen hatten, uns dort erwarten würde. Ein recht ungepflegter junger Mann mit Künstlerallüren erwartete uns zur angegebenen Zeit. Eine blonde Haarsträhne hing ihm in die Augen – ein Mensch, dessen Erscheinung meinem Vater sicherlich aufs Äußerste mißfallen hätte. Der junge Mann führte uns zu unserem Garten, wo Frau Professor und ihre Nichte Fräulein Friedländer schon alles gerichtet hatten. In jedem der Gärten befand sich ein kleines Sommerhäuschen, von drei oder vier Bäumen umstanden; in unserem gab es keine Blumen, doch zu unserem großen Erstaunen fünf in Kies gebettete Krocket-Tore; und hier spielten wir nach dem Kaffeetrinken das verrückteste Krocketspiel, an dem ich je teilgenommen habe, Fräulein Friedländer und Harry gegen B. und mich. Wenn man das Tor nicht anpeilen konnte, weil ein Baum im Wege war, verrückte man einfach das Tor oder nahm es weg und stellte es im jeweils günstigsten Winkel wieder auf. B. war ein Spieler von der gewalttätigen Art, dessen größtes Ziel darin bestand, den Ball wie zufällig gegen einen der Bäume zu schlagen, von wo er genau ins Sommerhaus hineinflog, in dem Frau Professor und ihre Katze mit dem Strickzeug beschäftigt waren. Mit dem gemeinsamen Strickzeug, denn wir erfuhren, daß die Katze, sobald die Nadeln auch nur einen Augenblick in der Bewegung innehielten, ruhelos wurde und in die Nachbargärten wildern ging. Als ihr die Bälle nur so um die Ohren flogen, sammelte Frau Professor in aller Seelenruhe die Krocket-tore ein, stapelte sie hinter dem Sommerhaus und nahm ihren Platz wieder ein; und ich sagte mir, eine alte Dame mit solch gesunden Nerven muß eine angenehme Vermieterin sein.

Danach waren wir zum Festessen in unsere Wohnung geladen; ich erinnere mich, daß es Rebhühner mit Sauerkrautfüllung gab, die uns mit der Bemerkung offeriert wurden, sie seien »fein und begannt«. Über diesen Satz grübelte ich etwa ein Jahr lang, bis ich herausfand, daß »begannt« die sächsische Aussprache von »pikant« war. Mein Schwager, glücklicherweise Raucher, wurde schließlich von B. beim Licht seiner eigenen Streichhölzer nach unten geleitet, und ich verbrachte meine erste Nacht unter einem deutschen Dach. Am nächsten Tag brachte ich Harry zum Bahnhof, und danach begann ich mein Leipziger Leben, in einem Zustand wilder Begeisterung, der die kleinen Brötchen in Manna, den von den Leipzigern so geliebten dünnen Kaffee in Nektar verwandelte und mich sogar die sanitären Umstände als Lokalkolorit betrachten ließ. Das einzige Wasser, das die Stadtverwaltung an die Place de Repos lieferte, bestand aus einem dünnen Rinnsal aus dem Wasserhahn in der Küche, doch da ich in jenen Tagen an Zuber voll kaltem Wasser gewohnt war, führte das zu keinen negativen Konsequenzen.

Es stellte sich heraus, daß mein erstes Urteil über den Charakter meiner Vermieterin zutreffend gewesen war; man hätte kaum ein leichteres, philosophischeres Temperament finden können, und mit B. als Dolmetscher waren die Dialektprobleme bald überwunden. Doch erst einige Zeit später klärte sich ein gewisser Irrtum auf. Als Fräulein Friedländer von ihrer Tante, der Witwe von Professor Heimbach, gesprochen hatte, war in unserer Vorstellung der Titel mit hohen akademischen Ehren verbunden, vergleichbar denen von Darwin oder Huxley; im Angesicht der Dame konnte man sich allerdings nur vorstellen, daß ihr bedeutender Ehemann allmählich aufgestiegen war und sehr früh geheiratet hatte. Doch ich entdeckte, daß er weder berühmt noch irgendwie bekannt war, und ich war nicht einmal in der Lage herauszufinden, welche Universität dem späteren Herrn Professor Heimbach den hohen Titel verliehen hatte.

Der junge B. entpuppte sich als unbesonnener Hitzkopf von jener harmlosen Sorte Jugendlicher, deren Eltern offensichtlich froh sind, sich ihrer Anwesenheit in den Sommerferien entledigen zu können; bei der Gelegenheit fand ich heraus, daß es die Zeit der Großen Ferien war.

In meinem Eifer, endlich aus England herauszukommen, hatte ich vergessen, mich zu erkundigen, wann am Konservatorium der Unterricht begann, und stellte nun fest, daß es noch einen Monat geschlossen sein würde. Als Fräulein Friedländer, ihre Mutter und Fräulein Redeker – auch sie eine junge Leipzigerin – für vierzehn Tage in den Thüringer Wald fahren wollten, wurde vorgeschlagen, ich solle sie begleiten. Fräulein Redeker, ich erwähnte es schon, war eine meiner ›Leidenschaften‹, und als ich erfuhr, daß Henschel später zur Feriengesellschaft stoßen würde, machte ich mir eine Vorstellung von dem unaussprechlichen Glück, das mich erwartete.

Doch nur eine ungefähre Vorstellung, denn was jenes erste Zusammensein mit richtigen Musikern in einem kleinen Holzhaus am Waldrand mir letztlich bedeuten sollte, läßt sich nicht mit Worten beschreiben. Jedenfalls war ich noch nie jemandem begegnet, der fähig war zu beurteilen, ob ich nun die geborene Musikerin war, wie Mr. Ewing [ihr erster Lehrer in England] behauptet hatte, oder nicht, denn schließlich war er selbst nur ein begabter Amateur. Hier im Thüringer Wald jedoch hörte ein Mann meinen Kompositionen zu, der selbst Komponist war, der, was seine musikalische Ausrüstung anging, auf einer Stufe mit Brahms oder irgendeinem anderen der Großen in der Musikwelt stand, und auf seinem und den Gesichtern anderer las ich das ersehnte Urteil. Doch das allerhöchste Glück war nicht so unmittelbar persönlicher Art. Henschel ist einer der ausgezeichneten, kultivierten musikalischen Charaktere, die man nur in Deutschland oder Österreich findet; ich habe schon vielen Sängern gelauscht, nie jedoch habe ich etwas gehört, das seinem Gesang vergleichbar gewesen wäre. Er begleitete sich selbstverständlich selbst auf dem Klavier und sang Lieder von Brahms, Schubert, Beethoven – von wirklich jedem bedeutenden deutschen Komponisten. Er setzte sich jeweils an das wackelige alte Klavier in unserer Ferienwohnung, und alles, was ich in der musikalischen Literatur immer schon hatte hören wollen (ganz zu schweigen von den mir unbekannten Liedern, einschließlich seiner eigenen Lieder*), wurde mir dargeboten. Wie manche Menschen sich daran freuen können, zum ersten Mal Venedig im Mondschein gesehen zu haben, so bin ich dankbar, daß ich die ›Gruppe aus dem Tartarus‹** zum ersten Mal von Hen-

---

* Gemeint sind seine Lieder aus Scheffels ›Trompeter von Säckingen‹.
** ›Gruppe aus dem Tartarus‹ (Text: J. W. v. Goethe): Vertonung von Franz Schubert.

schel gehört habe, und in meinen Augen war dieser liebe alte Freund, den in späteren Jahren selbst mein Vater zu schätzen lernte, ein junger Gott.

Wir machten oft lange Spaziergänge und steuerten dabei regelmäßig eines der Bierhäuser an, die im Wald verstreut liegen und über die sich vornehme Menschen mokieren, die ich jedoch liebe; unterwegs sangen wir Volkslieder der Gegend, die ähnlichste Improvisation slawischer Zigeunerlieder, an der ich je teilgenommen habe. Eines Tages verliefen wir uns im Wald; es war brütend heiß, im Wald roch es nach Fichtennadelbad, und wir hatten das Gefühl, sterben zu müssen, wenn wir nicht bald unser Bierhaus fänden. Plötzlich stießen wir darauf, als wir um eine Ecke bogen, und bis an mein Lebensende werde ich nie vergessen, wie gut das erste Glas Bier an jenem Tag geschmeckt hat! Henschel hatte sich gerade irgendwo mit Brahms getroffen; und nachdem er uns erzählt hatte, daß die neue Symphonie des großen Meisters in der kommenden Konzertsaison im Gewandhaus unter Leitung des Komponisten aufgeführt werden würde, weiß ich noch, daß er mit dem Finger auf mich deutete und lachend zu den anderen sagte: »Seht Euch das Gesicht an!« ... Dreimal in meinem Leben war ich einen kurzen Augenblick lang im Siebten Himmel, das erstemal in Thüringen.

Eine Erinnerung an jene strahlenden vierzehn Tage ist mir geblieben: Ich nannte Fräulein Redeker immer »die Königin«, weil ich ihre Lippen zum ersten Male die Worte formen hörte: »Wie bist du, meine Königin«*. Also schnitt ich ihr aus Karton eine Krone der spitzen Neptunschen Art und bewegte sie dazu, sich fotografieren zu lassen, sie auf einem Stuhl sitzend, ich hinter ihr stehend und gerade im Begriff, ihr die Krone aufs Haupt zu setzen. Später heiratete sie einen bekannten Londoner Arzt, aber auch als Lady Semon besitzt sie diesen Schatz noch immer.

---

* ›Wie bist du, meine Königin‹ (Text: Georg Friedrich Daumer) aus den Liedern nach Platen und Daumer, op. 32 von Johannes Brahms.

Herbst 1877

Während meines Aufenthaltes in Thüringen hatte ich zu meinem großen Entsetzen von den beiden Mietern bei Frau Friedländer, die mit von der Partie waren, erfahren, daß das Klavier in jenem Haus den ganzen Tag lang belegt sein würde, so daß das Komponieren, wenn überhaupt, nachts würde stattfinden müssen. Ich war verzweifelt, doch schließlich verständigten sich die beiden Schwägerinnen friedlich darauf, ihre Pensionsgäste zu tauschen, und als wir nach Leipzig zurückkehrten, ließ ich mich für immer und ewig bei Frau Professor nieder. Irgendwie muß die Tatsache, daß der einzige andere Mieter ein junger Mann war, den Luchsaugen meines Vaters in Frimhurst entgangen sein, denn ich kann mich nicht erinnern, daß es deswegen Theater gegeben hätte.

Es war noch etwa eine Woche Zeit, bis das Semester begann. Man hatte mir ein Empfehlungsschreiben an einen der Honoratioren Leipzigs mitgegeben, den Leiter des großen Verlagshauses Brockhaus, doch ich hatte gar keine Lust, so schnell meine Freiheit aufs Spiel zu setzen. Also erkundete ich lediglich die Stadt, studierte die Preise und fand heraus, welche Musik man in der Ferienzeit hören konnte – vor allem aber sah ich mich um. Meine erste Entdeckung war, daß es überall im Ort von französischen Namen wie dem unserer Place de Repos wimmelte – Relikte der Napoleonischen Ära, die ein Monarch mit mehr Sinn für Geschichte und von geringerer Kultur als sein Enkel nicht des Eindeutschens für nötig befand. Wenn unser alter Wohnblock noch existiert, was unwahrscheinlich ist, dann heißt er zweifellos jetzt ›Ruheplatz‹. Es gab noch viele andere Relikte der französischen Vergangenheit, und ich lernte eine alte Dame kennen, die letzte Überlebende einer der großen Bürgerfamilien, die mir ihren Platz am Fenster zeigte, von wo sie einst zugesehen hatte, wie Napoleon durch eines der Stadttore in die Schlacht von Leipzig geritten war. Sie meinte, er habe »böse und unscheinbar« ausgesehen!

Eines Tages sah ich, daß Hoffmanns Serenade in D, ein Musikstück, das ich ganz besonders gerne hören wollte, am nächsten Abend bei einem Freilicht-Konzert im Rosenthal-Restaurant gespielt werden würde, und kündigte an, daß ich dabeisein wolle. Doch Frau Professor meinte, das sei unmöglich, kein junges Mädchen könne zu einem solchen Ort allein gehen, und leider könne sie mich nicht mitnehmen, da am nächsten Tag ›Große Wäsche‹ sei. Dies war das große Waschfest, das einmal im Monat in Haushalten wie dem unseren stattfand und das, nach dem abstoßenden Berg schmutziger Wäsche in einem bestimmten Schrank zu urteilen, überfällig war. Die Vorstellung, mit B. dort hinzugehen, wurde gleich verworfen, also entwickelte ich einen Plan, in den diese famose alte Dame etwas zögernd einwilligte. Ich lieh mir eine Perücke mit grauen Korkenzieherlocken und eine große Hornbrille, ihren dichtesten Schleier und ihr Ausgehkleid, das, nachdem ich mich in mehrere Schichten Zeitungspapier gehüllt, mit einer Schnur festgezurrt und andere Vorrichtungen angebracht hatte, hervorragend paßte. Nachdem ich mir schließlich die entsprechenden Falten aufgemalt hatte, segelte ich ins Rosenthal, setzte mich mit einem Strickzeug (reine Attrappe) an einen kleinen Tisch und bestellte Bier und ein Schinkenbrötchen.

Es war eine warme Septembernacht, und der Garten war voll mit Bürgerfamilien, die wie ich an kleinen Tischen saßen, sich Bier und Schinken bestellten und ehrfürchtig der wirklich ausgezeichneten Musik lauschten – kurz es war so, wie ich mir Deutschland vorgestellt hatte. Die einzige Beleuchtung bestand aus chinesischen Laternen, doch selbst bei Tageslicht hätte ich wahrscheinlich mit meinem gebeugten Rücken und meinem leicht hinkenden Gang jede Musterung überstanden. Ich sah mich um und entdeckte B., der mit zwei feisten jungen Deutschen an einem Tisch saß, und bald ging ich hinüber und stellte ihm mit zitternder Stimme einige Fragen, denn, so erklärte ich ihm, ich verstünde kein Deutsch. Die Serenade, übrigens ein charmantes Musikstück, und alles andere, was ich an jenem Abend zu hören bekam, begeisterten mich. Um elf Uhr schloß ich unsere Haustür auf und bahnte mir beim Schein des üblichen Streichholzes durch furchterregende Berge sortierter Wäsche den Weg zu meinem Zimmer. Frau Professor war so mit englischer Exzentrik vertraut und so überzeugt, daß die Söhne und Töchter unserer Rasse auf sich selbst aufpassen können, daß sie nicht einmal meinetwegen aufgeblieben war – eine Tatsache, die sie in meiner Wertschätzung enorm steigen ließ. Ich hatte von B., der im Zimmer neben dem ihren wohnte, gehört, daß sie kräftiger schnarchte als zehn starke Männer, seiner Ansicht nach wegen ihrer flachen Stupsnase, die aussah, als sei ihr ein kleiner Trichter mit einem Hammerschlag in den Kopf getrieben worden. Als ich an ihrer Tür vorbeiging, hörte ich, daß er wenigstens einmal die Wahrheit gesagt hatte, denn ansonsten war er einer der harmlosen Aufschneider, wie junge Männer seiner Art ja oft sind.

Am nächsten Tag wiederholte ich plötzlich beim Mittagessen meine Fragen vom Vorabend, mit derselben zittrigen Stimme, und einen Augenblick sah es so aus, als zweifelte B. an seinem Verstand. Dann versprach er, das Geheimnis für sich zu behalten. Als ich mich jedoch zum ersten Male im Konservatorium blicken ließ, stellte ich fest, daß ich dort schon eine gewisse Berühmtheit erlangt hatte, denn der junge Mann, der sich immer gern eine Einladung erschnorrte, zog aus dieser Geschichte seither seine Vorteile. Doch die Kunde gelangte nie bis nach Frimhurst, und das war die Hauptsache.

Wenige Tage bevor sie nach London aufbrach, nahm Fräulein Friedländer mich mit auf einen Besuch, auf den ich mich schon lange gefreut hatte, denn dies sollte meine Einführung in die Leipziger Musikwelt werden. Wieder drei Stockwerke verrotteter Treppenstufen, in eines der scheußlichen Gebäude hinein, die die Place de Repos flankierten. Und als ich eine Stunde später beim Tee – richtigen Tee – bei meinen neuen Freunden, Herrn Konzertmeister Röntgen, Leiter des Gewandhausorchesters, und seiner Familie saß, hatte ich eine Antwort auf die Frage gefunden: »Wonach hast du da draußen gesucht?« Jene Wände beherbergten die konzentrierte Essenz altdeutschen musikalischen Lebens, und ohne auch nur einen Augenblick zu zögern, drückte mich die ganze liebe Familie an ihr Herz.

Es begann alles mit einer kleinen Sonate in B-Dur, die ich geschrieben hatte und die sich als Schlüssel zu ihren Herzen herausstellte. Herr Röntgen war holländischer Herkunft, ein entfernter Vetter des Röntgenstrahlen-Entdeckers – einer der größten Gentlemen und wahrhaftigsten Musiker, die ich je kennengelernt habe. Seine Frau stammte aus der alten Leipziger Musikerfamilie Klengel, eine Familie, die ein Klavierquintett aus eigenen Reihen zusammenstellen und gemeinsam mit ihren Röntgen-Cousins ein ganzes Orchester bilden konnte. Jede Violinsonate, jedes Klaviertrio oder -quartett, das je in Noten erhältlich war, hatten Frau Röntgen und ihre Tochter schon einmal in Angriff genommen. Das Klavierspiel der Mutter war vielleicht etwas ungeschliffen, doch ihr Feuer und ihre Musikalität waren einfach mitreißend. Ihre Küchenmädchen waren nur selten geniale Köchinnen und mußten immer Anweisungen erhalten, und zwischen zwei Sätzen eines Trios rief Frau Röntgen dann zum Beispiel: »Line, du kannst das Scherzo übernehmen« und flog in die Küche; Line setzte sich auf den Klavierhocker und übernahm, bis sie wieder eifrig verjagt wurde. Ich erinnere mich an eine Situation, als der alte Papa Röntgen, wie wir ihn unter uns nannten, der an Verdauungsproblemen litt, sich über die Eierspeise beklagte und seine Frau reumütig meinte: »Ja, ich weiß, es ist mein Fehler, ich hätte warten sollen, um zu sehen, wie sie sie anbräunt ... doch du weißt ja, wie sehr ich dieses Andante liebe!«

Ihr Sohn Julius, Komponist, Bratschist und was noch alles, ist, glaube ich, immer noch Leiter einer Musikakademie und Dirigent in Amsterdam, doch Line wählte Heirat und Babies und gab die Musik weitgehend auf. Wenn Julius und seine Mutter Klavier vierhändig spielten, war das ein Anblick, der Fremde beinahe überwältigte – so dramatisch und absolut identisch wurden ihre geistigen Regungen in körperliche Bewegungen und Gesten übersetzt. Das war es, was den Anblick so seltsam unwirklich erscheinen ließ: Es war, als zöge irgendeine unsichtbare Macht gleichzeitig an zwei Paar Schnüren. In den zärtlichen Partien lächelten sie jedesmal dasselbe ekstatische Lächeln in sich hinein oder in extremen Fällen einander zu; bei Passagen in gemessenem Tempo straffte sich ihre Haltung und ihr Hals wurde steif; in leidenschaftlichen Augenblicken schleuderten sie ihren Oberkörper auf ihren Stühlen vor und zurück (niemals zur Seite, denn sie respektierten den jeweiligen Aktionsradius des anderen). Eine solch wilde Musizierleidenschaft ist mir nur noch einmal begegnet – bei Sada Yaccos zurückgewiesenem Bewunderer auf der japanischen Bühne. Es war alles so natürlich und ehrlich, daß man sich zwar gelegentlich ein Lächeln nicht verkneifen, dennoch aber seine Freude daran haben konnte, wenn man die beiden erst einmal gut genug kannte.

Sollte ein überlebendes Mitglied dieser lieben Familie jemals diese Zeilen lesen, dann kann ich mir bei meiner Verehrung und meinem Respekt für ihre Mutter nicht vorstellen, daß sie sich darüber ärgern, daß ich mich ein kleines bißchen über sie und Julius lustig gemacht habe. Es war nur ein Auswuchs dessen, was ich rühmen will – jene intime, man kann wirklich sagen häusliche Atmosphäre, in der damals Musik gemacht wurde.

Johanna, die älteste Tochter, eine besondere Freundin von mir, hatte einen eigenwilligen Charakter und war einer der musikalischsten Menschen, die ich je kennengelernt habe, obwohl sie kein Instrument spielte – schon das ein Zeichen von Originalität in jener Familie. Sie war eine der wenigen Kritikerinnen, auf deren Urteil ich respektvoll hörte, und sie hatte ein phänomenal gutes Gehör. Einmal setzte ich sie direkt auf die Klaviertastatur und forderte sie auf, mir zu sagen, welche Töne erklangen. Sie begann mit dem jeweils höheren oder tieferen Ton, für jemanden wie sie natürlich eine Kleinigkeit. Doch auch die übrigen Töne benannte sie korrekt, soweit ihre Körperfülle mir gestattete, das zu beurteilen. Sie sagte zum Beispiel, als ich einen Akkord anschlug, mit dem Baß beginnend: »d, dis – nein e – f, fis – *dann nichts bis* h«, und so weiter, bis die Töne verklungen waren. Lassen Sie irgendeinen Musiker diese Übung machen, und Sie werden sehen, wie schwierig sie ist. Johanna hatte so gut wie keine Stimme, und was vorhanden war, klang nicht besonders gut, doch kein Hütehund hat je seine Schafe besser zusammengehalten als sie die Altstimmen im Chorgesang.

Sie war religiös und lebte ganz und gar in lutherischem Geist – etwas, das in gewissem Kontrast stand zu ihrem nonkonformistischen Bewußtsein –, und dennoch, da ich herausfand, daß sie Maupassant nicht kannte, wagte ich es, ihr unbesonnen einen sorgfältig ausgesuchten Band von Erzählungen zu leihen. Am nächsten Tag gab sie ihn mir mit einem solch wundervollen Naserümpfen zurück, wie nur sie es zustandebringen konnte, zeigte mir damit ihren Protest und ihren Stolz auf ihre Unbestechlichkeit sowie ihr Vertrauen in die Fähigkeit der Deutschen, Kreaturen wie Maupassant letztlich zu zermalmen. Wenn sie aufgeregt war, sprach sie ein fast ebenso breites Sächsisch wie Frau Professor selbst, und ich kann nicht versäumen, zur Freude all jener, die den Dialekt kennen, ihre unsterblichen Worte wiederzugeben: »Ne, ich danke dir, so 'nen Dreck les' ich nich! Da geniegt mer schon mei Shakespeare und mei Geede!« Später sollte ich herausfinden, daß dies die in Deutschland gängige Meinung über französische Literatur war, wenn sie auch selten so unverblümt geäußert wurde.

Es gehörte noch jemand zu jenem Haushalt, ein liebes schwedisches Mädchen namens Amanda Meyer, Geigerin und Komponistin, die später Julius heiratete; da sah ich zum ersten Mal die charmante Mischung aus Kunst und Liebelei, die in jenen Tagen so häufig vorkam. So muß es zu Zeiten Bachs gewesen sein: wie bei den alten Röntgens, doch ich sehe keine Möglichkeit, wie das unter heutigen Bedingungen aufrechtzuerhalten oder wiederzugewinnen wäre.

Wenn ich an die Unterschiede zwischen damals und heute denke, fällt mir am meisten die Selbstverständlichkeit auf, mit der sich diese

Familien sehr oft abends zusammenfanden, um gemeinsam zu musizieren.
Nicht nur das, an jedem zweiten Sonntag kamen Mitglieder des Quartetts, das Papa Röntgen leitete – der Cellist war sein Neffe Julius Klengel –, in seine Wohnung und spielten den ganzen Nachmittag. Manchmal probten sie natürlich eines der Stücke aus ihrem Repertoire, doch diese Treffen waren hauptsächlich dem schieren Vergnügen am Musizieren gewidmet. Es gab damals die Muße in der Welt, Kunst um der Kunst willen zu lieben und auszuüben, und das, das ist der besondere Charme jener längst vergangenen Tage! ...

Kurz vor dem Kriege erzählte mir Kreisler eine schreckliche Geschichte; er sagte: »Ich bin in fast jeder Stadt der Welt gewesen, die über hunderttausend Einwohner hat, und alles, was ich von ihnen kenne, sind der Bahnhof, das Hotel und die Konzerthalle.« Ich rief, das sei ja ein scheußliches, entwürdigendes Leben, warum nur setze er es fort? Er sprach von Verwandten, die er unterstützen müsse, von finanziellen Krisen und so weiter; und als ich ihm das deutsche Wort für ›bosh‹ – ›Quatsch!‹ entgegenhielt, erwiderte er: »Ja, Sie haben recht; man gerät immer auf dasselbe Gleis und kann oder wird nicht davon herunterkommen.« ... Das ist genau die Art von Irrsinn, von dem ich mir wünsche, daß der Krieg die Welt davon reinigt.

Winter 1877–1878

Zu der Zeit, als ich mich als Schülerin im Konservatorium einschrieb, lebte diese Institution lediglich von ihrem Mendelssohnschen Ruf. Der erste Mensch, mit dem die Anfängerin in Kontakt kam, war ein schrecklicher alter Hausmeister namens Castellan A., ein Relikt des Goldenen Zeitalters, der sich weigerte, auch nur der kleinsten seiner Pflichten nachzukommen – etwa einen Brief weiterzuleiten –, wenn er nicht dafür ein Trinkgeld bekam. Das Leben war damals so teuer, daß ein halber Pfennig schon Gegenstand harter Auseinandersetzungen zwischen Frau Professor und ihren Lieferanten wurde, ein Pfennig dagegen war die von unserem Tyrannen als angemessen betrachtete Zuwendung; niemals habe ich einem Pfennig mit mehr Groll nachgetrauert. Der wirkliche Quell der allgemeinen Schlampigkeit jedoch war natürlich der damalige Direktor, ein alter Freund (?) Mendelssohns, der das Alter erreicht hatte, in dem bei manchen Naturen jeder Gedanke an die Pflicht erstirbt, Skrupel schweigen und nichts außer den Bezügen und dem Vergnügen ernst genommen wird – wobei über seine Vergnügungen nicht gut geredet wurde.

Die drei Meister, mit denen ich es zu tun hatte, waren Reinecke – Dirigent des Gewandhaus-Orchesters – in Komposition; Jadassohn – ein bekannter Verfasser von Kanons – in Kontrapunkt und allgemeiner Theorie; und Maas in Klavier. Die Unterrichtsstunden bei Reinecke waren eher eine Farce; er war einer jener Komponisten, die ohne irgendeine Anstrengung oder gar Inspiration meterweise Musik produzieren; die einzige Emotion, die ich mit ihm verbinde, ist der ewig überkochende Jähzorn seiner dritten Frau – eine große, hagere Dame mit einer Mähne krausen schwarzen Haares –, die sich darüber ereiferte, daß die Welt Brahms' Musik der ihres angebeteten Gatten vorzog. Ganze Horden von Kindern lungerten im Korridor ihrer Wohnung herum, und er war unfähig, seine höfliche Gleichgültigkeit unseren Meisterwerken gegenüber zu verbergen; schon bevor wir zur Tür gelangt waren, hatte er seinen Stift aufgenommen, um an seinen eigenen Meisterwerken weiterzuarbeiten. Jadassohns Unterrichtsstunden fanden im Konservatorium statt und waren zumindest amüsant, doch was den Lerneffekt anging, ebenso lächerlich; offiziell dauerten sie vierzig Minuten, denn wenn er ankam, regelmäßig eine Viertelstunde zu spät, stellte er sich jedesmal für weitere zehn Minuten mit dem Rücken zum Ofen und erzählte uns lustige Geschichten, mit dem typisch jüdischen Lispeln, das mir in Deutschland so vertraut werden sollte. Sorgfältig setzte er uns Kanons und andere Übungen auseinander, doch es war selten Zeit, sich die Arbeit auch nur anzusehen, die wir mitbrachten, geschweige denn, unsere Fehler zu korrigieren. Maas war ein gewissenhafter, aber langweiliger Lehrer, und wenn mir Frau Schumann, die ich später kennenlernte, einmal sagte, daß sie mich wohl *hören*, nicht aber beim Spielen *ansehen* möge, aufgrund der Art und Weise meiner Fingerhaltung, war das wahrscheinlich mehr mein Fehler als seiner.

Zunächst war ich über den Mangel an musikalischer Begeisterung bei meinen Mitschülern überrascht; nach und nach wurde mir klar, daß diese Mädchen und Jungen nur deswegen hierher gekommen waren, um ein Zeugnis zur Ausübung des Musiklehrer-Berufes zu erwerben. Außerdem mußte zwangsläufig jede auch noch so zarte Flamme, die je in ihrem Busen gelodert haben mochte, als sie ihr Studium aufnahmen, in der Atmosphäre der Oberflächlichkeit und Gleichgültigkeit ersterben, die unsere Lehrer ausstrahlten. Der großartige Teil war der Rest des musikalischen Lebens, die Konzerte und die Oper. Im modernen Deutschland und überall sonst bis auf Österreich ist das einzige Lockmittel, welches das Publikum in die Konzertsäle zieht, ein besonderer Dirigent oder die Vorstellung eines außergewöhnlich guten Orchesters; Menschenmassen strömen, wenn M. A.s Quartett irgend etwas spielt, doch sie würden nicht einmal auf die andere Straßenseite gehen, um dieselben Werke von irgendeinem anderen Quartett zu hören – was natürlich auf Reklamewirkung beruht. Doch im Leipzig jener Tage ging man einfach ins Konzert, um der Musik zu lauschen.

Die zweiundzwanzig Gewandhaus-Konzerte wurden samt und sonders von Reinecke dirigiert, und obwohl es sich in anderen Städten schon eingebürgert hatte, Ausschnitte aus Wagneropern zu spielen, war das in diesen heiligen Hallen ein Tabu. Nicht einmal die Ouvertüren seiner Opern wurden geduldet, und ich erinnere mich an einen gelungenen Versuch, sich dem ›Siegfried-Idyll‹ entgegenzustellen. Dieses recht orthodoxe Stück wurde so schlecht aufgenommen – verschiedene Abonnenten blieben der Aufführung fern, um ihrer Empörung Ausdruck zu verleihen –, daß das Experiment nicht wiederholt wurde. Man konnte Reinecke nicht gerade einen inspirierenden Dirigenten nennen, doch immer ließ er der Musik ihren Raum; es gab keine sorgfältig inszenierten Effekte, keine Beschleunigungen und Verzögerungen, keinen ›Reinecke-Stil‹; kurz, es stand nichts zwischen den Zuhörern und der Musik, was genau die Art ist, die einen Zuhörer bis ins Mark anrühren kann, wie ich schon einmal bemerkt habe, als ich eine Schallplatte von Patti hörte. Ich vermute, ein übersättigtes Publikum braucht solche künstlichen Stimulanzien, doch als ich im Winter vor dem Krieg in Wien war, hatte ich das großartige Erlebnis, auf ein Publikum zu treffen, das zu frisch und neugierig war, um auf etwas Derartiges angewiesen zu sein.

Was für ein seltsamer Aufführungsort dieses Gewandhaus war! Erbaut, wie der Name schon sagt, für etwas völlig anderes als das Musizieren und in völliger Unkenntnis aller Regeln der Akustik, war seine Klangfülle dennoch perfekt. Mit der Akustik hat es eine merkwürdige Bewandtnis – so merkwürdig, daß bei der Abwägung ihrer Bestandteile die Phantasie Amok läuft. Ein alter Herr aus Magdeburg hat uns einmal erzählt, daß einst eine Tür in die Wand eines Konzertsaales eingebaut und dabei die Akustik vollkommen zerstört worden sei. Entsetzt ließ der Stadtrat die Tür wieder zumauern, *mit denselben Ziegelsteinen* – »aber es nützte nichts – hin war die Akustik!« Trotz der vorsichtigen Rückplazierung der Steine in die Wand hatte die Akustik sich verächtlich abgewandt und kehrte nie zurück .... Die Eintrittskarten für das Gewandhaus waren fast alle für den Abonnentenstamm reserviert, und man konnte nur mit List und Tücke oder aus Barmherzigkeit eine bekommen. Die jeweils einen Tag vor der Aufführung stattfindenden Proben waren dagegen das einzig Wahre, insbesondere, da sie nur umgerechnet zwei Schilling Eintritt kosteten und für uns Konservatoriumsschüler ganz umsonst waren. Alte Damen pflegten damals ihr Strickzeug mit ins Konzert zu bringen, eine entzückende Gepflogenheit; ich bin sicher, daß sie ebenso stimulierend ist für das ästhetische Empfinden wie der Genuß einer Zigarette; doch man lehnte das, als drei oder vier Jahre später die schicke neue Konzerthalle gebaut wurde, als »bourgeois« ab ... leider, leider! ...

Die Kammermusik im wunderschönen »Kleinen Saal«, der hinter dem großen Saal lag, war von derselben schlichten und lauteren Art und wurde von Leipziger Musikern dargeboten. Und da der Direktor des Stadttheaters der energisch-genialische Angelo Neumann war – ein Mann, der Talent witterte wie ein Jagdhund das Wild – und das Orchester praktisch in derselben Besetzung wie im Gewandhaus spielte, war die Oper damals wahrscheinlich vom Besten, was es international gab.

Ein Kapitel in einem alten Kindermärchen namens ›Die unendliche Geschichte‹ beginnt so: »Es war einmal ein Kind, das sich in einem glücklichen Traum verloren hatte«; genau so erging es mir während meiner ersten Zeit in Leipzig. Im späteren Leben mag man noch viele künstlerische Höhepunkte miterleben, doch nichts kann jemals dem Augenblick gleichen, wenn man zum ersten Mal Beethovens A-Dur-Symphonie hört oder Schuberts C-Dur-Quintett und sich dabei in der Gesellschaft von Gleichgesinnten befindet wie den Röntgens oder anderen, die mir damals noch unbekannt waren – denn meine größte musikalische Freundschaft stand mir noch bevor. Ich weiß noch: Als das Orchester für mich zum ersten Mal eine Symphonie von Beethoven anstimmte, zitterte ich am ganzen Leib wie ein Pferd kurz vor dem Rennen, und ich war viel zu aufgeregt, um mir die Themen merken zu können.

Im Oktober spielte Frau Schumann bei einem Kammermusik-Konzert, und B. lief mit einem Heiligenschein über die Place de Repos, genoß er doch das Privileg, die Noten umblättern zu dürfen, denn sie und sein Vater waren sehr alte Freunde. Da sie die nervöseste Frau war, die man sich nur vorstellen konnte, pflegte sie vor einem Konzert regelmäßig in der Künstlergarderobe in Tränen auszubrechen und bis zum letzten Augenblick vor dem Auftritt zu erklären, daß es ihr absolut unmöglich sei, auf die Bühne zu gehen; es läßt sich infolgedessen kaum ein größeres Opfer an eine alte Freundschaft denken, als daß sie sich in der Öffentlichkeit mit diesem kurzsichtigen, ungewöhnlich verklemmten jungen Mann zeigte. Selbstverständlich geschah das Schlimmste; plötzlich landeten die Noten auf ihren Knien, worauf sie sie wütend zu Boden schleuderte, doch glücklicherweise brach sie ihren Vortrag nicht ab. Nur wenige Monate später lernte ich sie näher kennen; sie wurde wohl gelegentlich Opfer recht liebenswerter Wutanfälle, wie ein Kind, und war sehr merkwürdig, was ihre Haltung B. gegenüber betraf. Ich mußte einmal an sie denken, als ich Jahre später eine von Madame Lind-Goldschmidts Gesangsstunden besuchte, während der zwei Schülerinnen den Raum in Tränen aufgelöst verließen. Die alte Schule war gegenüber Dummheit absolut unnachgiebig.

Im frühen Winter jenes Jahres geschah ein Ereignis, das mich immer noch blaß werden läßt, sobald ich daran denke; seltsamerweise spielten sich zwei Szenen dieses Dramas auf dem gefrorenen Teich des Johannisthals ab. Ich arbeitete hart, übte u. a. fünf Stunden täglich am Klavier und hatte mich recht angefreundet mit einem jungen Gänschen aus der Schweiz, einem Fräulein Heimlicher, das ich überredete, mit mir Schlittschuhlaufen zu gehen, in der einzigen Stunde, die nicht mit meiner Arbeit kollidierte: vor dem Frühstück. Und es gab da einen gewissen jungen Engländer, der mir sehr viel Aufmerksamkeit schenkte und sogar so weit ging, nachdem ich eines Tages auf dem Eis in Ohnmacht gefallen war und wieder zu mir kam, meinen Kopf auf seinem Knie, mir einen Heiratsantrag zu machen. Wenn ich dies erwähne, so deshalb, weil es für die Geschichte von Bedeutung ist, die ich erzählen möchte – nicht um damit aufzuschneiden; denn ich war immer davon überzeugt, daß die zwei oder drei Männer, die mich derartig beehrten, sehr gut wußten, es bestand nicht die geringste Gefahr, daß ihre Anträge erhört werden würden, also frei genug waren, sich an jenem kostenlosen Luxus junger und unerwiderter Zuneigung zu ergötzen.

Eines Tages sagte Frau Professor zu mir: »Es ist schade, daß Fräulein Heimlicher sich so oft mit jenem Fräulein B. trifft, denn sie hat einen sehr schlechten Ruf.« Das gab den Ausschlag. Ich hatte schon ein paar Bemerkungen im Konservatorium aufgeschnappt und hatte das Gefühl, daß ich irgendwelche Schritte unternehmen müßte. Also erzählte ich schließlich meiner Freundin, was ich gehört hatte. Sie reagierte sehr aufgeregt und fragte, was sie nur tun solle? Da ich trotz meiner Verrücktheit noch über Reste von gesundem Menschenverstand verfügte und eine typisch englische Abneigung gegen Verleumdungsklagen hatte, sagte ich: »Sage nichts, aber laß' sie nach und nach fallen.« Meine Erinnerung ist in diesem Punkt sehr genau. Fräulein Heimlicher dankte mir überschwenglich, sagte, ich sei eine wahre Freundin, und ein paar Tage lang sah ich nichts mehr von ihr.... Als nächstes kam der Brief eines Rechtsanwalts, von einem Boten überbracht, mit einer Vorladung vor Gericht in drei Wochen, wegen des Vorwurfs, ich hätte Fräulein B. beleidigt! ...

Nun muß ich daran erinnern, daß einer der Gründe meines Vaters, warum er so lange zögerte, seine Einwilligung zu geben, daß ich aus dem Haus ging, darin bestand, daß er mich für eine Verschwenderin hielt und befürchtete, eines Tages müßten die Diamanten meiner Mutter verkauft werden, nur um all meine Schulden zu bezahlen; und daß außerdem das Unterhaltsgeld, das ich von ihm erhielt, gerade ausreichte, meine dringendsten Bedürfnisse zu erfüllen. Ich kannte die schrecklich hohen Summen, zu denen man in englischen Verleumdungsklagen verurteilt wurde, und eine oder zwei Stunden lang schien mein Herz für immer aussetzen zu wollen. Ich überlegte hin und her, was ich nur tun könnte, wessen Rat ich einholen könnte.

Ob aus Unkenntnis ihrer Person oder aus Stolz oder aus einem anderen Grund, weiß ich nicht mehr, aber ich schloß gedanklich Frau Röntgen aus und vertraute mich schließlich Jadassohn an, da ich wußte, daß er ein zwar verschrobener, aber netter und loyaler Mensch war. »Sie müssen sich einen Rechtsanwalt nehmen«, sagte er. Einen Rechtsanwalt! Wovon sollte ich ihn bezahlen? Doch Jadassohn hatte einen guten Freund, einen gewissen Ernst Meyer; der sei ausgesprochen gewieft; er würde mir einen Empfehlungsbrief an ihn mitgeben, in dem er erklären würde, daß ich seine Schülerin war, und dann, so meinte er, seien die

Kosten sicherlich nicht der Rede wert. Er suchte die Adresse heraus, ich machte mich auf den Weg, klingelte an einer Tür – und wurde in das Büro eines der abstoßendsten, unmenschlichsten, schmutzigsten alten Schurken geleitet, die mir je begegnet sind. Unglücklicherweise war Jadassohn zwar die Freundlichkeit, aber auch die Nachlässigkeit in Person. Es gab etwa zwanzig Ernst Meyer im Adreßbuch, mehrere davon waren Rechtsanwälte, und er hatte den falschen herausgesucht, was ich leider erst herausfand, als es zu spät war! Diese widerliche Person las den Brief und muß sicherlich gewußt haben, daß da irgendein Mißverständnis vorlag, hatte jedoch nichts Besseres zu tun, als mich zu fragen, woher ich käme, mich zu informieren, ich bekäme in der Sache kein Bein auf den Boden, und im gleichen Atemzug erst einmal zehn Mark von mir zu verlangen. Ich hatte nur sechs bei mir, gab ihm fünf davon als Anzahlung und fragte, nachdem er sich einige Notizen gemacht hatte, ängstlich, mit welchem Urteil wohl zu rechnen sei? Mit eiskalter Gleichgültigkeit, ich hoffe, er brät dafür sonstwo, erwiderte er: »Unmöglich zu sagen; irgend etwas zwischen hundert und tausend Mark. Guten Morgen.«

Zwischen hundert und tausend Mark! Ich verließ die Kanzlei so verzweifelt, wie ich noch nie in meinem Leben gewesen war, und beschloß, mich an unseren Direktor zu wenden, um mir von ihm Rat zu holen. Das alte Monstrum empfing mich eher sorgenvoll als ärgerlich, meinte, er habe von dieser traurigen Angelegenheit erfahren, und es sei eine furchtbare Sache, den guten Ruf eines seiner Kinder (als die er alle 300 von uns betrachtete) zu ruinieren. Obwohl es schmerzhaft sei, fürchte er, daß ich die Lektion verdiene, die ich da erteilt bekäme, und die Gerechtigkeit müsse ihren Lauf nehmen; er jedenfalls würde nicht in ein schwebendes Verfahren eingreifen....

Was nun?... Ich suchte meine ›Schätze‹ zusammen (einige Medaillons und eine alte Uhr), erzählte die ganze Geschichte meinem Bewunderer, drückte ihm ein Päckchen in die Hand und beauftragte ihn, den Inhalt für mich zu verkaufen. Am nächsten Tag brachte er etwa sechzig Mark und meinte, er fürchte, es sei sehr wenig, versicherte mir jedoch, er habe sein Bestes getan. Jahre später, als ich mich im Marktwert von Schmuck etwas besser auskannte, kam ich zu dem Schluß, wenn er damals einen winzigen Bruchteil dieser Summe für das Ganze bekommen hatte, war es schon ein reines Wunder; den Rest muß er aus eigener Tasche bezahlt haben, die auch nicht gerade reichlich gefüllt war.

Mein nächster Schritt war recht verrückt. Unter den Schlittschuhläufern befand sich ein nett aussehender Mann um die dreißig, der, wie ich irgendwie herausfand, Rechtsanwalt war, sogar Vertreter der Klägerin! Unverzüglich stellte ich mich ihm vor, und zu seinem zweifellos großen Erstaunen und Vergnügen bat ich um seinen Rat in meinem traurigen Fall. Er war sehr nett und sympathisch und meinte schließlich: »Sie müssen das von jemand anderem gehört haben; nun, wenn diese Person sich nicht selbst zu erkennen gibt, sind Sie vollkommen berechtigt, ihn oder sie anzugeben, und damit ist in der Sache ein Ende gesetzt, soweit es Sie betrifft.« Tatsächlich *hatte* ich gerade das Thema, wer für die Angelegenheit verantwortlich sei, der Frau Professor gegenüber angesprochen, hatte jedoch solche Tränenströme ausgelöst und solche Klagen, einer Witwe nicht das Brot zu nehmen, zu hören bekommen, daß es mir leid tat, die Sache überhaupt zur Sprache gebracht zu haben. Also dankte ich dem Anwalt und sagte, ich sähe keine Möglichkeit, seinem Vorschlag zu folgen.

Als der gefürchtete Gerichtstermin sich näherte, war meine letzte Handlung vermutlich besser, als ich damals ahnte: Ich schrieb einen Brief an den Direktor und lieferte ihn persönlich an seiner Tür ab; darin brachte ich zum Ausdruck, daß ich kein Geld hätte, eine hohe Strafe zu zahlen, mir sicherlich auch nichts leihen, sondern lieber ins Gefängnis gehen würde; alles, worum ich ihn bäte, sei, dafür zu sorgen, daß die Angelegenheit meinen Eltern nicht zu Ohren käme etc. etc. Zweifellos war der Brief melodramatisch und lächerlich, doch der alte Filou muß den Eindruck gehabt haben, ich meine es ehrlich, und daraufhin doch recht beunruhigt gewesen sein über die Wendung, die die ganze Sache nahm. Später nämlich fand ich heraus, daß Fräulein B. mehr oder weniger unter seinem persönlichen Schutz stand. Ob er intervenierte oder nicht, kann ich natürlich nicht wissen, doch als ich im Gericht ankam – nicht, wie ich es mir vorgestellt hatte, ein großer Saal, in dem sich die neugierige Menschenmenge drängte, sondern lediglich ein schmuddeliges Zimmer in einer Seitenstraße, in dem sich weder die Klägerin noch ihr Rechtsbeistand, sondern lediglich einige einzelne Anwälte einfanden –, sagte man mir, wenn ich eine Entschuldigung unterzeichnete, in der ich meine Überzeugung über den blütenweißen Charakter der jungen Dame zum Ausdruck brächte, und die Kosten des Verfahrens trüge, wäre alles vergeben und vergessen. Wer wird mir verübeln, daß ich unter solchen Umständen, wenn auch mit innerlichem Murren, meinen Namen unter die geforderte Lüge setzte? Am Ende brachten mich die sechzig Mark halbwegs durch die ganze finanzielle Angelegenheit, doch es war insgesamt der schlimmste Alptraum meines Lebens. Ich möchte noch hinzufügen, daß meine Freundschaft mit Fräulein Heimlicher eines natürlichen Todes starb und daß bald darauf, ohne daß jemand gewußt hätte, warum, Fräulein B. von der Bildfläche verschwand.

Sehr viel später, erst in diesem Jahrhundert, erfuhr ich, daß mein freundlicher junger Engländer inzwischen das Gelübde abgelegt hatte – wie hätte es auch anders sein können! – und schließlich Direktor einer gutgehenden Privatschule geworden war. Als ich zu meiner Überraschung herausfand, daß einer meiner Neffen dort unterrichtet wurde, fragte ich ihn in einer Anwandlung sentimentaler Neugier, was für eine Art Mensch der Direktor sei. »Oh, nur die typische Art Biest«, erwiderte mein Neffe, und mit einer Mischung aus Ehrfurcht und Verachtung erfuhr er dann, daß das Biest vielleicht sein Onkel hätte werden können.

Winter 1877–1878

Zu dieser Zeit hatte ich hinsichtlich meines Unterrichts die Spreu vom Weizen getrennt und einen vernünftigen Stundenplan erstellt. Die Röntgens waren immer noch meine einzigen Freunde, ein Zustand, der genau zu mir paßte, denn ich wußte sehr gut, daß der Zustand absoluter Freiheit erreicht ist, wenn man völlig unbekannt dahinlebt. Dennoch zog ich schließlich kurz vor Weihnachten ein sauberes Paar Handschuhe an, bemühte mich redlich, so konventionell und englisch wie möglich auszusehen, und stattete Frau Dr. Brockhaus einen Besuch ab, der einzigen Person, für die ich ein Empfehlungsschreiben mitbekommen hatte. Allerdings war der Wert dieser Empfehlung von meinen Eltern in Zweifel gezogen worden, da es Mary Schwabes Schwiegermutter ausgestellt hatte, die bekannte Philantropin Madame Schwabe, der Königinnen und Kaiserinnen aus der Hand aßen, die jeden Menschen, der ihr begegnete, in den Sog ihrer Aktivitäten zog; sie hatte mich beschworen, noch kurz vor meiner Abreise nach Deutschland ein Konzert in Camberley zu geben, zugunsten einer ihrer karitativen Einrichtungen in Neapel. Die Familie Schwabe war zur damaligen Zeit nicht gerade besonders beliebt in Frimhurst. Es stellte sich jedoch heraus, daß Frau Dr. Brockhaus eine der einflußreichsten Damen Leipzigs war und ich aufs Herzlichste in ihrem Haus willkommen geheißen wurde, so daß ihr wunderbares Heim schließlich im ersten Winter im Ausland mein Zuhause wurde. Seltsamerweise traf ich bei meinem zweiten Besuch auf einen neapolitanischen Spötter, der Stein und Bein schwor, das wichtigste Ziel der Einrichtung Madame Schwabes in Neapel sei, die Jungen, die in der Bucht von Neapel nach Pfennigen tauchten, davon zu überzeugen, Badeanzüge zu tragen; doch dies, versicherte Frau Doktor, sei nicht ernstzunehmen.

Herr Dr. Brockhaus, Oberhaupt der Firma, war ein melancholischer, steifer Sachse von äußerst rigider Persönlichkeit, dessen einziges Abenteuer die Wahl einer feurigen ungarischen Jüdin, die viele Jahre jünger war als er, zur Lebenspartnerin gewesen war. Zerrissen zwischen weltlichen und künstlerisch-intellektuellen Neigungen, hatte sich Frau Doktor, wie ich glaube, nie so recht entscheiden können, aber da zu der Zeit zwei ihrer Söhne im heiratsfähigen Alter waren, verfolgte sie die Linie, gesellschaftliche Ereignisse zu pflegen, dabei aber ihren Hang zum Seriösen nicht außer acht zu lassen. Ihre erste freundliche Tat mir gegenüber war die Einladung, unter ihrem Dach eine deutsche Weihnacht zu erleben. Ich gebe zu, daß ich bis heute nicht so recht erkennen kann, was es mit diesem großen Fest eigentlich auf sich hat. Die Leipziger begannen sich schon Anfang Dezember blaß und sorgenvoll auf dieses Fest vorzubereiten, und den halben Januar brauchten sie, um sich von ihrer Erschöpfung zu erholen. In Familien mit zahlreichen Kindern mag all die Aufregung vielleicht noch gerechtfertigt sein, doch aufs Ganze betrachtet bevorzuge ich andere Äußerungen deutscher Gründlichkeit.

Unmittelbar nach dem Fest fuhr Frau Doktor in ihr Landhaus in der Nähe von Dresden – offiziell aus geschäftlichen, wahrscheinlich eher aus Erholungsgründen – und erklärte mir ihre Absicht, nach ihrer Rückkehr meine Mentorin zu werden und mich in die Gesellschaft einzuführen. Das nächste große Fest, Silvester, feierte ich bei den Röntgens. Es war eine großartige Feier, wir tranken süßen Sekt aus sehr langen, schmalen Gläsern, in die kaum etwas hineinging, genossen die Gänseleberpastete und den heißen Punsch – eine rote Essenz undefinierbarer alkoholischer Herkunft, die man sich je nach Geschmack mit heißem Wasser verdünnen konnte. Ich bemerkte, wie bei zahlreichen folgenden Gelegenheiten, daß Frau Röntgen, die über eine ausgezeichnete Verdauung verfügte, alle Trüffel aus ihrer *foie gras* herauspickte und sie ihrem Mann auf den Teller legte – ein Vorgehen, das der gute Mann ergeben hinnahm. Nach dem Abendessen sangen wir gemeinsam mehrstimmige Lieder, bei denen ich den Tenor-, wenn nicht gar den Baß-Part übernahm, und Papa Röntgen machte die Bemerkung, je mehr Punsch ich getrunken habe, desto genauer sei meine Intonation – eine interessante Wirkung des Alkohols, die den Gedanken nahelegt, ihn vor bestimmten *a cappella*-Stücken in Konzerten herumzureichen. An jenem Tag verlobten sich Julius und Amanda offiziell, und ich erlebte zum ersten Mal, wie hemmungslos emotional manche Deutsche sein können.

Da die meisten Menschen, denen ich begegnete, nicht ein Wort Englisch sprachen, hatte ich in diesen Monaten gute Fortschritte in Deutsch gemacht. Ich habe immer festgestellt, daß es weit schwieriger ist, eine Sprache vom Zuhören her zu verstehen, als sie durch eigenes Sprechen zu erlernen – etwas sicherlich Allgemeingültiges, würde ich behaupten, jedenfalls für Menschen, die gerne reden und leicht mit anderen in Kontakt kommen. Um meine Liebe für deutsche Dramen zu pflegen, hatte ich es mir zur Angewohnheit gemacht, häufig ins Theater zu gehen, insbesondere samstags und sonntags, wenn es im Alten Theater die Klassiker und einige Kassenschlager wie die ›Kameliendame‹ oder ›Adrienne Lecouvreur‹ zu ermäßigten Preisen zu sehen gab. Ich pflegte vorher die Texte als Billigausgaben zu kaufen, sie sorgfältig zu lesen, mich dann in die erste Reihe zu setzen und jedes Wort in mich aufzusaugen. Shakespeare gehörte immer zum Repertoire, einschließlich der selten aufgeführten Stücke wie ›Coriolanus‹, ›Cymbeline‹ etc.; und einmal sah ich die drei Teile von ›Heinrich VI.‹, komprimiert in zwei Teilen, und ›Richard III.‹ an aufeinanderfolgenden Abenden. Nach und nach lernte ich alle möglichen und auch manche unmöglichen Stücke von Goethe, Lessing, Schiller, Racine und sogar das eine oder andere von Calderon kennen, und diese sonntäglichen Aufführungen waren immer bis auf den letzten Platz ausverkauft.

Ich muß zu jener Zeit sehr naiv oder vielleicht nur sehr dumm gewesen sein, denn ich fragte mich, was der Vater in der ›Kameliendame‹ nur gemeint haben könnte, als er sagte, die *liaison* seines Sohnes mit Marguérite dürfe nicht dazu führen, daß er »eine Familie gründet« oder so ähnlich. Da ich nur eine vage Vorstellung hatte, welche Beziehung zwischen ihnen bestand, zerbrach ich mir über diesen Satz mindestens drei Jahre lang den Kopf – die Franzosen sagen dazu, man hält um vierzehn Uhr nach Mittag Ausschau .... Insgesamt, fürchte ich, war es eher Dummheit, denn die große Frage der Sexualität beschäftigte mich ständig. Doch ich wäre lieber gestorben, als daß ich mit einem lebenden Menschen darüber gesprochen hätte.

Es gibt ein oder zwei Situationen in der eigenen Vergangenheit, an die man immer mit Abscheu vor sich selbst zurückdenkt. An anderer Stelle sprach ich von einem solchen Fall; doch damals war ich ein zehnjähriges Kind und man hatte mich getäuscht; bei der Geschichte, die ich jetzt erzählen will, war ich jedoch schon eine erwachsene junge Frau, die von niemandem getäuscht wurde; es war einfach so, daß die Unwissenheit mich in eine Situation geraten ließ, in die junge Menschen aus eben dieser Unwissenheit oft geraten. Als es zu dem kleinen Zusammenstoß kam, wäre der richtige Weg der gewesen, den ich in der Verleumdungs-Angelegenheit Fräulein Heimlicher geraten hatte – nichts zu tun und die Sache einfach fallen zu lassen; doch dieses Vorgehen fällt Menschen aller Altersgruppen schwer, und obwohl durch die protestantische Erziehung der Jugend ein Drang zur unbedingten Wahrhaftigkeit eingeimpft wird, sagt man ihr nie: »Toute vérité n'est pas bonne à dire!« (Es ist nicht gut, die ganze Wahrheit auszusprechen.) Das ist die einzige Entschuldigung, die ich für den folgenden bedauerlichen Vorfall vorbringen kann.

In all diesen Theaterstücken war die Schauspielerin, die die sympathischen Rollen spielte, dieselbe – eine gewisse Marie Geistinger. Schon die Art ihrer Karriere gefiel mir. Sie war eine berühmte Operettensängerin gewesen und – obwohl nicht wirklich Schöpferin der Rolle – eine besonders brillante ›Belle Hélène‹; und ihre Erfolge in einer zweiten Karriere waren ebenfalls phänomenal gewesen, was ich allerdings erst später erfahren sollte: Erzherzöge, Großherzöge und Adelige aller Nationalitäten hatten ihr zu Füßen gelegen. Sie mußte eine mutige und energische Frau gewesen sein, denn als ihre Stimme nachließ, und gleichzeitig ihre gefeierte schlanke Figur, zog sie sich für zwei oder drei Jahre aus der Öffentlichkeit zurück, um als tragische Heldin auf die Theaterbühne zurückzukehren. Zur damaligen Zeit war sie über fünfzig, hatte eine exzellente Bühnenpräsenz und war beim Publikum außerordentlich beliebt. Ich habe keine Ahnung, wie sie von wirklich Sachkundigen beurteilt wurde, doch für mich, jung, unerfahren und theaterbesessen, wie ich war, verkörperte sie die ideale Heldin, wie ich sie liebte und bemitleidete, etwa Maria Stuart, Adrienne, Phèdre, Hermione und andere. Kurz, ich war regelrecht verrückt nach der Geistinger und pflegte nach der Vorstellung noch jeweils über eine halbe Stunde in Schnee oder Matsch auf sie zu warten, um wenigstens einen Blick auf ihre verhüllte Gestalt zu werfen, die aus dem Bühnenausgang stürzte und in einem Wagen verschwand. Schließlich ging ich dazu über, ihr kleine Sträuße Veilchen oder Rosen zu kaufen und den Pförtner zu bestechen, damit er sie in ihren Ankleideraum stellte, mit meinem Namen und einigen Worten leidenschaftlicher Bewunderung auf einer beigelegten Karte.

Dies ging eine ganze Zeit lang so weiter, bis mir schließlich eines glücklichen Tages eine kleine Notiz der »gnädigen Frau« überbracht wurde, des Inhalts, sie sei sehr gerührt über meine Aufmerksamkeiten und würde mir gern persönlich danken, nämlich an einem bestimmten Tag zu einer bestimmten Stunde an einer bestimmten Adresse. Letzteres war ein unwesentliches Detail, denn zahllose Male war ich, meine Schlittschuhe in der Hand – ihre Wohnung lag auf dem Weg zum Johannisthal – die Treppe hinaufgestiegen und an ihrer Tür vorbeigegangen, um fiktive Nachrichten an imaginäre Personen im Stockwerk über ihr abzugeben, doch leider ohne je das Glück zu haben, ihr dabei ›zufällig‹ persönlich zu begegnen. Als der große Tag kam und ich an der Wohnungstür klingelte, kam es mir vor, als müßten meine zitternden Knie dem Dienstmädchen meine Aufregung verraten.

Ich glaube, ich habe noch nicht gesagt, daß deutsche Familien – abgesehen von den allerersten Kreisen – immer ein Zimmer benutzten, das sie »Wohnzimmer« nannten, im Unterschied zur »guten Stube«, die großen Gelegenheiten vorbehalten blieb. Die gute Stube war jeweils ein kalter, düsterer Raum mit auf Hochglanz gebohnerten Dielen oder Parkett, in dem nur selten geheizt wurde. An den Wänden waren Stühle aufgereiht, der Tür gegenüber stand ein Tisch auf einem kleinen Teppich, darauf eine Brokatdecke, bedeckt mit einem Häkeldeckchen, auf dessen Mitte ein Blumentopf plaziert war. Dahinter, fest an die Wand gerückt, stand als Prunkstück das Sofa; und die ersten Worte der Gastgeberin waren jedesmal unweigerlich: »Bitte setzen Sie sich aufs Sofa!« Ich wurde in die gute Stube geleitet, und unmittelbar darauf erschien das Objekt meiner Anbetung, gefolgt von einem schüchternen jungen Mann, den sie als ihren Ehemann vorstellte; und natürlich setzten wir beiden Frauen uns aufs Sofa.

Dann begann die banalste aller banalen Unterhaltungen, an denen ich je teilgenommen habe. Die Geistinger hatte irgendeine Nadelarbeit dabei – was mich gleich zu Beginn zusätzlich verunsicherte. Die Arme war zweifellos am Ende mit ihrem Latein und wußte nicht, was sie diesem schwärmerischen englischen Backfisch nur sagen sollte, dessen Deutsch zu diesem Zeitpunkt noch alles andere als fließend war. Und was mich anbetraf: Der Schock, meine Maria Stuart aus nächster Nähe zu betrachten, wie sie dasaß in ihrem engsitzenden dunkelblauen paillettenbestickten Seidenmieder, übermäßig geschminkt, eine locker sitzende Perücke auf dem Haupt, bohrte sich quälend in meine Brust, wie wenn die Flut gegen einen starken Sturm prallt. Der Ehemann hielt sich unruhig im Hintergrund auf, bis er in scharfem Tonfall aufgefordert wurde, sich zu setzen, was er dann auch tat, allerdings immer noch weit von uns entfernt. Krampfhaft versuchte ich mich an die leidenschaftlichen Theater-Empfindungen zu klammern, und als ich aufgefordert wurde, ihr weißes, häßliches Schoßhündchen zu bewundern, bereitete es mir innerliche Qualen, zugeben zu müssen, daß ich nur große Hunde mochte.

Dies stellte sich jedoch als segensreiche Bemerkung heraus, denn sie gab uns Gesprächsstoff für eine recht lebhafte Diskussion über die Nachteile der Haltung großer Hunde in Großstädten, während wir vorher im wahrsten Sinne des Wortes nur über das Wetter gesprochen hatten, wie es verlegene Menschen in Büchern manchmal tun. Als es Zeit war zu gehen, erhielt ich die freundliche Einladung wiederzukommen, und es gelang mir, jedes auch noch so zaghafte Gefühl der Enttäuschung zu unterdrücken, da ich wußte, daß ich in meiner überwältigenden Schüchternheit eine armselige Figur abgegeben hatte. Sicher, bei näherem Nachdenken schien mir diese größte aller großen Damen des Theaters im wirklichen Leben so ganz und gar anders zu sein als jede Dame, die ich je getroffen hatte, doch dieser Gedanke war zu erschreckend, um sich ihm näher zu widmen, so daß er gleich verdrängt wurde. Tatsächlich besteht die große Schwierigkeit mancher Menschen darin, ihren fünf Sinnen Glauben zu schenken, wenn erst einmal die Phantasie gründlich angeregt wurde. Man will es nicht sehen, nicht hören, nicht glauben ....

Nach angemessener Zeit besuchte ich sie wieder und danach noch einmal. Heute gehört sie in meiner Wahrnehmung zu der großen Gruppe von Schauspielerinnen, die nicht einen einzigen eigenen Gedanken in ihrem Kopf haben, der über das Theater hinausweist, und – oh, ich erinnere mich noch, wie ich trotz meiner Vernarrtheit bemerkte, daß sie selbst in den Stücken, in denen sie mitspielte, sich für nichts anderes als ihre eigene Rolle interessierte – ein Charakterzug, der bei den meisten *Primadonnen* zu finden ist, wie ich später noch feststellen sollte. Doch irgendwie überwand ich das; und obwohl ich sogar entgegen meinen festen Vorsätzen den Glauben an ihr Haar und ihre Haut aufgeben mußte, kam ich auch darüber hinweg. Und so begann unsere Freundschaft im Herbst und überdauerte noch bis weit in das neue Jahr hinein, wenn auch etwas zögernd. Es ist seltsam, daß Frau Doktor, die in mancher Hinsicht sehr unschuldig war und deren Konventionalität auf angenehme Weise ihre Ungereimtheiten hatte, nicht dagegen protestierte. Doch der Protest sollte nicht lange auf sich warten lassen!

Zu den Honoratioren, bei denen sie mich nach Weihnachten einführte, gehörte die Familie Tauchnitz, Begründer der Edition Tauchnitz; er war englischer Konsul. Auch hier wurde ich mehr als freundlich aufgenommen, und als es sich herausstellte, daß sein Freund, Lor-r-rd Napier von Magdala, auch ein lieber alter Freund meiner Eltern war, nahm die Begeisterung kein Ende, und Frau Doktor muß einen Seufzer der Erleichterung getan haben. Ich verfiel sofort dem Charme seiner sehr hübschen und äußerst liebenswürdigen Schwiegertochter, die wie alle Tauchnitzens über Kenntnisse englischer Manieren und Bräuche verfügte. Sie hatte von meiner Leidenschaft für die Geistinger gehört und sich darüber sehr amüsiert, war jedoch gänzlich unvorbereitet für die Neuigkeit, daß ich sie besuchte. Ich erinnere mich noch an ihr entsetztes Gesicht, als sie sagte: »Aber Kind, ganz gewiß würde eine solche Freundschaft Ihrer lieben Frau Mama sehr unlieb sein!« Und dann begann sie, mit unendlicher Diskretion, den Schleier meiner Unkenntnis zu lüften. So kamen die Geschichten mit den Erzherzögen ebenso zum Vorschein wie die Tatsache, daß der junge Mann nur einer ihrer vielen Ehemänner war, in dem Sinne, wie man in jener Welt heiratete, sich scheiden ließ und wieder heiratete, so oft man wollte. In diesem speziellen Fall waren zwei oder drei Ehemänner geprüft und wieder fallengelassen worden, wobei sich die arme Frau offenbar zwar häuslich niederlassen wollte, aber möglichst nicht mit einem älteren Verehrer.

Schließlich gab ich zu, daß ich die Bekanntschaft beenden mußte. Unglücklicherweise kam mir jedoch kein besserer Weg in den Sinn, als ihr genau das offen zu schreiben; das tat ich dann und fügte auch noch hinzu, *wenn sie über ihr bisheriges Leben nachdächte, würde sie verstehen, warum!* Ich bin dankbar, daß ich auf diesen häßlichen Brief keine Antwort erhielt, tatsächlich hatte ich auch gehofft, keine zu erhalten – feige, wie ich überdies noch war.

Es ist zu befürchten, daß ich in jenen Tagen kein besseres Benehmen hatte und keine Prinzipien außer denen, mit denen ich aufgewachsen war, und reuelose Sünder erfüllten mich mit pharisäerhafter Entrüstung. Rückblickend wünschte ich mir später oft, die Geistinger habe nicht im mindesten getroffen, sondern ausschließlich belustigt reagiert. Es ist mehr als wahrscheinlich ... doch ich bedauere sehr, diesen Brief geschrieben zu haben.

Anfang 1878

Anfang Januar geschah etwas, dem gegenüber – seit seiner Ankündigung durch Henschel in Friedrichsroda – mir alles andere nur wie ein Vorspiel erschien: Brahms traf in Leipzig ein, in der Absicht, im Gewandhaus seine neue Symphonie in D-Dur zu dirigieren*. Henschel kam gleichzeitig aus Berlin an, und von ihm erfuhr ich, daß es bei den zusätzlichen Proben, zu denen keine Zuhörer zugelassen waren, zu zahlreichen Reibereien gekommen war. Brahms war – wie ich später herausfinden sollte, denn Henschel war viel zu loyal, um etwas Derartiges zuzugeben – nicht nur ein gleichgültiger Dirigent, sondern er hatte auch die unangenehme Angewohnheit, ein Orchester falsch zu behandeln. Darüber hinaus standen mit einer oder zwei Ausnahmen – darunter bemerkenswerterweise Röntgen, früher sein musikalischer Gegner, jetzt begeisterter Anhänger – die Gewandhaus-Musiker der Brahmsschen Musik ablehnend gegenüber; außerdem betrachteten sie grundsätzlich jede Aufführung eines neuen Werkes als einen Akt, zu dem sie sich herablassen mußten. Brahms wiederum war die außergewöhnlich hohe Qualität der Wiener Orchester gewohnt – die mich ebenfalls in

---

* Symphonie Nr. 2 op. 73 (Uraufführung 30. 12. 1877 in Wien)

ren Bann ziehen sollte, als ich sie später kennenlernte – und fand seine eigenen norddeutschen Landsleute kalt und steif, was er sie spüren ließ.

Henschel informierte mich auch, daß der große Mann, wie gewöhnlich, bei Heinrich von Herzogenberg, dem Direktor des Bach-Vereins, wohnte, dessen schöne Frau, von der die Röntgens immerzu schwärmten, angeblich die begabteste Musikerin und das faszinierendste Wesen sein sollte, von dem man je gehört hatte; Brahms hatte mehr als einmal bemerkt, wenn nicht ihretwegen, so würde er niemals auch nur einen Fuß nach Leipzig setzen. Mit einer Mischung aus Freude und Entsetzen hörte ich auch, daß Henschel sogar mit ihm über meine Arbeiten gesprochen und ihm erzählt hatte, daß ich sie geschrieben hatte, ohne studiert zu haben, daß er sie sich wirklich ansehen sollte und so weiter. Und nach der Generalprobe zog mich dieser gute Freund mit sich und stellte mich ihm kurzerhand vor. Damals trug Brahms keinen Bart, und aufgrund meiner damaligen Aufregung erinnere ich mich nur noch daran, daß er starke, beunruhigende Gesichtszüge hatte und äußerst durchdringende blaue Augen. Ich wollte schier zu Boden sinken, als er mich ansprach und – wie ich damals dachte, als eine Art Kompliment, wie ich heute jedoch weiß, mit beißender Ironie – sagte: »Das also ist das junge Fräulein, das Sonaten schreibt und keine Ahnung von Kontrapunkt hat!« Später erfuhr ich, daß Henschel ein Manuskript (bestehend aus zwei Liedern) bei ihm gelassen hatte, das er sich in der Folgezeit ansah und zu Frau Röntgen bemerkte, offensichtlich habe Henschel es selbst geschrieben!

Ich sah ihn in dieser Woche noch einmal, doch da meine verläßlicheren Erinnerungen an ihn alle aus späteren Tagen stammen, als ich ihn besser kennenlernen sollte, will ich hier lieber von der Symphonie erzählen, die mich zwar beeindruckte, doch auch ein wenig ratlos zurückließ. Ich mußte erst noch lernen, daß nur ein genialer Dirigent – vorzugsweise nicht der Komponist, von sehr seltenen Ausnahmen einmal abgesehen – ein neues Orchesterwerk zu einem verständlichen Vortrag bringen kann; außerdem war zu jener Zeit Brahms' musikalische Sprache noch weitgehend unbekannt, und zweifellos mangelte es der Aufführung an Überzeugungskraft. An eines erinnere ich mich jedoch noch gut: Bei dieser Gelegenheit stellte ich zum ersten Mal fest, wie viel Kritiker von einem Werk begreifen, von dem es noch kein gedrucktes Notenmaterial gibt. Ein Leipziger Großkritiker bemerkte nach den üblichen Klagen über den Mangel an Melodien, übertriebenen Eifer und allgemeiner Unzufriedenheit: »Auf etwa halbem Wege durch den äußerst langweiligen ersten Satz gibt es einen vorübergehenden Lichtblick, eine recht melodische Passage für Hörner.« Er hatte bemerkt, daß es sich um das wiederkehrende erste Thema handelte, das schon für dieselben Hörner im zweiten Takt aufgetaucht war! . . . .

Die Röntgens, Klengels etc., die sich begeistert von der Symphonie zeigten, waren eingeladen worden, Brahms bei den Herzogenbergs zu besuchen, und ich hörte immer mehr über jene wundervolle »Frau Lisl«, so daß ich mich fragte, ob ich sie wohl jemals persönlich kennenlernen würde; denn man sagte, sie verabscheue gesellschaftliche Verpflichtungen und sehe nur eine Handvoll guter Bekannter.

In der Zwischenzeit hatte ich festgestellt, daß es ein unnötiger Luxus war, »in Pension« zu wohnen, und beschlossen, mir ein Zimmer zu mieten – ein Plan, bei dem Frau Professor entscheidend beteiligt war. Diesmal war das Glück ausdrücklich auf meiner Seite. Direkt neben Frau Doktor Brockhaus, die in der Salomonstraße wohnte – eine der neuen Wohnstraßen auf der anderen Seite der Stadt, allesamt große Häuser in eingezäunten Gärten –, war mir ein pittoreskes, französisch aussehendes altes Haus aufgefallen, zweigeschossig, mit Ziegeldach und Mansardenfenstern, das ganz versteckt in einem heruntergekommenen Garten stand. Und siehe da! Eines Tages hing eine Notiz am verblassenden kleinen Eingangsschild: ›Möblierte Zimmer‹. Was damit endete, daß ich hierhin am 1. Februar 1878 meinen Wohnsitz verlegte.

Meine neue Vermieterin, Frau Brandt, war eine freundliche, aber sehr unordentliche Frau mit einer Meute lärmender Kinder. Es stand mir nur ein einziges Zimmer zur Verfügung, dessen Fenster auch noch zur falschen Seite hinausging – ein Punkt, auf den ich inzwischen zu achten gelernt hatte; doch da ich mich Hals über Kopf in das alte Haus verliebt hatte und wußte, daß es im Sommer in andere Hände überging, beschloß ich, mich mit allem abzufinden, vorausgesetzt, es konnte für die Zukunft ein befriedigendes Arrangement getroffen werden.

Ich habe, glaube ich, noch nicht gesagt, was sich ja ohnehin von selbst versteht – daß ich den Sommer natürlich zu Hause verbringen sollte; außerdem hatten Papa und manche Verwandte darauf vertraut, daß mein Bedürfnis, im Ausland zu wohnen – ohnehin nur eine Schrulle –, meinen ersten Winter dort nicht überleben würde. Inzwischen ihrer Illusionen beraubt, überraschte es sie nicht zu erfahren, daß ich schon mitten in Wohnplänen für den kommenden Herbst steckte. Die anderen Mietinteressenten wurden befragt, und ich sicherte mir das Versprechen, zwei Zimmer bewohnen zu dürfen, an denen mein Herz hing; und so ließ ich mich derweil zufrieden mitten in dem Chaos nieder.

Da ich nur vier Monate in dem Einzelzimmer mit der falschen Aussicht verbrachte, werde ich meine Wohnbedingungen und meine allgemeinen Lebensumstände so beschreiben, wie sie ab jenem Herbst waren, und während der ganzen Zeit wohnte ich in diesem faszinierenden Haus aus dem achtzehnten Jahrhundert.

Meine Vermieterin und ich tüftelten ein geradezu geniales Essenssystem aus. Ich nahm mein Mittagessen entweder gemeinsam mit der Familie oder in einem Restaurant ein, je nach meinen Tagesplänen; zu Abend aß ich aber regelmäßig in meinem Zimmer. Ich kaufte ein Viertelpfund kalten Schinken und etwas Butter (ein Vorrat an Bier befand sich immer in einer Ecke meines Zimmers) und fand den Tisch gedeckt vor, einschließlich eines Stückes Schwarzbrot. Die Wand war etwa auf halber Höhe abgeschrägt, und meine Speisekammer war ein neuer Vogelkäfig, der zwischen wildem Wein draußen auf der Regenrinne unter den Mansardenfenstern stand. Es kam zwar zu einigen Abenteuern mit den Nachbarskatzen, doch der Vogelkäfig überstand sie alle. Auf der anderen Seite des Hauses trennte ein über zwei Meter hoher Holzzaun, gezimmert aus senkrecht und waagerecht montierten Balken, den Vorgarten von der Straße. Das Tor mußte per Gesetz um 23 Uhr abgeschlossen werden, doch es war von der Art, über die eine bewegliche Person, die den großen rostigen Schlüssel vergessen hatte, trotz der Spitzen klettern konnte. Manchmal war ein verspäteter Passant oder ein Polizist auf der Straße; dann mußte man auf der Straße weitergehen und umkehren, sobald die Luft rein war. Als ich in die gehobenen Kreise der Gesellschaft Aufnahme fand, fand man dort nichts erstaunlicher, als daß dieses Kunststück mir zwei- oder dreimal im Monat gelang.

Es war natürlich für Mädchen aus meiner Schicht recht unüblich, allein ins Restaurant oder nachts auf die Straße zu gehen, und zunächst bedrängten mich meine Freunde, ein Dienstmädchen solle mich begleiten; doch ich wollte weder das noch irgendeine andere Beschneidung meiner Freiheit dulden. Ich wurde in Deutschland nur ein einziges Mal von einem fremden Mann angesprochen, und ich erinnere mich daran, daß ich diese Tatsache Charlie Hunter gegenüber nachdrücklich erwähnte, worauf er bemerkte, das sei nun wirklich nichts, worauf ich stolz sein sollte.

Frühling 1878

Nachdem ich einige der Menschen vorgestellt habe, die mein neues Leben ausmachten, will ich zu dem Augenblick zurückkehren, als ich zum ersten Male den Herzogenbergs begegnete, das heißt, Ende Februar 1878. Ich wußte sofort mit absoluter Sicherheit, daß wir demselben Menschenschlag angehörten, was die folgenden Jahre unter Beweis stellen sollten, und obwohl ich ihre notorische Aversion gegen neue Beziehungen kannte, vertraute ich darauf, daß die Musik ein Band zwischen uns schaffen würde, und so geschah es. Beide erzählten mir, daß sie viel über meine Musikalität gehört hätten, und ich wurde sofort aufgefordert, etwas vorzuführen. Ich erinnere mich noch gut, daß Herzogenberg weit zuvorkommender war als seine Frau; und obwohl sie mich halb scherzend dafür tadelte, noch nicht dem Bach-Verein* beigetreten zu sein, und mich drängte, das nachzuholen, war er es, der – nachdem er mich über meine Studien ins Kreuzverhör genommen hatte – vorschlug, ich sollte ihm meine Übungsbücher bringen, er wolle sie sich ansehen.

Selbstverständlich kehrte ich mit ihnen prompt am nächsten Tag zurück und mußte seinen Spott über den Unterricht am Konservatorium über mich ergehen lassen, denn er deutete auf einen groben unkorrigierten Fehler nach dem anderen. Beide Herzogenbergs zeigten echtes Interesse für meine Kompositionen, doch wiederum war sie die reserviertere von beiden, und ich begriff, daß diese Zurückhaltung nichts mit der Musik zu tun hatte. Schließlich schlug Herzogenberg vor, meinen Unterricht selbst zu übernehmen. »Das wird ein großer Spaß werden«, sagte er, »denn ich habe niemals in meinem Leben auch nur eine einzige Unterrichtsstunde abgehalten; und außerdem«, damit wandte er sich an seine Frau, »wirst du, die du dich schon so häufig über deine Unkenntnis in Kontrapunkt beklagt hast, ebenfalls meine Schülerin sein ... und ich werde derweil lernen, wie man anderen etwas beibringt.«

* 1875 gegründet, um vor allem die Kantaten Bachs aufzuführen.

Müßig zu sagen, daß ich von diesem Vorschlag hellauf begeistert war. Ich bestand darauf, daß er ehrenhalber ein symbolisches Honorar akzeptierte, ging nicht länger ins Konservatorium (offiziell aus gesundheitlichen Gründen), und es wurde vereinbart, daß ich vor den Sommerferien endgültig meinen Abschied nehmen würde. Unmittelbar darauf trat ich in den Bach-Verein ein und begann mit meinem Unterricht, eine Einführung in das Werk von Bach. Seltsamerweise war Bachs Musik mir nicht gleich zugänglich, nicht einmal die ›Matthäus-Passion‹, die ich am folgenden Karfreitag zum ersten Mal hörte. Doch ist das wirklich so seltsam? Zwischen Bach und Beethoven besteht eine ebenso große Kluft wie zwischen Giotto und Giorgione, und zur damaligen Zeit war mein musikalisches Wissen erst bruchstückhaft entwickelt. Doch keine sechs Monate später hatte Bach sich in meinem Herzen den Platz erobert, den er seitdem innehält: als der Anfang und das Ende aller Musik; in der Zwischenzeit hatten die Herzogenbergs ihr Bestes getan, um meine Entwicklung zu beschleunigen.

Kurz nachdem ich dem Bach-Verein beigetreten war, ereignete sich ein Vorfall, der mir die Augen dafür öffnete, daß die Deutschen den Engländern gegenüber Gefühle hegen, von denen ich zuvor keine Ahnung hatte und die sicherlich nicht erwidert werden. Meine Erleuchtung verdanke ich einem würdevollen Mann mit schwarzem Vollbart und außergewöhnlich höflichen Leipziger Manieren. Ich hatte ihn, einen gewissen Herrn Flinsch – Schatzmeister des Bach-Vereins, einer unserer führenden Bassisten und, was ich nicht wußte, Schreibwarenhändler –, bis dahin eher für einen Freund gehalten. Eines Tages ging ich in ein vornehm aussehendes Geschäft und fragte nach englischem Schreibpapier. Man brachte mir einen Artikel, der nicht meinen Wünschen entsprach, und ich begann genau zu beschreiben, was ich wollte, wobei ich immer wieder betonte: »Es muß sich um *englisches* Papier handeln.« Plötzlich schoß aus einem Hinterzimmer wutentbrannt mein schwarzbärtiger Freund hervor und warf mir ohne ein Wort des Grußes eine Schmährede über den Papierhandel an den Kopf – in Wirklichkeit werde das beste sogenannte englische Papier in Deutschland hergestellt und nur nach England geschickt, um von dort, mit dem Stempel ›englisch‹ versehen, wieder zurückgeschickt zu werden, um den (leider!) snobistischen Geschmack seiner eigenen Landsleute zu befriedigen, die immer noch an die Überlegenheit englischer Waren glaubten. Doch es werde der Tag kommen, an dem die deutsche

Industrie sich diese Demütigungen nicht länger gefallen ließe – und an dem alle Welt erfahren werde, woher die besten Erzeugnisse kommen, aus Deutschland nämlich. Nach diesem Ausbruch stürmte der Sprecher in seinen Verschlag zurück, wiederum ohne zu grüßen, und knallte die Tür hinter sich zu. Als wir uns das nächste Mal bei den Proben trafen, und auch bei allen folgenden Gelegenheiten, war unsere Beziehung distanziert.

Während der nächsten Wochen widmete ich mich voll und ganz zwei Aufgaben: den ersten Weihen in Kontrapunkt und der behutsamen Überwindung der vorsichtigen aber unmißverständlichen Unnahbarkeit meiner Mitschülerin. Und was meinte Frau Dr. Brockhaus, bis dahin meine großartige Freundin und Vertraute, zu diesen neuen Entwicklungen? Lange bevor ich überhaupt etwas von Lisl gehört hatte, war mit ihr vereinbart worden, daß ich kurz nach Ostern für ein paar Tage zum Berg, ihrem Landhaus in der Nähe von Dresden, mitkommen würde; und obwohl die Vorstellung, Leipzig zu verlassen, mir unerträglich schien, insbesondere, da die Herzogenbergs in der zweiten Aprilhälfte abreisen wollten, schrak ich davor zurück, die Gefühle der lieben Frau Doktor zu verletzen und unsere Verabredung nicht einzuhalten. Doch ich war nicht sehr gut darin, meine Geheimnisse zu hüten, und sie fand heraus, daß sie eine Rivalin hatte. Lisls Ruf, charmant, genial und so weiter zu sein, war jedoch so überwältigend, daß meine ältere Freundin mich nicht mehr beschuldigte, als es Calypso und Circe Odysseus gegenüber getan hätten, als sie feststellten, daß er sich in Minerva verliebt hatte, hätte sich die Göttin bereitgefunden, ihrer Allianz offenen Ausdruck zu verleihen. Pflichtschuldigst fuhr ich mit ins Landhaus, doch trotz der warmen Gefühle von Dankbarkeit und Zuneigung meiner Gastgeberin gegenüber war ich froh, daß das große Abschlußkonzert des Bach-Vereins mich zwang, nach vier Tagen Abwesenheit nach Leipzig zurückzukehren.

Dann meinte das Schicksal es plötzlich gut mit mir. Unmäßige Arbeit in Verbindung mit allgemein zu großen Aufregungen forderten ihren Tribut. Ich bekam unter anderem des öfteren Herzrasen, und es gab noch deutlichere Warnzeichen – wie meine romantische Ohnmacht auf dem Eis – dafür, daß meine Gesundheit unter den Anstrengungen gelitten hatte. Eines Tages schließlich brach ich auf einem Geburtstagsfest bei den Klengels zusammen. Lisl, die anwesend war und mich ganz allmählich in ihr Herz geschlossen hatte, was mir bis dahin entgangen war, bestand darauf, mich direkt zurück in meine Mansarde zu bringen, und während der folgenden recht schweren Krankheit – ein regelrechter Nervenzusammenbruch – pflegte sie mich so, wie ich noch nie zuvor gepflegt worden war; sogar ihre Ferien verschob sie um vierzehn Tage, um mir über das Schlimmste hinwegzuhelfen.

Und dort, mitten in der vertrauten Umgebung der schrägen Dachkammer und der altersschwachen Möbel, begann die zärtlichste, wirklich die zärtlichste Beziehung, die jemals zwischen einer Frau und einer anderen, die trotz ihrer Jahre wenig mehr als ein Kind war, entstanden sein mochte. Ich hatte gehört, doch fast vergessen, daß die einzige Sorge ihres ansonsten seltsam glücklichen Lebens ihre Kinderlosigkeit war; nun kam mir zu Bewußtsein, daß dieser Kummer, obwohl sie sich ihm selten hingab, tief und leidenschaftlich war (dies war sogar die einzige Leidenschaft, die überhaupt an ihr zu bemerken war). Kurz bevor ich ihr begegnete, hatte sie die Hoffnung endgültig aufgeben müssen, und obwohl später noch ein- oder zweimal versucht wurde, der Natur nachzuhelfen, hatte sie eigentlich aufgegeben. Auf diese Weise wurde ich für sie zu einem Anlaß, all ihre aufgestauten mütterlichen Liebesgefühle auszuleben.

In jenen glücklichen vierzehn Tagen hörte ich jeden Morgen Schlag acht Uhr, wie sie langsam die Treppe heraufstieg und dabei auf jeder vierten Stufe innehielt, um Atem zu schöpfen; dann wurde der Türvorhang beiseitegeschoben, und das liebe Gesicht, eingerahmt von goldenen Locken, lugte vorsichtig herein, falls ich noch schlafen sollte. Schlafen!... wenn ich doch wußte, daß Lisl kam...! Außer zwei Stunden in der Mittagszeit, wenn ihr Dienstmädchen als Wache heraufgeschickt wurde, blieb sie den lieben langen Tag bei mir, wusch mich, übernahm alle Arbeiten, die in einem Krankenzimmer anfallen, kochte mir auf ihrem eigenen kleinen Kocher die köstlichsten Gerichte, die ihr kulinarischer Genius nur erfinden konnte, las mir vor, liebkoste und pflegte mich abwechselnd. Und als es mir besser ging, spielte sie Bach und Brahms für mich, einschließlich ihres eigenen wundervollen Arrangements der neuen Symphonie, das sie aus der Partitur zusammengezimmert hatte, die er ihr für ein paar Stunden ausgeliehen hatte und noch bevor sie auch nur eine einzige Note davon gehört hatte – was zu den Dingen gehörte, die sie mit der größten Selbstverständlichkeit erledigte und von denen sie ebensowenig Aufsehens machte wie von ihren Herzbeschwerden. Sie behauptete mehrmals – obwohl meine Mutter das nie hören darf –, ich sei in Wirklichkeit ihr Kind, das sie, wie sie es ausdrückte, im Alter von elf Jahren »bekommen« haben mußte, ohne es zu wissen; all das war die charakteristische Mischung aus Spaß und Zärtlichkeit, die uns davor bewahrte, in irgendeiner Weise morbide Gefilde zu berühren, wovor sie die größte Angst hatte. Damals führten wir unsere Unterhaltung in beiden Sprachen, später immer auf deutsch. Sie war eine der sehr wenigen englisch-sprechenden Ausländer, denen ich begegnet bin, die keine beklagenswerte Aussprache hatte; ihr Akzent war bewundernswert, nicht so undeutlich, wie es manchmal der Fall ist, sondern leicht, originell, lustig und gelegentlich einfach richtig – wie alles an ihr.

Zu Beginn meiner Krankheit hatte der Arzt einen chronischen Herzschaden befürchtet; erst als diese Gefahr endgültig ausgestanden und meine Genesung in vollem Gang war, willigte sie ein, mich allein zu lassen und mit ihrem Mann nach Österreich abzureisen, nachdem sie Johanna Röntgen als *chargée d'affaires* eingewiesen hatte. Von jeder Station der Reise trafen Postkarten ein, und während der zwei Wochen, die vergingen, bevor ich in der Lage war, nach England abzureisen, war der tägliche Brief das einzige, was für mich zählte, auch wenn geheimnisvolle Schachteln mit Schokolade, Blumen und Büchern an meiner Tür abgeliefert wurden, »im Auftrag der gnädigen Frau von Herzogenberg«.

Ich vermißte sie so schrecklich, daß ich des nachts mein Kissen naßweinte – eine kindische Schwäche, die sie, als sie davon hörte, rührte, aber vor allem traurig machte. Kaum jemand war so wie sie von Fröhlichkeit und Gelassenheit angetan. Nach ihrer Abreise durfte ich Besuch von einigen Freunden erhalten, und so erfuhr ich unter anderem, daß das Dienstmädchen Anna zu Beginn meiner Krankheit gegenüber einem der steifen Honoratioren Leipzigs, der gefragt hatte, was denn mit mir nicht in Ordnung sei, bemerkt hatte: »Vielleicht ist das Fräulein zu lustig gewesen« – das entspräche in etwa der Bemerkung, die man über eine Studentin macht, die sich von einem ausschweifenden Fest erholt.

In der Zwischenzeit hatte sich ein Schwarm Vögel in einem Baum vor dem Fenster niedergelassen, und einer davon, den ich zunächst fälschlich für einen Dompfaff hielt, weckte mich täglich mit diesem kleinen

Thema (auf dem ich in der Folgezeit in England einige Kontrapunkt-Übungen aufbaute):

Kurze Zeit hatte ich befürchtet, diese Krankheit werde meinem Vater den Vorwand liefern, sich meiner Rückkehr nach Leipzig nach den Sommerferien zu widersetzen, doch ein Satz in einem lieben Brief meiner Mutter zertreute diese schreckliche Befürchtung: »Selbstverständlich, Liebling«, schrieb sie, »wirst du zurückkehren; ich habe Papa gesagt, daß es dich sonst umbringen würde.« Dies war genau die Art meiner Mutter, für die ich sie so liebte. Schließlich brach ich in Begleitung eines Mädchens, mit dem ich mich angefreundet hatte, nach Hause auf: Nancy Crawford (heute Mrs. Gould Ross), die Lisl einmal als »das nette Mädchen mit der hübschen Nase« bezeichnet hatte und die sogar ihre eigene Heimreise verschob, bis ich reisefähig war, da sie meiner neuen Mutter versprochen hatte, mich sicher bei meiner tatsächlichen Mutter abzuliefern.

Und nun, am Beginn einer Beziehung, die mein Leben sowohl menschlich wie musikalisch für so lange Jahre bestimmen sollte, muß ich sagen, in welche Stimmung dieser Teil meiner Memoiren getaucht ist – es ein für alle mal sagen, um das Thema nicht mehr zu berühren, bis ein bestimmtes Datum sieben Jahre später erreicht ist.

Das Schicksal sollte uns gewaltsam voneinander trennen; als diese Trennung endgültig war, legte ich all die Briefe, die ich von ihr besaß, beiseite in der Absicht, sie nie wieder anzuschauen. 1892, wenige Monate nach ihrem plötzlichen Tod, brachte ein gemeinsamer Freund mir ein Päckchen, das in der Innenhülle die vertraute Handschrift ihres Mannes trug: ›Ethel's Briefe an Lisl‹. Dieses Päckchen habe ich nicht einmal geöffnet, sondern es, wie in einen Tresor, neben das andere in eine alte Depeschenkassette meines Vaters gelegt, auf der sein Zeichen und seine Titel als Leutnant im Dienst der Ostindischen Gesellschaft gemalt waren – ein Behältnis, das fast neunzig Jahre alt war!

Als es mir vor wenigen Wochen als eine Art Zeitvertreib in den Sinn kam, diese Memoiren zu schreiben, hatte ich zunächst vor, im Augenblick meiner Flucht nach Deutschland innezuhalten – hauptsächlich deswegen, weil ich davor zurückschrak, jene Kassette zu öffnen. Als ich den Beschluß faßte, befand ich mich für mehrere Tage in einem traumähnlichen Zustand, starrte mit umflorten, verständnislosen Augen auf die Tragödie, genau wie vor dreiunddreißig Jahren, erstaunt über die Reichhaltigkeit und Schönheit jener langen, zärtlichen Freundschaft – und fragte mich mit dem alten, dumpfen Entsetzen, wie solche Beziehungen jemals enden können. Erst nach und nach gelang es mir, meine Augen den glücklichsten Jahren meiner Jugend zuzuwenden und sie ihre Geschichte erzählen zu lassen, so, wie sie gelebt wurde – ohne den Gedanken an das, was folgen würde.

Brahms

Anfang 1879, ich glaube, es war irgendwann im Januar, kam Brahms nach Leipzig, um sein Violinkonzert zu dirigieren – Solist war natürlich Joachim, der das Konzert gerade in Amsterdam eingeführt hatte und sich jetzt darüber beklagte, daß er seine Ohren wieder herunterstimmen müsse, nachdem er, wie er sagte, gelernt hatte, das Konzert in Holland beinahe in Dis-Dur zu spielen – ein wahres Meisterstück! Ich verstand damals, warum die Tonhöhe immer tendenziell ansteigt; denn obwohl Joachim in jeder Hinsicht Wert auf werkgetreue Interpretation legte, fing ich ein paar Bemerkungen über »gesteigerte Brillanz« und so weiter auf. Jenes Konzert, das nie zu meinen Lieblingswerken von Brahms zählte, mag den Musikstudenten heute wie ein Kinderspiel vorkommen; damals jedoch war die Technik ungewöhnlich, und manche glaubten sogar, daß sie für das Instrument nicht tauge. Wach nannte es ›Konzert *gegen* Violine‹. Ich vermute jedoch, daß meine musikalische Sensibilität von der freudigen Erregung überdeckt wurde, den großen Mann endlich persönlich kennenzulernen. In den folgenden Jahren sah ich ihn immer wieder recht häufig, und hier folgt die Zusammenfassung meiner Eindrücke, soweit sie sich wiederzugeben lohnen.

Die meisten Menschen schwärmen in ihrer Jugend vermutlich für irgend jemanden, selbst auf Gebieten, auf denen sie sich selbst gut auskennen – eine Schwärmerei, die dann mit der Zeit vergeht. Ich kann mich jedoch nicht erinnern, ein musikalisches Idol gehabt zu haben. Als Erklärung erscheint mir am ehesten einleuchtend, daß meine Bedürfnisse offenbar weitgehend befriedigt wurden; man kann ja viele verschiedene Bedürfnisse haben, also warum sollte die Befriedigung des einen die des anderen ausschließen? Wenn man, um ein Beispiel zu wählen, Anatole France liebt, warum sollte man dann jemanden vom entgegengesetzten Ende des literarischen Spektrums, etwa Dickens, weniger mögen? Ich hatte Brahms' Musik verehrt, seit ich die ersten Töne davon hörte; noch heute geht mir das mit manchen seiner Werke so; also war ich prädestiniert dafür, den Mann genauso zu mögen. Ich kann zwar nicht sagen, daß ich ihn unsympathisch fand, aber seine Persönlichkeit hat mich weder beeindruckt noch angezogen, und ich konnte nie verstehen, warum seine Anhänger eine solch überzogene Meinung von seinem Intellekt hatten. Er war gewöhnlich eher wortkarg und sprunghaft, und es war eigentlich recht schwierig, mit ihm eine Unterhaltung zu führen. Nur nach dem Essen löste sich allmählich seine Zunge, und er ließ einige Einblicke in seine Seele zu. Angeregt durch zahllose Tassen sehr starken schwarzen Kaffees war er dann bereit, über Literatur, Kunst, Politik, Sitte und Moral und über alles Mögliche zu reden. Obwohl er nie etwas Dummes sagte, kann ich mich beim besten Willen nicht erinnern, daß er bei einer dieser Gelegenheiten irgend etwas Herausragendes von sich gegeben hätte. Und wenn sein jüngstes Bonmot über Bismarck, Poesie oder selbst Musik voller Verehrung herumgereicht wurde und ich es zu hören bekam, schien es mir jeweils nicht mehr und nicht weniger als das, was jedermann hätte sagen können.

Nur einmal kann ich mich daran erinnern, daß er einen etwas ungewöhnlichen Standpunkt einnahm. Franz von Lenbach hatte ein Porträt des Kaisers angefertigt, das vor kurzem im Museum ausgestellt worden war und einen solchen Sturm der Entrüstung hervorgerufen hatte, daß es zurückgezogen wurde – ich glaube, man verbot sogar, es in öffentlichen Galerien auszustellen. Im Gegensatz zu allen anderen Porträts Wilhelms I., die einen martialisch dreinblickenden Herrscher um die Sechzig darstellten, von dem die Presse behauptete, daß er sich ohne Hilfe auf den Rücken seines Pferdes schwingen konnte, hatte Lenbach einen sehr müden alten Mann von vierundachtzig Jahren dargestellt, mit blassen, schlaffen Wangen und eingesunkenen, glanzlosen Augen – kurz, er hatte den Greis so porträtiert, wie er wirklich aussah und von dem man sich hinter vorgehaltener Hand erzählte, er müsse mühsam im Stall auf sein Pferd gehoben werden, um seinen täglichen Ausritt im

Tiergarten antreten zu können. Lenbachs Bild war empfindsam, man konnte es sogar schön nennen; mir schien es die Vorstellung eines alten Kämpen wiederzugeben, der immer weiter reiten würde, solange er sich noch auf dem Rücken eines Pferdes halten konnte, gleichgültig, welche Mühe es ihn kostete, hinaufzukommen. Doch die Leute, die in Deutschland die öffentliche Meinung beherrschen, betrachteten diese Darstellung menschlichen Verfalls als Zersetzung des monarchistischen Prestiges; manche gingen sogar so weit zu fordern, das Bild solle zerstört und der Maler wegen Majestätsbeleidigung angeklagt werden. Kurz, dieser Vorfall verdeutlichte die Kluft zwischen der deutschen und der angelsächsischen Mentalität. Es gab nur eine Minderheit, die anders dachte, und die verhielt sich weitgehend ruhig. So war ich sehr erfreut festzustellen, daß Brahms, der immer den Mut aufgebracht hatte, seine Meinung zu äußern, und sich dabei von niemandem einschüchtern ließ, den empörten Aufschrei als lächerlich betrachtete und das auch in aller Öffentlichkeit kundtat.

Ich glaube, was mich an ihm hauptsächlich ärgerte, waren seine Ansichten über Frauen, die allerdings mit dem damals in Deutschland gängigen Frauenbild übereinstimmten – nur hatte ich das bis dahin noch nicht bemerkt, da ich Äußerungen wie »mein Mann sagt« immer als lokale Besonderheiten der Ausdrucksweise betrachtet hatte. Relikte dieser Form der Barbarei sind in England noch in Ansätzen zu finden; wenn sie jedoch von einem Volk geäußert werden, das große Stücke auf seine Logik hält, das brutale Gewalt verherrlicht und das bestimmten Tatsachen mit hartem Blick und ohne mit der Wimper zu zucken ins Auge sieht, würden selbst unsere schlimmsten Reaktionäre solche Theorien abstoßend finden. Georg III., selbst deutscher Abstammung, mochte vor 150 Jahren den berühmten Ausspruch von Wilhelm II. noch unterschrieben haben, die Bestimmung der Frau ließe sich als ›Kinder, Küche und Kirche‹ umschreiben; doch leider kann man noch heute deutsche Frauen finden, die diesen Ausspruch in vollem Einverständnis zitieren.

Brahms war als Künstler und Junggeselle so frei, die sozusagen poetische Variante des ›Kinder, Küche, Kirche‹-Ausspruchs für sich zu reklamieren, nämlich daß Frauen nichts weiter seien als Spielzeug. Er machte dabei natürlich die eine oder andere Ausnahme – wie es solche Männer zu tun pflegen –, vor allem gegenüber Lisl, der er mit perfekter Reverenz, Bewunderung und Zuneigung begegnete, ohne ihr den Hof zu machen. Da er gutes Essen liebte, wie die meisten Künstler, schmolz er schon allein wegen ihrer hervorragenden hausfraulichen Künste nur so dahin; tatsächlich kaufte sie häufig selbst die Zutaten ein, da ihr das Beste gerade gut genug war. Kam Brahms zu Besuch, dann war sie nie glücklicher, als wenn sie dem hohen Herrn ein köstliches Mahl bereiten konnte; wie ein Abbild von Frau Röntgen stürmte sie dann manchmal herein, mit vor Küchenarbeit geröteten Wangen, ihr goldenes Haar von der Hitze noch stärker gewellt als sonst, und rief: »Spielen Sie diesen Satz noch einmal; soviel sind Sie mir schuldig!«, und Brahms' Verehrung flammte auf wie der Schwall Hitze aus der Küche. Kurz, er war in Gegenwart von Lisl einfach liebenswert.

In seinem Verhältnis zu ihrem Gatten, der sich als Musiker in Gegenwart des Meisters äußerst zurückhielt, bemühte er sich um eine freundliche Haltung, konnte jedoch nicht verbergen, daß ihn Herzogenbergs Kompositionen nicht sonderlich interessierten. Einmal war Brahms schlecht gelaunt und urteilte recht grausam über sie, so daß Lisl mit ihm zankte und in Tränen ausbrach, worauf Brahms ihr die Hand küßte und beinahe ebenfalls zu weinen begann; doch die Sache machte ihr noch lange zu schaffen.

Wer ihn mit Lili Wach, Frau Schumann und ihren Töchtern oder anderen Verwandten seiner großen Vorfahren umgehen sah, lernte ihn von seiner besten Seite kennen, so sanft und respektvoll führte er sich ihnen gegenüber auf; zu Frau Schumann benahm er sich geradezu wie ein Sohn der alten Schule. Ich kann mich noch an eine äußerst seltsame Unterhaltung zwischen ihnen erinnern, in der es darum ging, ob das Thema seiner Klaviervariationen in D-Dur* einen, wie sie es nannte, »überflüssigen, angehängten Takt« hatte. Dabei handelte es sich doch um ein vorzügliches Merkmal dieser wundervollen, frei ausschwingenden Melodie. Sie diskutierte liebevoll, doch wie immer etwas hitzig mit ihm, und ich fand, er blieb unendlich geduldig.

Sein Umgang mit den übrigen Vertreterinnen des weiblichen Geschlechts – oder, um das häßliche Wort zu benutzen, das ihm dauernd über die Lippen kam, den ›Weibsbildern‹ – war weit weniger bewundernswert. Wenn sie ihm nicht gefielen, war er unheimlich verlegen und ungnädig; waren sie hübsch, so hatte er die unangenehme Angewohn-

---

* op. 21: dem 6. Takt ist der 7. sequenzierend angefügt.

heit, sich in seinem Stuhl zurückzulehnen, die Lippen zu schürzen, sich über den Bart zu streichen und sie anzustarren wie gefräßige Jungen ein Stück Torte. Viele Menschen betrachteten das als reizendes Verhalten und hielten es für ein Zeichen dafür, daß der große Mann bester Laune war, doch mich ärgerte es genauso wie seine Witze über Frauen und seine dauernden Spötteleien über die Frau an sich, die – mit Ausnahme von Lisl natürlich – weder über Verstand noch über auch nur eine gute Idee verfügte. Ich habe mich mehrfach heftig bei ihr darüber beschwert. Doch ich glaube, insgeheim hegte sie die gleiche Empfindung wie viele Frauen, die ich kenne und die etwas gegen Suffragetten haben: Wenn sie selbst aus irgendeinem Grund die besondere Gunst von Männern genießen, haben sie nichts dagegen, daß der Rest der Frauen ihrer Verachtung anheimfällt – die typische Einstellung einer Fatima, dem Stolz des Harems. Um Lisl die Ehre zu erweisen: Ich habe sie nie etwas Eindeutiges in dieser Richtung sagen hören, und ich hatte ja selbst damals noch keine genauen Vorstellungen, was mich daran ärgerte, doch da sie ein Kind ihrer Zeit und äußerst deutsch war, verfügte sie vermutlich auch über eine derartige Sklavenmentalität.

Ein angenehmer Charakterzug an Brahms war, daß ihn die Vorstellung schreckte, auf ein Podest gestellt zu werden. Er hatte starke Vorurteile gegenüber England, die er mir gegenüber immer scherzhaft hartnäckig wiederholte, doch was ihn vor allem anderen davon abhielt, nach England zu reisen, war die Furcht vor unserer Fähigkeit, jemanden wie ihn zum Helden zu stilisieren: »Ich weiß noch, wie Ihr mit Mendelssohn umgegangen seid«, sagte er. Aufgrund der Gehemmtheit seiner Verehrer und seiner vollkommenen Unfähigkeit, ruhig und gelassen darauf zu reagieren – oder, wie es die Italiener sagen würden, aufgrund seines Mangels an Erziehung –, hatten gewöhnliche Sterbliche, die ihm einfach ihre Bewunderung für seine Musik mitteilen wollten, einen schweren Stand bei ihm. Die einzige Person, die fröhlich durch solch stürmische Wasser segelte, war Konsul Limburger, doch auch das gefiel Brahms nicht und machte seine Anhängerschaft immer wieder wütend. Nach irgendeiner Vorstellung ließ Limburger einmal in seiner typisch unbefangenen Art die Bemerkung fallen: »Also wirklich, Herr Doktor, ich weiß nicht, wohin Sie uns in diesem langsamen Satz entführen wollen, in den Himmel oder in die Hölle!«, worauf Brahms mit angedeuteter Verbeugung erwiderte: »Was immer Ihnen gefällt, Herr Konsul«, was als äußerst schlagfertige Antwort zitiert wurde, die den tollkühnen Limburger vernichten sollte. Doch eine seiner Erwiderungen war wirklich recht gut. Das erste Thema in einem seiner kammermusikalischen Werke ist beinahe identisch mit einem Thema von Mendelssohn, und als irgendein Möchtegern-Fachmann eifrig auf diese Tatsache hinwies, bemerkte Brahms: »Ganz richtig – und jeder Schafskopf merkt's leider sofort!«

Ich muß allerdings sagen, daß sein Geschmack in Humorfragen einiges zu wünschen übrig ließ, und kann dazu einen ›Scherz‹ als Beispiel anführen, den er sich mit meinem Namen machte, den alle Deutschen Schwierigkeiten haben auszusprechen und den meine Waschfrau, wie ich ihm naiv erzählte, ›Schmeiß‹ aussprach. Nun gibt es im Deutschen das Verb ›schmeißen‹, ein umgangssprachliches, doch recht harmloses Wort. Dann gibt es jedoch ein altdeutsches Wort, ›Schmeiss‹, das etwas Unappetitliches bezeichnet; und eine bestimmte schreckliche Fliege, die scheußliche Orte heimsucht, nennt man ›Schmeißfliege‹. Da Brahms immerzu Bemerkungen machte über meine schnellen Bewegungen, fand er das Wortspiel unwiderstehlich und gab mir den Spitznamen ›Die Schmeißfliege‹. Lisl war jedoch darüber so schockiert, daß er darauf verzichtete, den Scherz zu wiederholen.

Unter seinen Bewunderern war es üblich, eine Verachtung für Wagner zum Ausdruck zu bringen; er jedoch widersetzte sich dem mit der häufig geäußerten Bemerkung: »Seine Nachahmer sind Affen, doch der Mann selbst hat etwas zu sagen« – ein Ausspruch, der als Beweis seiner noblen, großzügigen Art galt. Menschen wie Joachim und Herzogenberg betrachteten Wagner als einen einzigen Witz, und ich erinnere mich daran, daß sie sich einmal einen ganzen Akt des ›Siegfried‹ lang gegenseitig bei Laune hielten, indem sie jedesmal »Guten Morgen« zueinander sagten, wann immer ein bestimmter Akkord, zum Beispiel ein kleiner Nonenakkord, auftauchte – ein sehr provozierender Scherz, selbst für diejenigen, die ihn sich nur anhörten.

Am besten gefiel mir Brahms, wenn er am Klavier saß und seine eigenen Kompositionen oder Bachs mächtige Orgel-Fugen spielte. Er begleitete sich dann manchmal selbst mit einem halbunterdrückten Brummen, als würden im Bauch der Erde Titanen ihre Sympathie bekunden. Beim Spielen schwollen ihm die Stirnadern an, seine wundervollen hellblauen Augen umwölkten sich, und er schien die Inkarnation der zurückgenommenen Kraft zu sein, von der sein eigenes Werk Zeugnis ablegt. Denn sein Spiel war niemals geräuschvoll, und wenn er ein sublimes Thema aus einer Akkordfolge löste, pflegte er uns scherzend aufzufordern, den sanften Klang seines ›Tenor-Daumens‹ zu bewundern.

Eine seiner besten Eigenschaften war seine Haltung gegenüber den großen Toten seiner eigenen Kunst. Er kannte seinen Wert – welcher große Schöpfer kennt ihn nicht? –, doch tief in seinem Herzen war er der bescheidenste Mann, den ich je getroffen habe. Sich selbst neben Beethoven und Bach gestellt zu sehen, seine Symphonie in c-Moll »Die Zehnte Symphonie« genannt zu hören (was bedeuten sollte, sie käme Beethovens Neunter gleich oder überträfe sie gar), ärgerte und erzürnte ihn. Als er einmal zu einer Probe eines seiner Werke eintraf und Reinecke seine Probe einer Mozart-Symphonie noch nicht beendet hatte – ich habe vergessen, welche Symphonie es war –, murmelte er nach dem langsamen Satz etwas zu Lisl, das ich nicht verstehen konnte. Hinterher erzählte sie mir, daß er zu ihr gesagt hatte: »Ich würde all meinen Kram hergeben für dieses eine Andante!«

Unter den flüchtigen Bemerkungen, die mir im Gedächtnis geblieben sind, war sein Ausspruch, er habe es aufgegeben, jungen Komponisten eine bestimmte Zukunft vorherzusagen, da er so oft habe feststellen müssen, daß diejenigen, die er für begabt gehalten hatte, es zu nichts brachten und umgekehrt; in diesem Zusammenhang wies er darauf hin, daß Gluck alle Werke von zeitloser Bedeutung erst im Alter von über fünfzig Jahren geschrieben habe. Ich habe bisher noch nicht im Lexikon unter dem Stichwort Gluck* nachgeschaut, um diese Behauptung zu überprüfen.

Mir gegenüber verhielt sich Brahms sehr nett und väterlich, auf seine verlegene Art – zweifellos hauptsächlich deshalb, weil seine Freunde mich ins Herz geschlossen hatten. Doch schon nach kurzer Zeit der Bekanntschaft erriet ich, daß er einen weiblichen Komponisten niemals ernst nehmen würde, und verspürte keinerlei Bedürfnis, obwohl er mich höflich dazu aufforderte, ihm meine Arbeiten zu zeigen. Schließlich legte ihm Lisl eines Tages, ohne vorher meine Erlaubnis einzuholen, eine kleine Fuge von mir vor, und als ich hinzukam und feststellte, daß die beiden sie gerade durchsahen, begann er sie zu analysieren auf

---

* Christoph Willibald Gluck (1714–1787) lernte 1761 in Wien Raniero da Calzabigi kennen. Das Ergebnis der Zusammenarbeit waren seine berühmten Reformopern (›Orfeo et Euridice‹, ›Iphigénie en Aulide‹ u. a.), auf die Brahms anspielt.

eine schlichte, ernste und anerkennende Weise: diese Entwicklung sei gut, jene Modulation seltsam und so weiter. Überrascht und hocherfreut verlor ich den Kopf, deutete auf ein konstruktives Detail, über das sich Herzogenberg äußerst erregt hatte – eines der Dinge, weshalb er mich gelegentlich eine schlechte Schülerin nannte –, und fragte in meinem Übereifer: »Glauben Sie nicht auch, wenn ich es so empfinde, habe ich ein Recht, auf der Dominante zu schließen?« Daraufhin veränderte sich die Situation schlagartig. Das ironische Lächeln kehrte auf seine Lippen zurück, er strich sich über den Schnurrbart und sagte mit einer vor herablassender Verachtung triefenden Stimme: »Liebes Kind, ich bin sicher, daß Sie enden können, wann und wo Sie wollen!« ... Da war es wieder! Plötzlich hatte er sich daran erinnert, daß ich ja eine Frau war, die ernstzunehmen unter der Würde eines Mannes war, und die Qualität der Arbeit, die er, wäre ich ein Mann, gegen alles und jeden verteidigt hätte, vergaß er dabei einfach.

Nehmen wir an, es wäre einer der zahlreichen Verleger anwesend gewesen – welche die Herzogenbergs scharenweise aufsuchten –, wie hätte sich diese Szene wohl auf seine Neigung ausgewirkt, meine Arbeit später zu drucken? Besteht in der Öffentlichkeit überhaupt ein Bewußtsein dafür, daß man Musik nur dadurch kennenlernen kann, daß sie veröffentlicht wird?

Ich habe nicht die Absicht, in diesen Memoiren auf mein eigenes Werk einzugehen, außer wenn es um solche frühen Erinnerungen geht; doch es gibt einen Vorfall einige Jahre später, der auf Frauen generell zutrifft und an den die Fugen-Geschichte mich erinnert. Ich zeigte einmal Levi, dem großen Wagner-Dirigenten, ein großes Chorwerk – er war ein aufgeschlossener Mann, der keine Angst davor hatte, der Wahrheit ins Gesicht zu sehen. Nachdem er es gehört hatte, sagte er: »Ich hätte nie geglaubt, daß eine Frau so etwas geschrieben hat!« Ich erwiderte: »Nein, und mehr noch: Sie werden es auch in einer Woche noch nicht glauben!« Er blickte mich einen Augenblick lang nachdenklich an, dann sagte er langsam: »Ich glaube, Sie haben recht!« Das Vorurteil mußte über die Sinneseindrücke und den Intellekt obsiegen – am Ende hätte er ganz sicherlich das Gefühl bekommen: Da muß doch irgendwo ein Fehler stecken! ... Es ist diese ständige Zurückweisung, die Frauen mehr noch als alle gegenständlichen Hemmnisse auf ihrem Weg behindert.

Doch es kam der Tag, an dem ich einen kleinen Triumph über Brahms feiern konnte. Unter meinen Übungen für Herzogenberg waren zweiteilige ›Inventionen‹ nach Art von Bach. Lisl spielte ihm eine davon vor und gab sie als neuen Fund der Bach-Gesellschaft aus. Darin gab es einen bestimmten Harmoniewechsel, der in der Zeit Bachs musikalisch noch nicht verwendet worden war, den dieser aber, da er so viel vorweggenommen hatte, durchaus hätte verwenden können. Und Brahms Bemerkung dazu war: »Dem Kerl fällt doch immer wieder was Neues ein!« Als die Wahrheit herauskam, wurde die Komponistin aufs Herzlichste gelobt – und verdiente es diesmal gar nicht. Es war nur ein wenig erfolgreiche Mimikry, die fast jeder einigermaßen phantasievolle Musiker hätte zustandebringen können.

Doch mein größter Erfolg bei Brahms – der übrigens davon überzeugt war, daß jeder Mensch einem bestimmten Instrument ähnlich sei, und mich ›die Oboe‹ nannte – hatte nichts mit Musik zu tun. Gekränkt durch seine Geringschätzung für mein Geschlecht schrieb ich ein kleines sarkastisches Gedicht, dessen letzte Strophe lautete:

> Der große Brahms hat's neulich ausgesprochen:
> *»Ein g'scheidtes Weib, das hat doch keinen Sinn!«*
> D'rum laßt uns emsig uns're Dummheit pflegen,
> Denn nur auf diesen Punkt ist Wert zu legen
> Als Weib und gute Brahmsianerin!

An jenem Abend wurde ihm zu Ehren ein Soupée gegeben, und jeder, der sich ihm in der Absicht näherte, mit ihm über seine Musik zu sprechen, mußte mitten im Satz innehalten, weil Brahms das Gedicht aus seiner Brusttasche zog und die unglückliche Person zwang, es zu lesen. Den ganzen Abend sei das so gegangen, ließ ich mir erzählen, und es muß die Bewunderer zum Wahnsinn getrieben haben.

Später, als ich nicht mehr in Leipzig war, sah ich ihn nur noch selten. Doch als ich einmal auf der Durchreise in Wien war und ihm eine Nachricht zukommen ließ, reagierte er äußerst liebenswürdig und lud mich ein, auf dem Rückweg in seinem Haus zu speisen. Leider war er, als es dann so weit war, nicht zu Hause.

Diese einzelnen, verschiedenen Eindrücke werden Brahms sicherlich nicht gerecht. Auch damals schon wußte ich um seine wunderbare Großzügigkeit gegenüber mittellosen Musikern und alten Freunden, denen es sozial nicht gut ging. Ich bemerkte auch, daß selbst sein Zynismus über Frauen durch die äußerst zarte Feinheit seines Werkes Lügen gestraft wurde, mehr noch durch die Auswahl der Liedtexte. Doch alles, was ich sagen kann, ist, daß diese poetische Einsicht seine Theorien über Frauen nicht bestimmte (die einige dumme Menschen einer früheren Liebesenttäuschung zuschreiben). Und das Wesentliche an Lebenserinnerungen ist doch wohl – so scheint es mir zumindest –, sich auf das zu beziehen, was man selbst gesehen hat, und nicht darauf, was andere Menschen, Bücher oder spätere Überlegungen zu sagen haben. Ich sah Integrität, Ehrlichkeit, Herzenswärme, Großzügigkeit im Umgang mit Gegnern und eine gewisse seelische Größe, die all seine Musik prägen; doch auf der anderen Seite sah ich Grobheit, Unzivilisiertheit, einen Mangel an Wahrnehmung subtiler Details an Menschen und Dingen, Humorlosigkeit und natürlich die unvermeidliche, unmittelbare Selbstsucht von Menschen, die der Nachwelt eine Botschaft zu überbringen haben und sich um andere nicht kümmern können. Als Wagner starb, schickte er einen Kranz und war tief verletzt, weil er keine Antwort erhielt. Ein Freund der Wagners erzählte mir schadenfroh, Cosima habe gesagt: »Warum sollten wir auf den Kranz reagieren? *Soweit ich weiß, war der Mann kein Freund Unserer Kunst*« – und mein Informant fügte hinzu: »Es war ein Fehler, ihn überhaupt zu schikken.« ... Solcherart war das Wagnersche Königreich.

Die Berichte über seine grausame Krankheit und seinen Tod, die sich herumsprachen, waren unendlich tragisch, denn man sagte, er kämpfte gegen sein Schicksal; und wie ein Kind, das zur Schlafenszeit weint und protestiert, weigerte er sich zu gehen. Der einzige Trost ist, daran zu glauben, wie ich es zum Beispiel tue, daß seine beste Schaffenszeit hinter ihm lag und die Natur recht tat, den Vorhang fallen zu lassen.

Frühling 1879

Wenn Brahms nach Leipzig kam, wie er es beinahe jeden Winter zu tun pflegte, tauchten plötzlich viele andere Komponisten – neidlose Bewunderer des großen Meisters, wie Dvořák, Kirchner, Grieg etc. – wie auf ein Zauberwort hin auf, um ihm ihre Reverenz zu erweisen; und natürlich strömten sie alle in die Humboldtstraße. An meine erste Begegnung mit Grieg, den ich später so gut kennenlernen sollte, erinnere ich mich hauptsächlich deshalb noch, weil er mir einen wohlverdienten Schlag ins Gesicht versetzte. Grieg, der von Weltoffenheit geprägt war, bewunderte die Arbeiten Liszts sehr. Nun war es in meiner Welt Mode geworden, auf Liszt als Komponisten verächtlich herabzuschauen. Doch was bei reifen Musikern noch erträglich erscheinen mag, muß aus dem Munde einer Studentin unerträglich klingen. Irgendeine Bemerkung von mir ließ Griegs Zorn überkochen, und er wollte wissen, wie so ein halbgares dummes Gör wie ich dazu käme, derartig über Menschen zu sprechen, die mich haushoch überragten? Am nächsten Tag beim ersten Hahnenschrei kam der gute Mann meine Treppe heraufgestapft, um sich zu entschuldigen, und dieser Vorfall legte den Grundstein für sehr herzliche Gefühle zwischen mir und den Griegs, die später Früchte tragen sollten.

In jenem Winter entwickelte sich meine Freundschaft zu den Wachs, konsolidierte sich und, mehr noch, resultierte in engen Beziehungen zwischen ihnen und den Herzogenbergs. Seit zwei oder drei Jahren wohnten sie bereits in derselben Stadt, und ich bin davon überzeugt, sie hätten sich nie mehr als flüchtig gekannt, hätte es nicht ein Verbindungsglied zwischen ihnen durch mich gegeben. Was Unnahbarkeit anging, konnte es Lili (die ich in diesen Memoiren als ›Lili Wach‹ bezeichnen werde, um eine Verwechslung mit ›Lisl‹ zu vermeiden) mit Lisl durchaus aufnehmen; doch als das Eis einmal gebrochen war, wurden aus den beiden Frauen enge Freundinnen, und ich denke oft, das einzige, vor dem Lisl eine leise Ehrfurcht hegte, war das äußerst scharfe und instinktsichere Urteil von Lili Wach.

Zu jener Zeit führten mich die Bälle in Leipzig nicht länger in Versuchung. Doch es gab andere elegante Gelegenheiten, etwa die großen Empfänge, die Frau Livia oder die Limburger zu Ehren durchreisender Berühmtheiten gaben. Bei solchen Gelegenheiten interessierte sich Lisl sehr für mein äußeres Erscheinungsbild; wie meine Mutter lauerte sie mir in Ecken und Fluren mit Sicherheits- und Haarnadeln auf, die mir aus der Verlegenheit helfen sollten, und leider muß ich gestehen, daß das, was mich bei meiner Mutter irritiert hatte, nun rührte und entzückte! Meine musikalische Ausbildung war sicherlich in jener streng klassizistischen Atmosphäre etwas beschränkt, doch ich vermute, daß jeder Ausbildungsplan entweder zu eng oder zu vage ist. Zweifellos konnte ich meiner Liebe zur Oper, die mir in den Tagen von Mr. Ewing sehr zu Bewußtsein gekommen war, im Augenblick nicht in dem Maße nachgehen. Zwar wurde bei Mozart und ›Fidelio‹ natürlich eine Ausnahme gemacht, doch mein Bekanntenkreis betrachtete die Oper als eine zu vernachlässigende Kunstform, wahrscheinlich weil Brahms klugerweise die Betätigung auf einem Gebiet vermieden hatte, auf dem er wohl kaum geglänzt hätte und das sein Gegner Wagner besetzt hatte. Außerdem war Leipzigs Goldenes Zeitalter geprägt von Orchesterwerken und Oratorien, und sowohl die Musiker wie das Konzertpublikum standen dem Musikdrama mißtrauisch gegenüber. Die alten ehrwürdigen Familien, die seit undenklichen Zeiten ihre Plätze im Gewandhaus hatten, mieteten sich nur selten eine Loge in der Oper – teilweise vielleicht, weil es durch die Abonnementsverteilung zu Überschneidungen mit dem Theater kam; jedenfalls war die Oper bei unseren Leipziger Honoratioren nicht sonderlich beliebt. Ich hörte mir besonders gerne ›Carmen‹ an – nach wie vor meine Lieblingsoper –, wann immer ich die Gelegenheit dazu hatte, und ärgerte mich über Herzogenbergs gönnerhafte Bemerkung, Bizet sei zweifellos »ein Geniechen«. Von jener Leipziger Schule wurden alle geringgeschätzt, die wie Bizet und Chopin mit einem leisen Lächeln auf den Lippen die tragischsten Dinge sagen, die in die tiefsten Tiefen tauchen und sich gleich darauf in die höchsten Höhen schwingen – die im Unermeßlichen schwelgen. Ich mußte neulich an diese Verrücktheit denken, als mir gegenüber jemand eine Bemerkung von Forain wiederholte, die dieser vor kurzem geäußert hatte: »L'art se tient dans le creux de la main!« (Die Kunst läßt sich in der hohlen Hand halten.) Anschließend hatte man über Wagner diskutiert, der offensichtlich nicht Forains Denkungsart entsprach. Es ging um die Länge von Wagneropern, die mir immer schon von künstlerischer Arroganz erschien – eine willkürliche Mißachtung der Grenzen, die der menschlichen Aufnahmekapazität durch die Natur gesetzt sind. Doch Wagner ist unter anderem der größte musikalische Hypnotiseur, den die Welt je erlebt hat, und für die Hypnotisierten sind die Gesetze der Zeit außer Kraft gesetzt.

Eine andere Merkwürdigkeit an der Gruppe um Brahms war, daß sie für die Instrumentation anscheinend kein Interesse aufbrachte, die infolgedessen in meiner Ausbildung auch keine Rolle spielte. Niemand ist stärker als der Komponist der Meinung, daß der Inhalt der Ausgangspunkt sein muß; bevor man den Mund aufmacht und spricht, sollte man etwas Definitives zu sagen beabsichtigen. Doch in jenem Kreis wurde das, was man das *Externe*, das Äußerliche, nennen könnte

– das eher angenehme der musikalischen Elemente –, so gering geschätzt, daß er sich das berühmte Motto hätte zu eigen machen können: »Kümmere dich um den Sinn, und die Klänge werden von selbst kommen« – wohl kaum eine angemessene Ausrüstung für einen Musiker, selbst wenn die Klänge von selbst kämen, was nicht der Fall ist. Einmal wurden einige Orchestervariationen Herzogenbergs aufgeführt, und ich erkannte sie kaum als eines der von mir so bewunderten unvermeidlichen Klavierduos wieder – so schlecht war die Instrumentierung.

Doch bei allen Mängeln meiner musikalischen Umgebung, lehrte sie mich auch die Notwendigkeit harter Arbeit, und ich entwickelte sogar eine Liebe für sie. Außerdem wurde mir eine tiefe Leidenschaft für Bachs Musik eingeimpft, was auch schon eine Art Ausbildung darstellt. Wie ich schon an anderer Stelle andeutete, entdeckten Herzogenberg und seine Berliner Mitarbeiter ständig neue musikalische Wunder Bachs und gaben sie heraus, und obwohl der Leipziger Zweig des Bach-Vereins nicht sehr groß war, stellte doch das Einstudieren und die Aufführung dieser betagten Neuheiten ein aufregendes Abenteuer für ihn und uns dar.

Im frühen Herbst und späten Frühling pflegten wir in kleinen Gemeinden der Umgebung Konzerte zu geben. Das bedeutete, früh mit verschiedenen Zügen zu fahren, in denen wir Dritter-Klasse-Abteile reserviert hatten, mittags in einem Gasthof zu essen und einen Teil des Weges gegen Abend durch den Wald zurückzuwandern. Da in einigen der weit entfernt gelegenen Landkirchen die Orgel fürchterlich verstimmt war, gab es nicht selten Probleme zwischen Orgel und Blasinstrumenten. Bei einer Gelegenheit hatten wir schon vorher gehört, daß die Kirchenorgel sehr schlecht klang, und so fuhren die Herzogenbergs und ich vorab einmal hin, ausgerüstet mit einem Horn. Herzogenberg verstand etwas von Orgelventilen, konnte jedoch keinen Ton erzeugen; ich dagegen, für die Ventile ein Mysterium waren und sind, konnte zumindest ein Jagdhorn blasen. Und Lisl, von der Figur her eine vorbildliche Heilige Cäcilie, allerdings ohne die geringsten Kenntnisse auf dem Instrument der Heiligen, saß an der Orgel und drückte ein durch das Kirchenschiff gellendes, unkontrollierbares ›a‹. So versuchten wir herauszufinden, welche Möglichkeiten es gab, eine freundliche Beziehung zwischen Horn und Orgel herzustellen. Der Küster zeigte sich schokkiert, denn obwohl uns bewußt war, daß wir uns in einer Kirche befanden, starben wir fast vor Lachen.

Bei diesen Konzertausflügen widmete sich Lisl gewissenhaft – und zielstrebig, denn unser finanzielles Polster war nie sonderlich üppig – den getreuen Mitgliedern des Bach-Vereins und deren wohlhabenden Freunden. Ganztägige Ausflüge sind mit jeder Gruppe von Menschen anstrengend, doch es gab immer einen Augenblick, der uns für unsere Mühe entschädigte und den wir an solchen Tagen herbeisehnten. Wir hatten immer Noten von mehrstimmigen Liedern dabei, und nachdem wir in irgendeinem Waldgasthof Kaffee getrunken hatten, suchten wir uns ein romantischeres Fleckchen im Wald; die Stimmgabel wurde an einem Stein angeschlagen, und in dem himmlischsten aller Konzertsäle machten wir himmlische Musik. Allein schon die Tatsache, im Bach-Verein zu sein, war ein Beweis dafür, daß man ein ernster, sogar oft ein überernster und äußerst gewissenhafter Musiker war; und so zählten einige unserer Mit-Sänger zwar nicht mehr zu den Jüngsten, doch sie glichen durch ihren Feuereifer aus, was die arg strapazierten Stimmbänder nicht mehr hergaben. Und die Krönung des Ganzen war, daß uns der ganze Ausflug inklusive Konzert nur umgerechnet einen Schilling und sechs Pence pro Kopf kostete.

Als der Karfreitag herankam, hielt mich Papa Röntgen für fortgeschritten genug, meinen Platz unter den zweiten Violinen bei der jährlichen Passions-Aufführung einzunehmen – nicht gerade ein großes Kompliment, wie sich bald herausstellen sollte –, wobei er mich inständig bat, den Dirigenten im Auge zu behalten und nicht vor Übereifer an der falschen Stelle einzusetzen. Die Aufführungen der Matthäus-Passion, die in der Thomas-Kirche stattfanden – für die das Werk ursprünglich geschrieben war und wo Mendelssohn, der die Passion wiederentdeckte, eine große Tradition begründet hatte –, gehören für mich zu den unvergeßlichen Erlebnissen. Die Einnahmen aus dem Konzert wurden jeweils dem Witwen- und Weisen-Fonds des Gewandhaus-Orchesters gestiftet, doch einer seltsamen Zusatzklausel zufolge hatten in diesem Jahr nur diejenigen einen Anspruch auf ihren Anteil der Einnahmen, die aktiv an der Aufführung teilnahmen. Viele moderne Instrumente haben aber gar keinen Platz in den Orchestern der Bachschen Ära; infolgedessen polierten in Freistunden Posaunisten, Baßklarinettisten und andere Außenseiter ihre Geigenkenntnisse auf, um ihren Weg durch Bachs sehr leichte Partien für Saiteninstrumente hindurchzukratzen. Sie wurden im allgemeinen in den Rängen der zweiten Geigen untergebracht, und sie spielten derart abscheulich, daß ich zweifelsfrei begriff, warum man mir erlaubt hatte, mich zu ihnen zu gesellen. Dies war das einzige Mal, daß ich jemals in einem Orchester gespielt habe, und wie man sich unter den Umständen gut vorstellen kann, war ich erstaunt über die häßlichen Geräusche, die um mich herum produziert wurden – und noch erstaunter war ich, als ich im folgenden Jahr unten saß und feststellte, wie wenig es bei einer Aufführung eines großen Chorwerkes ausmacht, was sich an manchen hinteren Pulten abspielt!

Ich rechne zu den wenigen großen Privilegien, die mir eingeräumt wurden, daß ich diese Passion an jenem Ort lieben lernen durfte – in der Thomas-Kirche, deren Prestige und akustische Eigenschaften die Eintönigkeit ihrer Architektur mehr als ausgleichen. In einem der Seitenschiffe, nahe dem Orchester, das hoch oben vor der Orgel gruppiert war, saß der Thomanerchor, Nachfahr des Chores, dessen Kantor Bach einst war. Vermutlich beeinflußt das Wissen um diese Dinge das Hörerlebnis, doch wie auch immer: Der Eröffnungs-Choral klingt nirgendwo auch nur annähernd so überwältigend, als wenn er, mit dem Stolz der rechtmäßigen Erben, vom Thomanerchor geschmettert wird.

Ich verzweifle etwas an der Aufgabe, ein Bild der andachtsvollen Hingabe des Thomas-Kirchen-Publikums zu entwerfen. Im allgemeinen waren die meisten Einwohner Leipzigs, einschließlich fast aller Menschen, die ich persönlich kannte, entweder äußerst konventionelle Kirchgänger oder Ungläubige, doch bei dieser Gelegenheit schien sich eine Zeitlang der dumpfe Nebel religiöser Indifferenz zu lichten. Nicht nur erschien die Kirche durchflutet von der lebendigen Anwesenheit Bachs, man hatte auch das Gefühl, als ob die Passion selbst in jener zu Herzen gehenden, tröstlichen Darstellung von jeder Seele der großen Gemeinde so intensiv durchlebt wurde wie nie zuvor in ihrem Leben. Es hat schon etwas Überirdisches, wenn man solcher Musik in Begleitung von Menschen lauscht, die jede einzelne ihrer Noten kennen und lieben, seit sie geboren sind – die sie mit der Muttermilch eingesogen haben. Ich nehme an, daß jeder Künstler eine oder zwei Stunden seiner Vergangenheit nennen kann, in denen er die extremen Höhen und Tiefen seines emotionalen Lebens erreichte; solche Stunden erlebte ich bei einer bestimmten Aufführung der Passion in der Thomas-Kirche, einige Jahre später, in einer Zeit großen Kummers.

Zwei kurze Eindrücke von
Königin Victoria

Ethel Smyth traf 1891/92 auf eine Königin Victoria, deren Regierungsjubiläum (»Golden Jubilee«) einige Jahre zuvor, 1887, mit großem Pomp gefeiert worden war. Die betagte Regentin versah ihr Amt voller Energie und mit wachsenden Verpflichtungen für ihr Weltreich. Ihre jüngste Tochter, Prinzessin Beatrice, und ihr Schwiegersohn Prinz Henry von Battenberg waren ihr dabei emotionale Stützen.

Von Rheuma und Sehschwäche geplagt, verlangte sie sich viel ab: ihre Vorliebe für offene Kutschen bei jedem Wetter und spartanische Temperaturen in Wohnräumen war vielen Besuchern ein Greuel.

Königin Victoria war eine große, wenn auch etwas konservative Anhängerin der Musik. Zahlreiche Opernsänger und Komponisten, darunter auch Felix Mendelssohn-Bartholdy, wurden an ihren Hof geladen, wo sie konzertierten.

Im Sommer des Jahres 1891 – mein Vater und ich waren inzwischen die einzigen Familienmitglieder, die noch in unserem alten Hause in Frimhurst wohnten – suchte ich in ganz England nach einem Dirigenten, der kühn genug war, das große Chorwerk einer wenig bekannten einheimischen Komponistin aufzuführen. Es war eine Messe für Solostimmen und Chor, die bislang nur im Klavierauszug vorlag. Doch das brachte keine größeren Probleme mit sich, denn als meine ersten Orchesterkompositionen im Jahr zuvor aufgeführt worden waren, wurde die Instrumentierung ausdrücklich gelobt. Ich hatte also in diesem Punkt ein gewisses Zutrauen zu meinen Fähigkeiten.

Man hat schon von jungen Damen gehört, die über all die ihnen gemachten Heiratsanträge Buch führen; allerdings dürfte es wohl kaum einen Mann geben, der eine Liste darüber führt, wie viele Körbe er sich schon eingehandelt hat. Ich wünschte, ich hätte das einmal gemacht. Ich wünschte, ich hätte gezählt, wie viele Schüsse auf jenen Traumvogel – die perfekte Aufführung – abgegeben wurden, um am Ende vielleicht eine schäbige alte Krähe herunterzuholen – ein abscheuliches Ergebnis! Es wäre ausschließlich für mich selbst eine innerliche Befriedigung zu wissen, daß eine solche Liste existierte, denn ob andere Sportsleute durch die Lektüre all der Ablehnungen eher angefeuert oder eher entmutigt würden, ist schwer zu entscheiden.

Was die Messe angeht, so hat sich jedoch eine der Ablehnungen unauslöschlich in mein Gedächtnis eingegraben, aufgrund der Szene, die ihr voraus ging – und die sich in der Form nur in einem Land wie England abspielen kann, einem Land, in dem es ein ungewöhnliches Quantum an kauzigen Persönlichkeiten gibt.

Die Beteiligten an dieser Szene waren außer mir ein Chorleiter und seine Frau, die ich hier Mr. und Mrs. James Harvey nennen möchte. Mr. Harvey war ein famoser Musiker, ein Witzbold, kein Dummkopf – ein Mensch, dessen dramatisches Talent sicherlich jede private Theateraufführung zum Erfolg geführt hätte. Ich möchte noch ergänzend hinzufügen, daß er ein hingebungsvoller Ehemann war, doch auch ein Mann, der eine elegante und (wie ich glaube) tadellose Galanterie gegenüber dem anderen Geschlecht an den Tag legte. Mrs. Harvey, keineswegs mehr die jüngste, betrachtete sich nach wie vor als unübertroffene Charmeuse; sie legte einen warmherzigen, überschwenglichen Verhaltensstil an den Tag, zu dem unweigerlich ein elegantes Nachmittagskleid gehört. Diese Dame war alles andere als abgeneigt, die ganze Welt wissen zu lassen, daß James, ungeachtet der Tatsache, daß er die Damen umschmeichelte, doch in erster Linie im Banne ihrer unwiderstehlichen Faszination stand. Kurz, sie war eine jener Frauen, die meine Freundin, Mrs. Robert Crawshay, einmal so beschrieben hat, es sei »leicht, mit ihnen zusammen zu *leben*, allerdings schwer unter einem Dach!«

Ich war bei Mr. Harvey für 9.15 angemeldet, und eine Stunde lang bebte und dröhnte daraufhin das Haus, wie immer, wenn Komponisten aus eigenen Werken spielen. Danach saßen James und ich noch zusammen und diskutierten über Aufführungsmöglichkeiten.

Plötzlich wurde die Tür schwungvoll aufgerissen, und Mrs. Harvey erschien, in einem fließenden violetten Gewand, dessen farbliche Imposanz etwas durch weißen Chiffon und Spitze gemildert wurde, ein Gewand, das ihre morgendlichen Ausflüge ins Erdgeschoß leicht behindert haben mochte. Denn die Harveys lebten in einem schmalen Haus, und ich hatte gehört, daß jene gefährliche Helen eine vorzügliche Hausfrau war.

Mit dem bewundernwert dargebotenen Ausdruck des Erstaunens blieb sie wie erstarrt auf der Schwelle stehen und bemerkte von dort aus mit neckischer Verschämtheit:

»Ooh, James! ... Ich ahnte nicht, daß du dich hier immer noch mit Miss Sm*ei*the versteckt hältst!« (Sie sprach den Namen so aus, daß er wie ein Reim auf *scythe* [Sense] klang.)

James sprang auf und nahm Haltung an.

»Ich bitte dich, meine Liebe«, fragte er mit vor überschwenglicher Zärtlichkeit bebender Stimme, »ist das denn ein Grund, mir meine morgendliche Begrüßung vorzuenthalten?«

Mrs. Harvey näherte sich zögernd – Inbegriff einer von soviel männlicher Leidenschaft hinweggerissenen weiblichen Tugend – und bot ihm vorsichtig ihr rechtes Ohr dar. Woraufhin James donnerte:

»Ihre LIPPEN, Madam, wenn Sie gestatten!« Und mit einem Seitenblick in meine Richtung, als wollte sie sagen »Es muß ja sein!«, bot sie ihre halbgeöffneten, dunkelrot geschminkten Lippen ihrem Sklaven dar.

Leider habe ich die Harveys nie wiedergesehen, denn, wie ich schon andeutete, wurde meine Messe vom Komitee jenes Gesangvereines nicht akzeptiert, auch wenn ich bis heute denke, James hätte sie gern aufgeführt.

In ›Impressions that Remained‹ (›Bleibende Eindrücke‹) habe ich von unserer liebenswürdigen Freundin und Nachbarin erzählt, der Kaiserin Eugénie, und ich hatte erwähnt, daß sie sich immer besonders für Frauen interessierte, die sich bemühten, Vorurteile gegenüber dem weiblichen Geschlecht zu überwinden, und daß sie in diese Richtung auch einiges während der Zweiten Regierungszeit unternommen hat. Etwa ein Jahr, nachdem ich als Musikerin öffentlich bekannt geworden war, lernte ich sie recht gut kennen, und von Beginn an verfolgte sie meine Fortschritte mit größter Sympathie.

Das Schicksal der Messe interessierte sie besonders, denn der größte Teil dieses Werkes war während meines Aufenthaltes bei ihr in Cap Martin entstanden; und da sie vollkommen unmusikalisch war – ein großer Vorteil bei einer musikalischen Förderin –, akzeptierte sie bereitwillig die Einschätzung der Komponistin! Ich glaube, sie war nicht weniger erfreut als ich selbst, als im Herbst 1891 Mr. Barnby (später Sir Joseph), der Direktor der Königlichen Chorgesellschaft, die Messe vorläufig zur Aufführung in der Albert Hall akzeptierte. Mit »vorläufig«

meine ich, daß ich ihn nicht bewegen konnte, einen definitiven Termin für die Aufführung festzulegen, doch die Grundidee war, sie für die zweite Hälfte der folgenden Saison, also etwa für März des Jahres 1892, vorzusehen.

Mr. Barnbys Zögern, sich auf ein genaues Datum festzulegen, beunruhigte mich, und so überlegte die Kaiserin, es könne vielleicht hilfreich sein, wenn sie mich beauftragte, ihn davon in Kenntnis zu setzen, daß sie möglicherweise bei der Aufführung selbst anwesend sein würde – ein wunderbarer Freundschaftsdienst, denn seit 1870 hatte sie sich stets geweigert, sich in der Öffentlichkeit zu zeigen.

Dieser Vorschlag, den ich meinerseits nie gewagt hätte vorzubringen, zeigte, wie sehr sie die musikalische Situation in England durchschaut hatte. Denn schon bevor der Krieg das Land von deutschen Konzertgängern entvölkerte, machte gute Musik sich in England nicht bezahlt. Deshalb erkämpfen sich jene Komponisten, die über die entsprechenden finanziellen Mittel verfügen, mit deren Hilfe ihren Weg. Wer kein Geld hat, versucht zumindest, ein wenig Aufsehen zu erregen – was letztlich dasselbe bewirkt. Wenn man es sich nicht leisten kann, Dutzende von Eintrittskarten an Freunde und Unterstützer zu verteilen, muß man das Publikum dazu bewegen, sie zu kaufen; und wie Sir Thomas Beecham einmal bemerkt hat, wäre es das Beste, man würde bei jedem Konzert einen Elefanten auftreten lassen, der auf dem Rüssel Kopfstand macht – oder irgendeine andere Volksbelustigung organisieren.

Vor dem Hintergrund jener Situation kam der Kaiserin wohl diese Idee. Außerdem hatte sie in Erfahrung gebracht, daß der Herzog von Edinburgh Präsident der Königlichen Chorgesellschaft war, und sie dachte wohl, es könne nicht schaden, wenn sie ihre Sympathie für mich unter den Augen der Königlichen Familie demonstrierte. Eine ausgezeichnete Gelegenheit dafür bot sich bald; es war schon seit langem die Angewohnheit der Königin, in den Herbstmonaten der Kaiserin eines ihrer schottischen Häuser zur Verfügung zu stellen, und so kam es, daß ich im Oktober eingeladen wurde, sie in Birkhall zu besuchen.

Birkhall war ein Gutshof, nicht groß, aber komfortabel, etwa acht Meilen von Balmoral in reizvoller Landschaft gelegen. Mein erstes Erstaunen, dort angekommen, hatte jedoch nichts mit der Landschaft zu tun, sondern mit der Kaiserin selbst. Denn oh Schreck! Sie, die Hüte verabscheute und nie einen trug, erschien im Eingang mit einer kleinen

Erhebung aus schwarzer Spitze auf ihrem hübschen kleinen Kopf! Was hatte das zu bedeuten?

Es bedeutete, daß die Königin es mißbilligte, wenn ältere Damen keine Kopfbedeckung trugen, und dieser Kompromiß war das Ergebnis. Ich war etwas indigniert über solche Unbeherztheit, doch sie lachte nur und meinte, was um alles in der Welt bedeute das schon? »Si cela fait plaisir à votre Reine!« (Wenn das Ihrer Königin Vergnügen bereitet!)

Am Tag nach meiner Ankunft kamen der Herzog und die Herzogin von Connaught und Prinz Henry von Battenberg auf einen Besuch herüber, und da sowohl die Herzogin wie der Prinz Musikliebhaber waren, bat man mich, etwas zu singen. Daraufhin sandte die Königin eine Nachricht, die besagte, wenn sie am nächsten Tag selbst zu Besuch käme, wünsche sie, daß ich ihr vorgestellt würde.

Mary Crawshay, deren Bonmots ich nicht müde werde wiederzugeben, sagte einmal zu einer alten Dame aus Südafrika auf deren Bemerkung, man dürfte mit dem englischen Klima keine Scherze treiben: »Nein; und wenn dann nur *im Hause!*« Doch das Leben der Königin spielte sich vorwiegend außer Hauses ab, und da war mit dem schottischen Klima häufig wahrhaft nicht zu scherzen – es hat einen noch schwärzeren Humor als das englische. Und so tobte am nächsten Tag ein Sturm, der – was immer man über den flüchtigen Charakter schottischer Stürme behaupten mag – beim Frühstück begann und bis zum Einbruch der Nacht andauerte. Ich konnte mir beim besten Willen nicht vorstellen, daß es irgendeine ältere Dame bei solchem Wetter hinausgetrieben hätte, doch man bedeutete mir, und es sollte sich auch als zutreffend herausstellen, daß die Königin unfehlbar kommen würde, wahrscheinlich sogar in einer offenen Kutsche; und daß auch ihre Hofdamen sich kaum verhüllen würden, da die Königin selbst nie eine Erkältung bekam und einen großen Widerwillen dagegen hatte, von Decken und Pelzen umgeben zu sein.

Manche ihrer Hofdamen waren schon alt und gebrechlich, doch die Härten eines »Dienstes« in Schottland wurden – einschließlich des steifen Nordwestwindes *und Nieselregen* – offensichtlich durch das Glühen monarchistischer Loyalität in ihrer Brust mehr als aufgewogen. Andererseits mag auch die Furcht vor der »lieben Königin«, wie sie immer genannt wurde (zu Recht übrigens, denn wenn sie auch gefürchtet war, so wurde sie doch auch sehr verehrt), etwas damit zu tun gehabt haben. Furcht wirkt oft wie ein Gesundheitstonikum, und so lautet die erste Regel in der Fibel für Höflinge – eine wunderbare Regel, die zu befolgen Helden und Heldinnen gleichermaßen gut ansteht: »Seien Sie niemals, niemals krank!« Wie dem auch sei, keine der königlichen Hofdamen scheint je an Lungenentzündung gestorben zu sein – was man bei diesen scheußlich langen Ausfahrten, die manchmal viele Stunden dauerten, durchaus hätte erwarten können.

Die Königin wurde um fünfzehn Uhr erwartet, doch schon lange vorher sah die Kaiserin in den Gängen nach und lugte hinaus in den sturmgebeutelten Garten, um sicherzugehen, daß niemand mehr herumlief. Denn die Königin hatte die größte Abneigung dagegen, auf herumlungernde Menschen zu treffen. Ich kann mich sogar an einen Fall erinnern, als ein unglückliches Zimmermädchen, überrascht im Korridor des Schlosses von Windsor von der unerwarteten Erscheinung ihrer Majestät, sich eine halbe Stunde lang zitternd hinter einem Vorhang versteckt hielt, während die Kaiserin von Indien die Ergebenheitsadresse eines indischen Prinzen überwachte. Und als Glockenschlag Drei die königliche Kutsche in Birkhall ankam, mag man es mit Ausnahme der Kaiserin, Madame Arcos und der Lakaien für ein leeres Haus gehalten haben.

Die Kaiserin und Madame Arcos empfingen die Königin und Prinzessin Christian an der Vordertür, und der rote Teppich, der mit einem Schwung ausgerollt wurde, war schon vom Regen durchweicht, bevor die hochherrschaftlichen Besucher Zeit hatten, auch nur einen Fuß darauf zu setzen. Dann verschwanden die drei königlichen Damen im Salon, während Madame Arcos und Lady Ampthill, die im Dienst der Königin stand, in den Raum traten, in dem ich in gewissem Sinne auch zu Diensten der Königin stand. Bald sah die Kaiserin selbst herein, winkte mir, ich folgte ... und siehe! ich wurde vorgelassen.

Auf einem der gewöhnlichen Rohrstühle, zweifellos weil es von dort aus leichter war, sich wieder zu erheben, saß eine winzig kleine alte Dame mit eben dem Gesicht, das auf den Photographien zu sehen ist, wenn auch blasser, als man erwartet hätte; auf ihrem Kopf ein feiner Strohhut, der mit einem schwarzen Band unter ihrem Kinn zusammengebunden war (die einzige Konzession an den Sturm und den offenen Landauer). Es ist eine bekannte Tatsache, daß die Persönlichkeit der Königin – trotz eines Äußeren, das nicht unbedingt auf eine majestätische Wirkung ausgerichtet war – würdevoll und äußerst beeindruckend war. Der erste Eindruck war so ehrfurchtgebietend, daß ich mich sicherlich schrecklich gefürchtet hätte – wären da nicht jene wundervollen blauen, fast kindlichen Augen gewesen und das weichste, charmanteste Lächeln, das ich je auf einem menschlichen Antlitz gesehen habe.

Die Kaiserin hatte mir erzählt, daß die Königin – trotz chronischer Ischiasbeschwerden und obwohl sie am Stock ging – es niemandem erlaubte, ihr aus dem Sessel zu helfen, selbst wenn dieser keine Armlehnen hatte. Zu meinem großen Erstaunen erhob sie sich jetzt, offenbar in der Absicht, mir die Hand zu schütteln, in einer Art »Eins, zwei, drei – und hoch«-Bewegung, wobei es schon enormer Charakterstärke bedurfte, ihr nicht mit einer Hand unter dem Ellenbogen behilflich zu sein.

Ich kann mich nicht daran erinnern, worüber wir bei jener Begegnung sprachen, außer daß die Königin ausgesprochen freundlich war und daß Prinzessin Christian, die – wie ich später herausfinden sollte – immer wußte, welche Worte im Augenblick besonders hilfreich waren, und sie dann auch aussprach, plötzlich bemerkte, sie habe schon viel von mir gehört, und zwar vom Bischof von Rochester und seiner Frau. Der Bischof (später Erzbischof von Canterbury) war Dekan in Windsor gewesen, und abgesehen davon, daß er der Privatkaplan der Königin war, galt er als einer ihrer am meisten geschätzten Freunde und Ratgeber. Weiterhin begünstigte mich die Tatsache, daß ich behaupten konnte, mit ihm verwandt zu sein, denn sein Bruder hatte meine älteste Schwester geheiratet.

Es war nicht die Art der Königin und entsprach auch nicht der Tradition, in der sie aufgewachsen war und gelebt hatte, jemandem die Befangenheit zu nehmen, wie manche Herrscher es tun, und eine lockere Unterhaltung über irgendein beliebiges Thema zu führen. Doch die Kaiserin, die sozial kompetenteste aller Frauen, plauderte freundlich auf die ihr eigene, amüsante Art, wobei sie eine Haltung annahm, von der ich bis dahin noch nicht das leiseste Anzeichen an ihr entdeckt hatte und die ausschließlich für ihren Umgang mit der Königin bestimmt schien – die Art, wie ein unbefangenes, aber aufmerksames Kind mit seiner Großmutter spricht.

Bald wurde ich aufgefordert, etwas zu singen, und ich sang mehrere deutsche Lieder, die meine Zuhörerinnen so zu entzücken schienen, daß die Kaiserin den Mut aufbrachte zu sagen: »Sie sollten sie erst ihre Messe singen hören!« Worauf ich das ›Benedictus‹ und das ›Sanctus‹ darbot, und zwar nach Art der Komponisten, das bedeutet: Man singt den Chor genauso wie die Soli und trompetet die Orchestereffekte heraus, so gut es geht – eine geräuschvolle Prozedur in einem kleinen Raum. Ich hatte die Kaiserin gewarnt, wenn ich es überhaupt täte, dann in dieser Art, und da sie eine äußerst mutige Frau war, übernahm sie die Verantwortung – mit keinem schlechten Erfolg, wie die folgenden Ereignisse zeigen sollten. Sie bemerkte hinterher sogar zu mir, daß die Königin ganz ohne Zweifel an dieser neuen Erfahrung Gefallen gefunden hatte, und das sei nicht nur höflich gemeint gewesen.

Dann brachte die Königin ihre Hoffnung zum Ausdruck, die Kaiserin möge mich nach Balmoral mitbringen, worauf ich entlassen wurde und mich zu den offiziellen Damen im anderen Zimmer gesellte. Dort tranken wir Tee, und ich lauschte zum ersten Mal, zu meiner höchsten Erbauung, dem feinsinnigen, sorgfältig gewählten Umgangston, der offenbar zwischen solchen Gesprächspartnern üblich ist. Der Sturm, der zu Ehren der königlichen Ankunft etwas abgeflaut war, tobte nun wilder denn je zuvor, der Regen ging als unaufhörlicher Wasserfall hernieder. Es war kaum möglich, sein eigenes Wort zu verstehen, doch es gelang mir, Lady Ampthill zu fragen, ob die Königin wohl die Heimfahrt in geschlossener Kutsche zurücklegen würde, und hörte, wie sie sehr ernst erwiderte: »Oh nein, meine Liebe, ich glaube nicht.« Als ich später hinter dem Vorhang am Fenster stand und ihre Abfahrt beobachtete, sah ich, wie diese unglaubliche Vorhersage sich erfüllte, und meine Vorstellung davon, was »Königinnen-Wetter« wirklich bedeutet, wurde für alle Zeiten revidiert.

Die Kaiserin erzählte uns nach Abreise der Königin, diese habe vom ersten bis zum letzten Augenblick ihres Aufenthaltes nicht den leisesten Kommentar über den Sturm abgegeben, noch irgendwelche Anstalten gemacht abzufahren, bis ein Jagdaufseher kräftig an die Tür des Salons geklopft und gesagt habe: »Euer Majestät müssen gehen – die Pferde halten das nicht aus« – etwas, das keines ihrer Kinder gewagt hätte zu sagen, mit Ausnahme vielleicht der Kaiserin Friederike. Sie erzählte uns auch, daß die Königin, nachdem ich den Raum verlassen hatte, über mich bemerkt hatte: »Ich höre, sie ist dabei, römisch-katholisch zu werden«, worauf sie erwidert habe:

»Ich glaube, dies ist äußerst unwahrscheinlich.«

Hier unterbrach ich sie, schließlich war ich zu der Zeit sehr stark mit religiösen Fragen beschäftigt, und rief, sie hätte ruhig hinzufügen können: »Im Gegenteil, sie ist eine begeisterte Anglikanerin.« Doch die Kaiserin meinte, die Königin habe dieses Thema nicht vertieft, und da sie gewußt habe, in welch hohem Ansehen der Bischof von Rochester bei ihr stand, habe sie hinzugefügt, meine Ansichten »étaient identiques avec les siennes« (seien identisch mit den seinen)! Worauf ich Edith Davidson schrieb, ich vertraue dem Bischof blind und sei seither fest davon überzeugt, daß er für meine Ansichten verantwortlich sei, gleichgültig, um welche es sich handle.

Nach einer angemessenen Zeit kam die versprochene Aufforderung, und eines Abends fand ich mich vor dem Spiegel, um ein möglichst vorführbares Äußeres ringend, da ich zusammen mit der Kaiserin zum Dinner in Balmoral geladen war. Im letzten Augenblick legte sie selbst noch Hand an, plazierte und arrangierte eine eindrucksvolle Gagat-Schlange in meinen Haaren und nahm mir andere Zeichen weltlichen Glanzes ab, denn der Hof war, wie üblich, in Trauer.

Ich speiste natürlich zusammen mit dem »Haushalt« – etwas ganz Gewöhnliches für Hunderte von Menschen, das diese wohl kaum der Erwähnung wert fänden. Doch für mich war es eine neue, interessante und recht beunruhigende Erfahrung; außerdem hat die Gewohnheit den Eindruck nicht schaler gemacht, denn dieses Ereignis blieb in seiner Art einzigartig.

Schon das Eßgeschirr beeindruckte mich. Mein eigener Hund, Marco, fraß von einem Zinnteller, und häufig, wenn ich ihm Knorpel abschnitt oder ihm einen Knochen abtrennte, schauderte ich bei dem Geräusch, wenn Stahl und Metall aufeinandertreffen. Doch wenn man selbst zum ersten Mal das Privileg genießt, mit Messer und Gabel über einen Teller aus Gold und Silber zu kratzen, ist das bei allem Schauder auch eine eindrucksvolle Erfahrung. Und ich war beeindruckt von dem Klima gepflegter Langeweile, verbunden mit einem wohlerzogenen, unmißverständlichen Bewußtsein dafür, eine beneidenswerte Position einzunehmen, eine Haltung – wie ich im Laufe der Jahre feststellen sollte –, die Menschen, die bei Hofe arbeiten, immer zur Schau stellen. Und wieder fiel mir, wie in Birkhall, die Art der Unterhaltung auf. Ich kann nicht gerade behaupten, von Natur aus sehr schüchtern zu sein, was einerseits vielleicht auf Einbildung beruht, andererseits darauf hinweisen mag, daß das Drama selbst, und nicht der eigene Anteil daran, den größten Teil der eigenen Aufmerksamkeit absorbiert; doch ich sagte mir: mit absoluter Sicherheit muß selbst den dreistesten Menschen die Atmosphäre dieses Ortes beeindrucken! Mit welch unsichtbaren Fallstricken man hier kämpfen muß, wie schrecklich die Strafen sein müssen, die auf einen falschen Schritt folgen, da hier alle gewohnheitsmäßig auf dieser außerordentlich hohen Ebene balancieren! Hier gibt es keine stimmungsmäßigen Höhen und Tiefen, keine Begeisterung, keine individuellen Meinungen – und um Himmels Willen keine Originalität! Wären die Zeichen an der Wand zu entschlüsseln (denn es stehen Zeichen an jeder Wand, wenn man sie nur entziffern kann), dann stünden hier die Worte: »Bei Eurem Dienst wurden hier die Ecken rund.«

Arthur Ponsonby, früher einer der Pagen der Königin, hat mir einmal berichtet, als er moderne Sprachen für seinen Dienst im Auswärtigen Amt studierte, sei er einmal an Weihnachten aus Deutschland nach Hause zurückgekehrt und habe eine Einladung zum Abendessen mit dem königlichen Haushalt vorgefunden. Als das Dinner vorüber war, konnte er sich gerade noch rechtzeitig davon abhalten, die Krümel aus seiner Serviette zu schütteln und sie zu falten, wie es in der norddeutschen Professorenfamilie üblich war, in der er monatelang gelebt hatte. Dem entkam er mit knapper Not, und es ist nicht erstaunlich, daß sein Herz fast aufhörte zu schlagen.

Dennoch, das Dinner war sehr angenehm. Ich hatte mich mit der einen oder anderen der persönlichen Diener und Zofen unterhalten, und da Tosti, der Liedermacher, direkt neben mir saß, den ich außerordentlich gern mochte, tat es mir recht leid, als die Türen von scharlachrot livrierten Lakaien aufgerissen wurden, zum Zeichen, daß die Königin bereit war, uns zu empfangen.

Ich muß meinen ganzen Mut zusammennehmen, um jetzt die Geschichte eines der größten Fehler zu erzählten, die ich je in meinem Leben begangen habe; heute kann ich zwar darüber lachen, doch immer noch bekomme ich jedesmal ein flaues Gefühl, wenn ich daran denke! Damals war mir zwar sofort klar, daß ich gegen das Ritual verstoßen hatte, doch ich erkannte noch nicht das volle Ausmaß meines Verbrechens – man muß bei Hofe aufgewachsen sein, um es gleich in seiner vollen Tragweite zu erkennen. Zwar habe ich es dann mit der Zeit in vollem Umfang begriffen, doch ich schrak irgendwie davor zurück, die Meinung der Kaiserin zu diesem Thema einzuholen. Denn zum einen war die Kaiserin von so überwältigender Freundlichkeit, daß sie mir gegenüber meinen *faux pas* abgeschwächt hätte; zum anderen nahm ich an – da ich wußte, wie entsetzt sie gewesen sein mußte, als sie sah, wie sich ihre junge Freundin daneben benahm –, daß sie es sicherlich vorzog, das alles nicht noch einmal gedanklich durchleben zu müssen! Letztlich war das Ganze, ehrlich gesagt, für mich eine in der Erinnerung demütigende Situation. Meine Tat war verabscheuungswürdig, daran kann es gar keinen Zweifel geben. Das ist zwar sehr hart ausgedrückt, aber so war es.

Warum mich niemand auf die Situation vorbereitete, die da auf mich zukam, warum mir niemand einen Hinweis darauf gab, wie ich mich zu benehmen hatte – ich weiß es nicht. Die Kaiserin nahm innerlich immer alle Eventualitäten vorweg und wappnete sich dagegen, auf eine Weise, die mir schon etwas übereifrig erschien, doch diesmal sagte sie kein einziges Wort. Vermutlich war sie absolut sicher, daß ich in meiner Unwissenheit von Madame Arcos oder einer der Ehrendamen aufgeklärt werden würde. Doch dieses unterblieb, und als wir die Dinner-Tafel verließen und ich feststellte, daß nur Gäste meines Geschlechts anwesend waren, führte ich die Prozession fröhlich in Richtung auf den Salon an, wobei ich mich unschuldig im Geiste darauf vorbereitete, mich – dort angekommen – möglichst vorteilhaft zu präsentieren.

Es war ein großer Raum mit tiefen Erkerfenstern, und das erste, was ich bemerkte, war, daß die Sofas und Sessel straff mit Stoff aus buntem Schottenmuster bezogen waren – ein Beweis dafür, daß es schmerzhafter ästhetischer Konzessionen bedarf, Königin von Schottland zu sein.

Auf einem großen Kaminvorleger – ich glaube, auch er im Schottenmuster – vor dem offenen Kamin (in dem, wie ich mir vorstellen könnte, einige Holzscheite brannten, wobei das wiederum, bedenkt man die abgehärteten Angewohnheiten ihrer Majestät, eher unwahrscheinlich erscheint) stand die Königin und unterhielt sich mit der Kaiserin auf eine lebhafte Art und Weise, die ganz im Gegensatz stand zu der etwas stockenden Unterhaltung in Birkhall. Offenbar konnte man selbst an den weniger frivolen europäischen Höfen auf die belebenden Auswirkungen eines guten Abendessens zählen.

Auf die beiden illustren Damen hin führte eine Prozession aus königlichem Personal – das, wie ich später herausfand, streng nach seiner Bedeutung geordnet war, der Ranghöchste durfte dem Teppich am nächsten kommen –, eine Prozession, die sich gegen Ende verbreiterte, der dann die einfacheren Hofdamen und Höflinge angehörten und die schließlich in einer Gruppe von Zofen endete, die sich ruhmlos in den Erker zurückzog.

Was ich hätte tun sollen, glaube ich jedenfalls, war, still und steif zwischen den Letztgenannten stehen zu bleiben und diskret darauf zu warten, einen Blick der Königin und der Kaiserin zu erhaschen, und wenn ich damit Erfolg hatte, einen tiefen Hofknicks zu machen und den weiteren Verlauf der Ereignisse abzuwarten. Doch man mag es nicht für möglich halten, aber was ich statt dessen tat, war, an der Prozession entlang nach vorne zu marschieren, in der höflichen Absicht, der Königin »Guten Tag« zu sagen!

Wenn ein junger Hund während einer Messe einen Kirchengang entlang läuft, wird niemand etwas sagen, dennoch wird das Tier bald wittern, daß irgend etwas nicht stimmt. Genauso erging es mir: In dem Maße, wie die Distanz zwischen mir und dem Kaminvorleger schwand, bemerkte ich in der Tat, daß irgend etwas ganz furchtbar falsch war; mein fröhliches Selbstvertrauen verflog, zögernd setzte ich noch einmal einen Fuß vor den anderen. Ich sah, wie die Königin ganz leicht ihren Kopf wandte und mich eine Sekunde lang anblickte, als sei ich ein seltsames Insekt – dann nahm sie ihre Unterhaltung mit der Kaiserin wieder auf. Wäre ich eine Kreuzspinne gewesen, so groß wie ein Neufundländer, sie hätte nicht anders reagiert. Irgend jemand würde diese Kreatur schon beseitigen; das genügte. Ich konnte den Blick der Kaiserin nicht erhaschen, doch da sie nicht aufschreien konnte: »Mon dieu, n'avancez pas!« (Mein Gott, kommen Sie bloß nicht näher!), muß sie den Wunsch gehabt haben, die Erde möge sich auftun und sie verschlingen. In diesem Augenblick trat die liebe, menschenfreundliche Prinzessin Christian, die mehr mit dem gewöhnlichen Leben in Berührung gekommen war als die Königin, vor und schüttelte mir die Hand – und irgendwie, ich weiß nicht mehr wie, gelang es mir, mich in die hinteren Ränge zurückzuziehen, aus denen ich mich nie hätte hervorwagen sollen.

Später hörte ich, was es mit diesem Kaminvorleger auf sich hatte, und konnte so allmählich die Ausmaße meines Fehltritts ermessen. Es war der wohl heiligste Teppich außerhalb des mohammedanischen Reiches, und der Abstand von ihm, in dem sich die Menschen aufstellen durften – wenn sie denn überhaupt in seine Nähe gelangen konnten –, war das Maß für ihren Rang und ihre Bedeutung. Nur gekrönte Häupter – oder gelegentlich, als höchste Auszeichnung, ein besonders beliebter Minister wie Lord Beaconsfield – durften den Teppich überhaupt betreten. Hätte jemand wie ich ihren Fuß darauf gesetzt, was ich dabei war zu tun, hätte mich nicht die segensreiche Intervention von Prinzessin Christian davon abgehalten ... doch oh nein! Ein Wunder wäre geschehen, ein Blitz wäre in ein Schotten-Sofa eingeschlagen, eine unsichtbare Wand hätte sich aufgerichtet – irgend etwas wäre bestimmt geschehen, denn ein solches Sakrileg hätte niemals begangen werden dürfen!

Als der geeignete Augenblick kam, in dem meine Anwesenheit durch die Königin bemerkt werden sollte, kann ich mich nicht erinnern, wie es geschah, ob sie mir entgegenkam oder ich zu ihrem Thron zitiert wurde. Doch wie es auch immer gewesen sein mag, mein skandalöser Eintritt wurde offenbar stillschweigend übergangen, denn niemand hätte liebenswürdiger sein können als sie. Und bald nachdem ich den Befehl erhielt: »Lassen Sie uns etwas mehr von Ihrer Messe hören«, wurde ich an einen riesigen aufgeklappten Flügel gesetzt, und die Königin und die Kaiserin plazierten sich rechts und links von mir in meine unmittelbare Nähe. Ich wagte zu fragen, ob ich die Musik wie in Birkhall zu Gehör bringen sollte – ein Verfahren, das in dieser Umgebung schlicht unmöglich schien –, doch mir wurde versichert, genau diese Form des Vortrages sei »so äußerst interessant« gewesen und willkommen.

Ich blickte hinüber zu den unbewegten Rängen dräuender Zuhörer, jeder davon steif und starr vor Würde und unaussprechlicher Selbstbeherrschung. Eine Kirchengruft wäre eine leichter zum Leben zu erweckende *mise en scène* gewesen bei dem Versuch, etwas Inspirierendes darzubieten. Nicht wegen der Mitglieder der Königlichen Familie, die allesamt ein echtes und freundliches Interesse bekundeten, sondern wegen ihres unvermeidlichen Anhängsels, des sogenannten »Hofes«! Direkt gegenüber in meinem Blickfeld, wie angewurzelt gegen eine Wand lehnend, stand Lord Cross, der Minister vom Dienst, und starrte wie seine Karikatur im ›Punch‹ vor sich hin: »Very Cross«. Später erfuhr ich, daß ich keinen aufmerksameren Zuhörer hatte als ihn, doch wie hätte ich das ahnen können? ... Nun, es ging nicht anders, ich mußte die wachsfigurenartige Gegenwart aus meinem Gedächtnis streichen und mich auf die Messe konzentrieren.

Seltsam, aber als ich einmal begonnen hatte, lag in der gesamten Szenerie und der verzweifelten Anstrengung eines solchen Unternehmens etwas eigentümlich Inspirierendes! Niemals zuvor war mir einer dieser Vorträge aus der Messe besser gelungen, niemals habe ich ihn mehr genossen. Ich weiß nicht mehr, welche Teile der Messe ich aussuchte, doch das ›Sanctus‹ muß dabei gewesen sein, denn darin gibt es eine D-Trompete, die – daran erinnere ich mich gut – erstaunlich herausklang in der hervorragenden Akustik jenes Salons. Ich wagte es nicht, meine Augen in Richtung der Zuhörer wandern zu lassen, während das hohe D ausgehalten wurde, da das, was ich hätte zu sehen bekommen können, möglicherweise alles zunichte gemacht hätte. Doch ich hätte keine Angst zu haben brauchen, wie ich bald erfuhr.

Ermutigt durch die Klangfülle des Raumes, stimmte ich nun das ›Gloria‹ an – die leidenschaftlichste, und wie ich dachte, die beste Nummer von allen. Als ein gewisser Trommeleffekt kam sogar ein Fuß ins Spiel, und ich vermute, zumindest was das Klangvolumen angeht, wurde die Anwesenheit eines richtigen Chores und Orchesters kaum vermißt! Diesmal, bestärkt durch die einfache und echte Anerkennung der Herrscherin, glaubte ich, einen Blick in die Gesichter ihres furchterregenden Hofstaates wagen zu können. Was machte es schon, wenn Erstaunen und heimliches Schockiertsein sich auf ihren Gesichtern abzeichneten? Ich saß jetzt tief im Sattel und war nicht so leicht herauszuheben!

Ich blickte um mich. Sie waren phantastisch. Keine hochgezogene Braue, keinerlei Emotion! Es war ein derart aufregender, weil faszinierender Anblick, daß das Ergebnis ein Finale des ›Gloria‹ war, wie ich es mir bis dahin noch nie entrungen hatte!

Und wieder schien die Königin wirklich erfreut zu sein – ob um der Kaiserin willen oder weil es ihr wirklich gefallen hatte, wer konnte das sagen? Jedenfalls schien der Großherzog von Hessen, ein kultivierter Musiker, wirklich verstanden zu haben, was er gerade gehört hatte, und den gleichen Eindruck hatte ich von Prinzessin Christian, die häufig mit ernster Musik und mit Musikern in Berührung kam. Und ich konnte sehen, daß die geliebte Kaiserin, trotz des Vorfalls während des Königlichen Aufzugs, offenbar nicht bereute, welche Rolle sie übernommen hatte – ihrer Ansicht nach (denn ich sagte schon, sie akzeptierte die Ansicht der Komponistin über die Qualität ihres Werkes) die *rôle* einer Ausländerin, die der Königin von England eine begabte Engländerin vorstellt.

Dann sang Tosti, der sich auch selbst begleitete, einige beliebte, von ihm selbst komponierte Lieder mit ausgezeichneter Phrasierung und Begleitung. Es war kleine Kunst, aber wirkliche Kunst. Die meisten Menschen, denen gegenüber ich meine Begeisterung darüber zum Ausdruck brachte, die auch durch die vorherrschende diskrete Atmosphäre nicht gedämpft werden konnte, antworteten sofort, als ob sie eine Litanei aus der Kirche nachbeteten: »Ja, aber wie schade, daß seine Stimme so klein ist!« Und ich konnte erkennen, daß dies die offenbar offiziell akzeptierte Sprachregelung für das Urteil über Tosti war.

Als die Königin mir »Gute Nacht« sagte, fügte sie hinzu, sie hoffe, »daß wir Sie in Windsor sehen werden«, dann wandten sie und ihr kaiserlicher Gast sich in Richtung auf einen speziellen Königlichen Ausgang; denn obwohl die Kaiserin, der Marquis von Bassano (der bei ihr Dienst tat), Madame Arcos und ich alle in derselben Kutsche nach Hause fahren würden, wäre es niemals recht gewesen, wenn wir Sterblichen durch dieselbe Tür zum Ausgang geschritten wären wie ein gekröntes Haupt.

Gerade dies war ein Glücksfall, denn ich hatte dadurch die Gelegenheit, Zeugin einer wundervollen kleinen Zeremonie zu werden. Auf der Türschwelle bedeutete die Königin, während wir aus dem Fußvolk unbewegt dastanden, der Kaiserin, sie möge vor ihr hindurchgehen; dies lehnte die Kaiserin anmutig ab. Dann verbeugten sich beide tief voreinander. Die Bewegung der Königin war, obwohl sie schon so stark behindert war, erstaunlich graziös; doch die Kaiserin, damals siebenundsechzig, beugte sich in einer solch tiefen und anmutigen Geste zu Boden und erhob sich im gleichen Moment wieder, daß ich sie nur mit einer Blume vergleichen kann, die sich, von einem Windstoß gebeugt, sofort wieder aufrichtet. Und dann traten sie *gemeinsam* durch die Tür, praktisch Schulter an Schulter; doch ich bin davon überzeugt, könnte es jedoch nie beschwören, daß dem Gast-Souverän erlaubt wird, dem gastgebenden Herrscher zu gestatten, gerade einen Zentimeter zurückzubleiben.

Wenn ich an jene vorzügliche Reverenz der Kaiserin denke, die ich mein Leben lang froh sein werde, gesehen zu haben, dann ist mir schon einmal durch den Kopf gegangen, daß jeder Knochen in ihrem Körper in millionstel von Zentimetern genau in seiner Gelenkpfanne gesessen haben muß; ihre gesamten Proportionen müssen perfekt gewesen sein, die Muskelfasern straff, die Hautoberfläche von geschmeidigster Qualität – in des Wortes »Schönheit« bester Bedeutung. Andererseits war die Bewegung so geschmeidig, so ungebrochen, daß man es nur mit den Worten eines alten irischen Butlers beschreiben kann, der sich gegenüber einer auffällig aktiven Freundin von mir, die dennoch zeitweise unter Ischiasbeschwerden litt, so äußerte: »Sich vorzustellen, daß *Sie* darunter leiden – Sie, die so biegsam erscheinen, als hätten Sie gar keine Knochen im Leib!«

Ich möchte hinzufügen, daß die Kaiserin den Becher der Demütigung an jenem Abend nicht bis zur Neige austrinken mußte, denn die Schlange aus schwarzem Gagat rutschte mir nicht während des ›Gloria‹ aus den Haaren, wie man hätte erwarten können, sondern erst, nachdem wir sicher in der Kutsche saßen und schon auf halbem Wege nach Hause waren.

Um die Geschichte der Messe abzuschließen, muß ich zunächst sagen, daß die Freundlichkeit der Kaiserin, jenen Vortrag in Balmoral zu vermitteln, von größtmöglichem Nutzen war. Ein Jahr später (Weihnachten 1892) war die Messe immer noch ebenso weit davon entfernt, in eines der Programme der Königlichen Chorgesellschaft aufgenommen zu werden, wie vorher. Doch damals hatte meine lebenslange Freundschaft mit Lady Ponsonby, der Gattin von Sir Henry Ponsonby, dem Privatsekretär der Königin, gerade ihren Anfang genommen, und eines Tages unterrichtete Sir Henry auf ihre Veranlassung hin den Herzog von Edinburgh, den ich nicht persönlich kannte, wie es um die Angelegenheit stand.

Der Herzog hatte von der Messe gehört, der Kaiserin sei Dank, und das Ergebnis war, daß die Messe umgehend zur Aufführung vorgesehen wurde. Nicht nur, daß die Kaiserin ihr Versprechen erneuerte, bei der Aufführung anwesend zu sein – Prinzessin Christian und Prinzessin Henry von Battenberg, die bei meinem Schottlandaufenthalt krank gewesen war, versprachen ebenfalls zu kommen. Und obwohl berühmte Sänger gewöhnlich nicht allzu begierig sind, an Aufführungen neuer Werke von praktisch unbekannten Komponisten mitzuwirken – zumindest dann nicht, wenn sie nicht massiv von den Komponisten subventioniert werden –, galt es jetzt als durchaus begehrenswert, in der Messe mitzusingen. Auf diese Weise war ich in der Lage, einige bewundernswerte Solisten zu verpflichten.

Die Produktion fand im März 1893 statt und verlief glänzend; das Publikum war begeistert, die Presse genauso ... doch die Messe wurde nie wieder aufgeführt.

Das ist nicht erstaunlich, denn ein riesiges und kompliziertes Chorwerk ist nicht gerade bequem in einer Konzertsaison unterzubringen, selbst wenn es sich um eine der großen klassischen Messen handelt, die sicherlich eine gewisse Zugkraft haben. Hätte ich ein Thema aus dem Alten Testament gewählt – sagen wir Methusalem oder vielleicht Jehu, den Sohn von Joschafat und Enkel Numschis, Vater von Joahas, König von Juda (2. Buch der Könige, 9) –, wäre es vielleicht an einem der drei großen Chor-Festtage aufgeführt worden. Doch es mag seltsam klingen, aber die immerwährende Schönheit einer Messe übte eine stärkere Anziehungskraft auf mich aus, und so mußte ich denn die Früchte meiner Perversität ernten.

Und doch ist es ein Jammer, denn nach dem Klavierauszug zu urteilen, den die Messrs. Novello voreilig publizierten und den ich mir zu Ehren dieser Erinnerungen noch einmal hervorgeholt und durchgesehen habe, kann ich erkennen, daß ich – was immer der Wert meiner Musik insgesamt sein mag – niemals etwas Besseres geschrieben habe! Doch selbst wenn erst nach dem eigenen Tod irgend jemand es für wert hält, sie aufzuführen, sie wurde nicht umsonst geschrieben.

Es gibt noch etwas, das ich gern sagen würde, als Trost für gewisse junge Komponisten; ich meine jene, die nur sehen können, wo sie versagt haben. Es ist eine Erfahrung, die schwierig wiederzugeben ist, doch es sollte möglich sein, sie in angemessene Worte zu kleiden, um genau das zu sagen, was ich sagen will – nicht mehr und nicht weniger.

Der Punkt, auf den es mir hier ankommt, ist folgender: Solche Komponisten werden, abgesehen davon, daß sie unter dem Gefühl eigener Unfähigkeit leiden, immer dazu neigen, die Anstrengungen anderer überzubewerten und ihnen nur zu begierig Gehör zu schenken. Doch in jenem besonders qualvollen Augenblick, wenn sich der Zeitpunkt einer öffentlichen Aufführung ihres eigenen Werkes nähert, kann man sicher sein, daß die Nerven dieser Unglücklichen so ruiniert sein werden, daß sie nicht in der Lage sind, ein annähernd zutreffendes Urteil über irgendeinen Teil ihres Werkes zu akzeptieren! Nur so kann ich mir einen Vorfall erklären, aus dem ich, wie ich gestehen möchte, dennoch in mehr als einer dunklen Stunde Trost gezogen habe.

Ich habe mir jetzt nicht mehr die Orchestrierung jener Messe angesehen, weil ich jetzt, nach fünfzehn Jahren, nicht mehr so einfach an sie komme*, doch ich bin sicher, ich würde sie heute schlecht finden. Ich bin allerdings ebenso sicher, daß die Messe, trotz all meiner aus Unerfahrenheit begangenen Fehler, insgesamt gar nicht so schlecht klingen würde. Ein Maler malt vielleicht ein Bild, das *insgesamt* farblich nicht schlecht geraten ist, doch er weiß, was er mit diesem Stückchen Himmel, mit diesem Stückchen Vordergrund im Sinn hatte; und ihm erscheint es farblich vollkommen mißlungen.

Ähnlich erging es mir mit meiner Messe: Bei der ersten Orchesterprobe war ich völlig verzweifelt. Es klang alles schrecklich, vollkommen falsch, und als ich an jenem Tag nach Hause ging, fragte ich mich, wie Barnby solch ein mißglücktes Werk überhaupt hatte akzeptieren können.

Am nächsten Tag sollte die zweite Probe um 11.30 Uhr stattfinden. Um kurz nach elf irrte ich durch das Treppenhaus und die Gänge, die zur Großen Halle führten – da drangen musikalische Klänge von weit her an mein Ohr. Traurig und verzweifelt sagte ich mir: »*So* sollte meine Musik klingen!«

Als ich näher kam, erschien mir jene Phrase eigenartig vertraut. Was war das? ... *Es war meine eigene Messe.*

Drishane, Oktober 1920

---

* Ethel Smyth deponierte die Originalpartitur der Messe in einem Safe einer Londoner Bank.

Ein stürmischer Winter

Der folgende Abschnitt befaßt sich mit den Imponderabilien, die Ethel Smyth anläßlich der Aufführung ihrer zweiten Oper ›Der Wald‹ 1902 in Berlin erlebte. Die politische Situation, der sie eine Teilschuld an dem Durchfall der Oper zuweist, wird von ihr durch persönliche Berichte angereichert, wobei das zweimalige Zusammentreffen mit dem Kaiser Wilhelm II. sicherlich einen Höhepunkt für sie darstellte.

Die Jahre zwischen 1874 und 1914 waren von einem fast ans Hysterische grenzenden Mißtrauen zwischen den Nationen geprägt. Diese Ängste hatten zur Folge, daß sich die einzelnen Nationen riesige Lager an Kriegsgerät schufen. Instinktlos gegen falsche Ratgeber, repräsentierte Wilhelm II. eine äußerlich glanzvolle Epoche der deutschen Geschichte, die die schweren innenpolitischen Konflikte überdeckte.

Es ist nicht ohne Komik, sich diese couragierte und sportliche Engländerin vorzustellen, die mit ihrer direkten Art entwaffnend wirkte und dennoch überall anzuecken drohte. Sie geriet mitten in eine antibritische Stimmung, die durch den von Großbritannien gegen die Burenstaaten von 1899 bis 1902 geführten Krieg ausgelöst wurde. Die Republik Transvaal erklärte Großbritannien den Krieg, als Engländer nach der Entdeckung reicher Goldminen versucht hatten, das Land in die Hand zu bekommen. Bis Anfang 1900 behielten die Buren die Oberhand. Mit dem Entsenden immer größerer britischer Truppenverstärkungen wendete sich jedoch das Blatt. Das deutsche Reich sympathisierte zwar mit den Buren, enthielt sich jedoch jeglicher politischer Unterstützung.

Manchen Menschen zufolge sind Künstler nicht auf der Welt, um ihre Kunst auszuüben, sondern um darüber zu reden. Nach den schmeichelhaften Einladungen zu urteilen, die einige bescheidene Künstler erhalten, um von der vorletzten Stufe der Leiter aus emporgehoben zu werden, ist die Menschheit in gefährlicher Weise für Reize empfänglich, und Künstler sind eine Rasse, der es sowohl an Bescheidenheit wie an Humor mangelt.

Das bedeutet jedoch nicht, daß alle des Vergnügens oder der Pflicht, sich feiern zu lassen, entsagen sollten. Wer sich seinen Weg ins Herz Zentralafrikas erkämpft hat, für den kann es nichts Herrlicheres geben, stelle ich mir vor, als diese Erlebnisse zu erzählen – und das ist auch ganz angemessen und in Ordnung. Er ist dort hingegangen, um Schwierigkeiten zu begegnen und zu überwinden, und es ist keine Schande, darüber zu sprechen. Es ist sozusagen Bestandteil des Abenteuers.

Beim Künstler liegt die Sache anders. Er hütet etwas in seinem Busen, das ihm heilig ist: so etwas wie ein Licht, das, wenn es gut gehütet wird, weithin leuchten wird, davon ist der Künstler überzeugt. Wind und Regen mögen seine Flamme und seine Hoffnung immer wieder in Gefahr bringen und zu Ereignissen führen, die zweifellos auch ihre komischen Seiten haben, doch wenn sie sich ereignen, empfindet er sie als tödlich ernst; und wie die Soldaten, die im Rückzugsgefecht kämpfen, legt er keinen besonderen Wert darauf, viel von diesem Teil seiner Schlacht zu berichten. Die Geschichte mag zukünftigen Kämpfern nützlich sein; doch wenn sie es überhaupt wert ist, erzählt zu werden, dann um der Freunde des Kämpfers, nicht um seiner selbst willen. Lassen wir ihn die verschiedenen Stationen seines Kreuzweges beschreiben, in einem Stil, der so peinigend sein mag, wie es erforderlich ist, lassen wir ihn auf die moralischen Aspekte deuten, sich indirekt feiern und all die Dinge tun, die diesem Menschen zwingend erscheinen.

Wenn also die folgende Schilderung der Ereignisse aus sechs Monaten, die ich im Winter 1901/02 in Berlin verbrachte, mit der Uraufführung meiner Oper ›Der Wald‹* verwoben ist, dann weil die Oper sozusagen das äußere Gerüst dafür liefert und nicht unerwähnt bleiben kann. Doch für die Schreiberin dieser Zeilen liegt das eigentliche Interesse an ihrer Erzählung auf anderem Gebiet, wie diese Seiten hoffentlich zeigen werden. So soll also das Gerüst der Ereignisse seinen angemessenen Platz finden und zuerst skizziert werden.

---

* ›Der Wald‹: nach einer Idee von Henry Brewster und dem Libretto auf deutsch und englisch von Brewster und E. Smyth. Die Uraufführung fand im Königlichen Opernhaus, Berlin, am 9. April 1902 unter der Leitung von Karl Muck statt.

I

Anfang 1901 hatte ich den Dresdner Opern-Gewaltigen meine Oper ›Der Wald‹ vorgespielt. Das Werk war noch nicht instrumentiert, doch es war bereits meine zweite Oper, und die erste, ›Fantasio‹, hatte auch die schärfsten Kritiker in puncto Instrumentierung zufriedengestellt, wie ich anfügen will, ohne mich rühmen zu wollen. Soweit ich weiß, wurde ›Der Wald‹ in Dresden akzeptiert; man drängte mich, die Arbeit zu komplettieren und das Ganze an Schuch, den Chefdirigenten, zu senden, danach würden die Einzelheiten des Vertrages aufgesetzt. Anscheinend hatte man kürzlich eine Oper allein aufgrund des Klavierauszuges akzeptiert, da sie von jemandem geschrieben war, von dem jedermann annahm, er verstünde das Handwerk der Orchesterbearbeitung; »aber«, sagte Schuch, »dann klang es so« ... und er erhob sich und setzte sich auf die unteren Tasten des Klaviers. Aufgrund dieser Erfahrung hatte Graf Seebach, der Hof-Intendant, erklärt, daß mit Ausnahme alter Bekannter niemand einen unterzeichneten Vertrag bekäme, bis Schuch nicht die Orchesterfassung zu Gesicht bekommen hatte.

Das erschien vernünftig, und im Juli hatte er die komplette Partitur in Händen; doch einige Wochen später erhielt ich einen Brief, in dem stand, ›Der Wald‹ könne schließlich doch nicht in Dresden produziert werden. Da keine Gründe angegeben waren, fragte ich nach, ob sie mit meiner Orchesterfassung unzufrieden gewesen seien oder ob es einen anderen Grund gebe. Doch sowohl dieser wie ein oder zwei weitere Briefe wurden mit der kategorischen Antwort beschieden, der früheren Aussage sei nichts hinzuzufügen. Es gab eine große englische Kolonie in Dresden, viele Bewohner davon waren unermüdliche Opernbesucher, deren Interessen, wie ich schon wußte, bevor ich dort hinfuhr, bei der Zusammenstellung des Repertoires eine gewisse Rolle spielten und die sich sicherlich für ein englisches Werk interessierten; darüber hinaus war ›Der Wald‹ ein Einakter, erforderte daher nur ein Minimum an Risiken und Kosten. Die Ablehnung schien also reichlich unverständlich. Doch die folgenden Erlebnisse ließen in mir die Überzeugung reifen, daß der Burenkrieg etwas damit zu tun hatte.

Ich glaube, niemand außer jenen, die das Unglück hatten, sich damals auf dem Kontinent zu befinden, kann sich auch nur im Entferntesten vorstellen, von welchem Englandhaß damals andere Nationen besessen waren; und um der Wahrheit die Ehre zu geben: Es war auch kein Wunder. Es gibt offenbar keinen Schutz dagegen, daß ein Hirtenvolk, in dessen Land einige der reichhaltigsten Goldminen der Welt liegen, industriell ausgebeutet wird. Doch die Stücke, die das Leben schreibt, sind nicht immer fröhlich anzuschauen, und die Instrumente, auf denen in diesen Stücken gespielt wird, sind selten sympathisch. Es mag Präsident Krügers eigener Fehler gewesen sein, wenn ein Prozeß der Infiltration in eine kriegerische Auseinandersetzung mündete, doch alles, was die Welt zu sehen bekam, war, daß eine große Nation eine kleine zermalmte.

Um einen Eindruck von der damals vorherrschenden Geisteshaltung zu geben: Bei einer Internationalen Ausstellung im Jahre 1900 – ich glaube, es war in Paris – wurde die Transvaal-Abteilung allmählich Schauplatz täglicher anglophober Demonstrationen. Bei einer dieser Gelegenheiten ging eine Engländerin – offensichtlich in einem Zustand geistiger Umnachtung – auf Präsident Krügers Büste zu und spie sie an; woraufhin die Menge, nach einem kurzen Augenblick der Verblüffung, begann, sie auf dieselbe Weise zu behandeln; schließlich mußte die Frau von der Polizei herausgeführt werden, um nicht gelyncht zu werden. Einen Tag, nachdem ich einen Zeitungsartikel über diesen Vorfall gelesen hatte, besuchten Mrs. Robert Crawshay und ich die Kaiserin Eugénie und fanden sie im Gespräch mit zwei sanften alten Damen in schwarzer Seide und weißen Häubchen, die sich als Töchter eines Missionars in Südafrika vorstellten. Selbstverständlich nahm ich die Gelegenheit wahr, ihnen meine Anekdote zu erzählen, und alle lachten – mit Ausnahme der beiden alten Damen; sie blickten sehr ernst drein. Dann sagte die eine: »Oh, ich billige das ganz und gar nicht!«, und die andere fügte hinzu: »Das war überhaupt nicht ladylike!« Worauf Mary Crawshay ergänzte: »Oder auch nur gentlemanlike!«

Dennoch, und trotz der Dresdner Abfuhr – da es für englische Opern in England keine Aufführungsmöglichkeiten gab, wandte ich mich in Gedanken wieder an Deutschland und beschloß, es in Berlin zu versuchen. Dort gab es zwar keine englische Kolonie, und die Oper hatte auch nicht das Dresdner Niveau. Doch ich hatte mich in England sehr mit Muck, dem ersten Dirigenten des Opernhauses, angefreundet, den ich als Musiker sehr bewunderte, der häufig bei meiner Schwester, Mrs. Charles Hunter, diniert hatte und der von den Teilen des ›Waldes‹, die ich ihm gezeigt hatte, sehr angetan war. Außerdem war er nicht nur ein exquisiter Musiker, er war auch als Mensch geradeheraus, und ich wußte, seine Anerkennung war ehrlich gemeint – und mehr als nur ein Ausdruck der Dankbarkeit für ein gutes Abendessen.

Im September fuhr ich daher nach Berlin, und da ich mir durchaus darüber im klaren war, daß die Dinge in der Welt der Oper nicht das sind, was sie scheinen, und daß die wirklichen und die scheinbaren Autoritäten selten ein und dieselbe Person sind, erkundete ich als Erstes die allgemeine Lage der Dinge. Sir Frank Lascelles, unser damaliger Botschafter, war ein Freund meiner Schwester, so hatte ich also schon einmal eine günstige Operationsbasis; und ich will sofort hinzufügen: Es ist äußerst zweifelhaft, ob ich ohne seine Freundlichkeit und die seiner Tochter Florence das vor mir liegende Abenteuer bestanden hätte.

Drei Instanzen sind an einem Hoftheater von besonderer Bedeutung. Da gibt es den Hof-Intendanten, gewöhnlich ein Mitglied des Hochadels des jeweiligen Staates, dessen Beziehung zu den Vorgängen in seiner Oper etwa der ähnelt, die früher der Jagdhund-Führer zum Hundezwinger hatte. (Es gibt Ausnahmen von dieser Regel – Männer wie Graf Seebach in Dresden und Herr von Hülsen in Wiesbaden hielten tatsächlich, und nicht nur nominell, das Steuer in Händen –, doch solche Männer waren rar.) Dann kommt der Direktor, wie man ihn damals nannte, der gemeinsam mit der dritten Instanz, dem Orchesterchef, wirklich für alles verantwortlich ist.

Bald fand ich heraus, daß die entscheidende Macht in Berlin Direktor Pierson in Händen hielt, ein deutscher Jude, in dessen Stammbaum es einen englischen Zweig gab. Er war ein äußerst musikalischer Mensch mit einer guten Urteilskraft, was den künstlerischen oder finanziellen Wert der Opern anging, die ihm vorgelegt wurden; und er verfügte über einen außerordentlich guten Spürsinn für die Fähigkeiten junger Künstler. Er entdeckte die Begabung, wie tief sie auch unter Unreife oder Schüchternheit verborgen sein mochte, und setzte dieses Talent durch. Jeden Faden im Gewebe der Korruption und Intrige, der damals in der Berliner Oper gesponnen wurde, hielt er in der Hand. Demgegenüber, so informierte man mich, sei der Hof-Intendant, Graf Hochberg, ein musikalischer und höchst liebenswerter *Grandseigneur*, der nicht unzugänglich für geschickte Schmeicheleien – und Wachs in Piersons Händen sei.

Graf Hochberg war noch auf dem Lande, so ging ich direkt zu Pierson und stellte ihm meine Oper auf dem Klavier vor – auf die Art, wie es Komponisten tun, das heißt, ich sang und spielte alle Chor- und Orchesterpartien wie auch die Soli. Der Hauptgedanke der Oper ist: Die kurze, schmerzliche Tragödie, die einen Moment lang die schweigend vollzogenen Riten der Waldgeister unterbricht, ist nur eine Episode; die wirkliche Geschichte ist der ewige Kreislauf der Natur, die das menschliche Schicksal formt und sich nicht um die Freuden und Sorgen der Sterblichen kümmert. Ich sah sofort, daß dieses Thema der verträumten Art eines Menschen wie Pierson gefiel – ein Charakterzug, der sich bei Männern seines Schlages so wundervoll mit einem instinktsicheren Geschäftssinn verbindet. Vor allem sah ich, daß ihm die musikalische Bearbeitung des Themas zusagte.

Sofort erklärte er sich bereit, den ›Wald‹ unmittelbar nach Weihnachten zu produzieren. Gleichzeitig gestand er mir offen, daß es aufgrund des Burenkrieges Schwierigkeiten geben werde – und daß die Presse mit einer englischen Oper, die auch noch von einer Frau komponiert wurde, gnadenlos umspringen werde. Ich sah jedoch, daß ihn, abgesehen von seiner Einschätzung der Qualität des Werkes, zwei Dinge an dem Unternehmen reizten. Zum einen floß englisches Blut in seinen Adern, das sprach für mich; zum zweiten gefiel ihm die Aussicht auf eine harte Auseinandersetzung. Sein Plan war, zwar selbstverständlich einen Vertrag abzuschließen, die ganze Sache jedoch bis zum geeigneten Moment unter Verschluß zu halten ... bis eines Tages er, Pierson, ganz plötzlich einer erstaunten Welt vorführen würde, zu welchen Leistungen eine Frau, eine *englische* Frau, fähig war!

»Wir werden es großartig aufziehen«, sagte er, »Sie werden zufrieden sein!« Er bat mich, Graf Hochberg vorzuspielen, sobald er zurück sei, Muck die ganze Partitur zu schicken, »jetzt – sofort«, und Muck am nächsten Tag aufzusuchen und ihn über die Angelegenheit zu befragen.

Ich tat wie geheißen ... und es war ein bemerkenswertes Gespräch! Einige der Dinge, die ich an Muck mochte, waren sein fein geschnittenes, mönchshaftes Profil, seine Kühle, die gelegentlich durch ein charmantes Lächeln durchbrochen wurde und die das Feuer in ihm verdeckte, das er auch in den von ihm dirigierten Orchestern zu entfachen verstand. Jetzt fand ich mehr als genug Kälte, weiß Gott, aber kein Lächeln. »Ihr Werk ist gut«, sagte er, »ich mochte es im großen und ganzen schon in England; ich mag es auch jetzt noch, und ich bin bereit, es zu dirigieren ... Doch es kann keine freundlichen persönlichen Verbindungen zwischen uns geben, denn wenn ich das Wort ›England‹ höre, sehe ich rot.« Dabei rang er die Hände, seine Stirnadern schwollen ... da war das Feuer, und es brannte lichterloh! Ich wußte, daß seine Frau England liebte, doch, als erriete er meine Gedanken, fuhr er fort: »Meine Frau schnappt mir die Zeitung vor der Nase weg... denn wenn ich über Ihren schrecklichen Krieg lese, kann ich nichts mehr essen und nicht mehr schlafen...« Daraufhin fragte ich ihn, ob diese Ansichten ihn daran hindern würden, sein Bestes für mich zu tun? Er beruhigte sich ein wenig und sagte, das ganz bestimmt nicht, Kunst sei Kunst etc. Was die Instrumentation betraf, so fand er sie außerordentlich gelungen. So ging ich dann und vertraute auf seine Frau, die mir vielleicht helfen würde, wo sie konnte (ein Vertrauen, das gerechtfertigt war, wie sich zeigen sollte), und war insgesamt doch weniger bestürzt, als man hätte erwarten können.

Diese und die folgenden Verhandlungen lassen sich in wenigen Worten zusammenfassen, auch wenn sie einige Zeit in Anspruch nahmen – und zahllose Versuche meinerseits erforderten, geduldig und diplomatisch vorzugehen, denn immer wieder beschlich mich das Gefühl, alles sei verloren. Doch in der Zwischenzeit hatte sich eine andere Quelle erfreulicher menschlicher Begegnungen für mich aufgetan, in Gestalt der Gräfin von Bülow, der Frau des deutschen Kanzlers, die Anfang Oktober von ihrem Landsitz zurückkehrte und ihre Mutter mitbrachte, die berühmte Donna Laura Minghetti, die ich jeden Winter in Rom zu besuchen pflegte und die eine der größten Koryphäen war, denen ich je in meinem Leben begegnet bin.

Um spätere Verwechslungen zu vermeiden, will ich an dieser Stelle erwähnen, daß Madame de Bülows Vater nicht der große Staatsmann Minghetti, sondern der erste Ehemann ihrer Mutter war, Prinz Camporeale, der an verschiedenen europäischen Höfen die Position eines italienischen Botschafters innehatte. Als ich zum ersten Mal in Rom überwinterte, war Graf Bülow deutscher Botschafter im Quirinal und residierte daher im wunderschönen Palazzo Caffarelli, den die klugen Deutschen sich als ihr Botschaftsgebäude gesichert hatten; und als Donna Laura mich dorthin mitnahm, hatte ich bereits kurz mit ihrer Tochter Bekanntschaft geschlossen; sie kennenzulernen bedeutete, sofort ihrem Charme zu erliegen. Doch ich erwartete nicht, sie in Berlin wiederzutreffen, wo sie beinahe wie eine Königin behandelt wurde.

Außer bei großen Auftritten war sie praktisch unsichtbar, und wenn man sie sehen wollte, mußte man um eine Audienz bitten. Ich wußte auch nicht, daß Donna Laura in jenem Herbst in Berlin sein würde. Doch eines Tages erhielt ich völlig überraschend eine Note von ihr, in der sie mich bat, sie noch am selben Abend im Kanzlerpalast zu besuchen!

Donna Laura Minghetti starb im dritten Kriegsjahr; das Kaleidoskop dreht sich schnell, und seit ihrem Tod ist die Welt bis auf die Grundmauern erschüttert worden. Doch noch viele Jahre wird es so sein: Wenn man ihren Namen jemandem nennt, der sie gekannt hat, wird sich seine Miene verändern, wie immer, wenn es um eine einzigartige, unvergeßliche Persönlichkeit geht.

Lassen Sie mich eine oder zwei Geschichten erzählen, die man mir über sie berichtet hatte, bevor ich ihr zum ersten Mal in Rom begegnete ... um ein weiteres Sternchen im kometartigen Schweif ihrer Verehrer zu werden. Zweifellos waren diese Geschichten vollständig erfunden, doch sie legen Zeugnis ab vom Charakter ihrer Heldin.

Man erzählte mir, als ihr erster Mann, Prinz Camporeale, italienischer Botschafter in London war, sei er auf Königin Victorias ausdrückliche Anordnung an einen anderen Hof versetzt worden, da die Leidenschaften, die Donna Laura in den Herzen mancher unserer Minister entfachte, die Regierungsaufgaben erschwert habe. Es ging sogar das Gerücht um, ein berühmter englischer Staatsmann, dessen einzige und untadelige Leidenschaft bis dahin die Königin zu sein glaubte, sei dabei, ein Scheidungsverfahren gegen seine Ehefrau einzureichen, mit der er doch so viele Jahre zusammengelebt hatte, in beschaulichem, friedlichem und untadeligem Haß!

Eine weitere Legende rankte sich um ihre temperamentvollen Aktionen in den Eheangelegenheiten ihrer Tochter. Madame de Bülows erster Mann, Graf X, von dem sie eine Tochter hatte, war Diplomat und ein ausgezeichneter Mann, der seine Frau vergötterte. Unglücklicherweise jedoch langweilte er sie, und was seine Schwiegermutter besonders provoziert haben mußte: es schien wenig Aussicht zu bestehen, daß er in seiner Laufbahn jemals eine einflußreiche Stellung erreichen würde. Eines Tages kam Bülow daher und verliebte sich unsterblich in die faszinierende Gräfin X. Ein kluger, kühner Politiker, ein perfekter Mann von Welt, Mitglied einer der großen norddeutschen Diplomatenfamilien mit der sicheren Aussicht auf die oberste Sprosse der Leiter ...

dies allerdings war ein Schwiegersohn so ganz nach dem Herzen von Donna Laura!

Ihre nächste Handlung lag auf der Hand! ... doch leider weigerte sich der Papst, die Ehe ihrer Tochter für ungültig zu erklären. Minghetti war gemeinsam mit Cavour einer der Begründer des Vereinten Italien gewesen, und vielleicht war das Oberhaupt der entthronten Kirche nicht gewillt, Minghettis Witwe gefällig zu sein; außerdem war nicht nur Graf X, sondern auch Bülow Protestant. Ich habe vergessen, welche konkreten Schritte Donna Laura unternahm, um ihr Ziel zu erreichen, doch eines Tages sollte zur elften Stunde – so stand es an der Kirchentür – eine Trauung stattfinden ... genau zu dem Zeitpunkt, an dem Donna Laura ein von ihr gefälschtes Telegramm vom Papst vorlegte!!

Wie ich schon sagte, glaube ich kein Wort von dieser Geschichte, doch wenn sie auch nicht wahr ist – es wäre zumindest möglich. Nicht nur, daß die Hochzeit stattfand; kurze Zeit später wurde Bülow auch noch Botschafter bei der italienischen Regierung, obwohl es im deutschen diplomatischen Dienst eine strikte Regel gibt, nach der kein Mann im Land seiner Frau Botschafter werden darf! Seine Schwiegermutter wünschte sich die Anwesenheit ihrer Tochter in Rom ... das erklärt alles.

Ich denke oft an meine erste Begegnung mit Donna Laura zurück. Es war auf einer etwas lahmen römischen Tee-Party. Ich sang gerade einige Lieder, als eine auffällige Frau von ungefähr 65 Jahren hereinrauschte, direkt auf das Klavier zukam, sich neben meinen Ellbogen setzte und in Begeisterungsausrufe über das schottische Lied ausbrach, das ich gerade sang. Ich mußte es noch einmal singen, und dann noch einmal ... und bald fiel meine neue Freundin mit einer tiefen, gefühlvollen Bruststimme ein. Das Lied hieß ›Here's a health to one I love dear‹ (Ein Prosit auf jemanden, den ich sehr liebe), und der Klang des letzten Akkordes raubte ihr schier die Sinne – eine der wunderbaren Reaktionen, die Musik auslösen kann. Dann kamen immer mehr unserer Volkslieder, und ich sah, daß ich es mit einem unfehlbaren musikalischen Talent zu tun hatte. So endete die Tee-Party für mich auf höchst erfreuliche Weise. Nach Donna Lauras Abschied aber schreckte der Sohn unseres Botschafters, Captain Richard Ford, der gerade Zwischenstation in Rom machte, die Gesellschaft auf, indem er in seiner klaren, schleppenden Aussprache zu mir sagte: »Ich weiß nicht, wer die alte Frau war, die nicht vom Klavier zu trennen war und die ganze Zeit, während Sie sangen, vor sich hinplapperte: ›Que c'est joli!... que c'est beau!‹, doch *ich* fand es eher *bore* (langweilig)... Sie nicht auch?«

Donna Laura wohnte in einem *Palazzetto*, Teil des großen Gebäudekomplexes, der den Palazzo Sermoneta und den Palazzo Antici Mattei umfaßte, wo mein Freund Henry Brewster (›H.B.‹) eine Etage bewohnte. Aus dem Fenster seiner Wohnung sah ich sie Tag für Tag, wie sie Glockenschlag drei Uhr aus ihrer Haustür heraus – und in ihre kleine Brougham-Kutsche hineinschoß, mit jener außerordentlichen Behendigkeit, die sie sowohl körperlich wie geistig auszeichnete. Ihre Zimmer waren angefüllt mit schönen Dingen, einige der Bilder trugen überaus optimistische Inschriften, und ein ausgesprochen Donna Laura-gemäßes Detail ihres Empfangszimmers war eine schöne alte Kanzeltreppe, ausgelegt mit teuerstem Brokat, die... nirgendwohin führte!

Ich bin nie jemandem begegnet, der derart davon überzeugt war, das Leben sei kurz, und entschlossen war, sich nicht eine einzige Sekunde zu langweilen. Jeden Abend ging sie entweder Essen oder sie gab zu Hause eine Dinner-Party, nach der sie ihre Gäste empfing; und wer von überall her auf der Welt auf der Durchreise durch Rom kam, versäumte nie, ihr seine Aufwartung zu machen. Sie bewegte sich unter den Gästen wie ein Fisch im Wasser und machte Fremde jeweils mit einer offenherzigen, raschen und höchst schmeichelhaften Persönlichkeitsskizze miteinander bekannt.

Über mich sagte sie in der Regel: »Eine großartige Musikerin und rundum eine Künstlerin; und ein intelligentes Mädchen – etwas bohémien, aber eine Dame«; und H. B. wurde zu seinem großen Vergnügen immer eingeführt als »un giovane molto colto«, das heißt: »ein sehr kultivierter junger Mann«. Dabei war das Mädchen über 40 und der junge Mann ging schon sehr auf die 50 zu. Zusammengefaßt: Donna Laura ging auf jeden Ball, in jedes Konzert und an jeden anderen Ort, an dem man sich vergnügen konnte. Und wenn sie sich irgendwo langweilte, verließ sie den Saal – nicht ohne öffentlich ihre Gründe darzulegen –, selbst wenn es sich um ein Konzert handelte.

Manchmal beschloß sie, allein zu Mittag zu essen, manchmal *en tête-à-tête* mit einem ihrer Bewunderer wie zum Beispiel mir. Ich möchte noch hinzufügen, daß sie ein Gourmet war und auch darin einen Geschmack bewies, der sehr wohl unterscheiden konnte und den ich für den Gipfel des Kultivierten halte. Jedes Gericht wurde besonders empfohlen und erschien als eine Kreation, die Gegenstand einer minuziösen technischen Konsultation zwischen ihr und ihrem *chef* gewesen war und die, falls mißlungen, unmittelbar nach dem Mittagessen zu einer temperamentvollen Szene zwischen den beiden führte: auf ihrer Seite dramatisch und von einfallsreichen Beschimpfungen begleitet, von seiner Seite Verbeugungen, Entschuldigungen und die Beteuerung, lieber auf der Stelle tot umzufallen, als ›Eccellenza‹ noch einmal nicht zufriedenzustellen. Es war jedesmal eine entzückende Szene: Italien, wie es am schönsten ist.

Donna Laura war eine glänzende Erscheinung: ein Profil wie von einem pompejischen Fresco, makellos schöne Arme und Schultern – und besonders abends hatte sie ihre blendenden Auftritte, denn niemandem stand eine prachtvolle Garderobe prächtiger als ihr. Ich glaube, sie war die temperamentvollste Persönlichkeit, der ich je begegnet bin, die Inkarnation der Feurigkeit – eine wirklich großartige Dame, die alles auf die ihr eigene Weise tat, ohne sich nach anerkannten Vorbildern zu richten. Doch man darf aus dem Gesagten nicht schließen, daß sie nur als Dame der Gesellschaft glänzte; sie las alles, was lesenswert war, liebte die Dichtung, verehrte Schönheit in jeder Form, und ob es sich um Fragen der Kunst, der Literatur oder der Humanität handelte – sie verfügte auf allen Gebieten über eine geniale Intuition. Es schien, als ob sie nie fehlgehen könnte.

Ich muß gestehen, daß sie, was die Musik anbetraf, sich immer in ein Lied besonders vernarrte – zum Beispiel Lalos ›La Captive‹ – und sich eine Zeitlang weigerte, irgend etwas anderes zu hören; »pour le moment il n'y a que cela« (im Augenblick gibt es für mich nur das), pflegte sie dann zu sagen. Aber wenn man ihr ein Jahr später ihr ehemaliges Lieblingsstück an einem musikalischen Abend wieder zu Gehör brachte, winkte sie mit einem »Ah non! pas cette vieille machine-là« (Oh nein, nicht schon wieder diese olle Kamelle!) ab. Keine Blumengebinde auf Donna Lauras verlassenen Altären!

Doch eine ihrer Eigenschaften, die mich immer sehr gefreut haben, ist eine, die viele Italiener besitzen, wenn auch oft nicht in solch hervorragender Umgebung, nicht so oft gemischt mit solch verblüffenden intellektuellen Gaben – ich meine ihre Nähe zur Natur. Als ich ihr aus meinen damaligen Aufzeichnungen ein bestimmtes Abenteuer vortrug, das ich an anderer Stelle geschildert habe, lag sie auf dem Sofa in ihrem

Schlafzimmer, allem Anschein nach »leidend«, doch eine Passage (die hier leider ausgelassen werden mußte) elektrisierte sie derart, daß sie ihre beiden agilen Beine in die Luft warf, wobei ihr einer ihrer Aschenputtel-Pantoffeln über den Kopf flog!

Und als ich jetzt, dank ihres Berlinaufenthaltes, ihre Tochter besser kennenlernte, fragte ich mich oft, welche der beiden ich wohl am meisten bewunderte, welche ich am liebsten mochte. Die Mutter war die brillantere Persönlichkeit, doch ich glaube, Madame de Bülows Charakter war vielschichtiger; ihre Freundschaft war wohl verläßlicher, ihre Freundlichkeit entsprang einer tieferen Quelle. Und ich wußte, sie mußte von adeligem Charakter sein, denn als ich sie vor Jahren zum ersten Mal gesehen hatte, mußte ich sofort an die römische Campagna denken!

Jetzt war sie über fünfzig; in ihrer Jugend war sie sehr attraktiv gewesen; und obwohl ihre Schönheit jetzt nur noch gelegentlich aufblitzte, war es leicht, alles zu glauben, was man über die Leidenschaften gehört hatte, die sie entfacht hatte ... und die in einem oder zwei Fällen erwidert worden waren. Menschen, die sehr geliebt wurden, behalten selbst in hohem Alter eine Ausstrahlung, die schwer zu beschreiben, aber spürbar vorhanden ist. Selbst ein Stein, der den ganzen Tag von südlicher Sonne beschienen wurde, strahlt noch lange nach dem Einbruch der Dunkelheit Wärme aus; und Madame de Bülow war ganz gewiß kein Stein und noch weit davon entfernt, ihre Tage zu beschließen; doch auch sie hatte diese warme Ausstrahlung. Eine Art creolischer Charme gehörte zu ihr – die Trägheit eines Orientalen, den sie vielleicht zusammen mit ihrem Schönheitssinn von ihren sizilianischen Vorfahren geerbt hatte, kombiniert mit der Subtilität der Italiener(in), der Geistigkeit eines Heiligen Franziskus (eine Eigenschaft, die durchaus vereinbar ist mit weltlichem Wissen) und der Gabe unbegrenzter Freundlichkeit. Davon abgesehen war sie eine bewundernswerte Musikerin und mit jedem Blutstropfen Künstlerin, wie sich an der Einrichtung des Kanzlerpalais mühelos erkennen ließ. Der Kaiser verehrte sie beide und hatte ihr die *carte blanche* verliehen, und das Ergebnis war ein herrlicher römischer *palazzo* im Herzen Berlins – die einzig angemessene Umgebung für die Dame des Hauses, wie ich des öfteren dachte.

Das erste Ergebnis der Rückkehr dieser beiden Damen nach Berlin war eine Botschaft von Donna Laura an Graf Hochberg. Und siehe da!

Die Begegnung mit ihm, die ich schon seit drei Wochen zu erreichen versuchte, fand unmittelbar darauf statt! Doch es gab noch viele Details zu besprechen, bevor ich nach England zurückkehren konnte, und in der Zwischenzeit wurde es eine liebgewordene Angewohnheit, daß ich jeden Tag um achtzehn Uhr zu Madame de Bülow ging und mit ihr gemeinsam musizierte. »Musik ist das einzige Stück wirklichen Lebens, das ich in 24 Stunden habe«, sagte sie einmal. Bei einer anderen Gelegenheit schaute der Kanzler kurz herein – vermutlich um sich diesen Schützling seiner lieben Frau einmal näher anzusehen –, und danach wurde ich oft zum Abendessen *en famille* gebeten. Auf diese Weise hatte ich gute Gelegenheit, mir eine Meinung über den Staatsmann zu bilden, der, wie man sagte, mehr für die Außenpolitik des Deutschen Kaiserreichs verantwortlich war als der Kaiser selbst.

Damals hatte ich keinen sehr vorteilhaften Eindruck von ihm. Zwar war er ein bemerkenswerter Mann, doch auch ein ausgesprochener Zyniker, und ich hatte das Gefühl, daß er den Part des bösen Buben etwas übertrieben spielte; andererseits war er ein viel zu routinierter Charmeur, als daß man ihm rasch Vertrauen geschenkt hätte. Unter dem Einfluß seiner extremen Freundlichkeit mir gegenüber empfand ich für ihn eine Mischung aus unbedingter Bewunderung und recht bedingter persönlicher Zuneigung, wenn man einen bescheidenen Tribut an einem solch hochstehenden Altar darlegen mag. Doch er fiel mir sofort als einer der wenigen wirklichen Gentlemen und Männer von Welt auf, die ich das Glück hatte, in Deutschland kennenzulernen. Und immer wenn er seine Frau anblickte oder mit seinem Hund sprach, liebte ich ihn rückhaltlos.

Sir Frank Lascelles erzählte mir, daß er vor zehn oder zwölf Jahren, als er und die Bülows in Bukarest waren, den Eindruck gewonnen hatte – den ich später teilte –, daß Bülow nur für zwei Dinge auf der Welt lebte: die Politik und seine Frau, und tatsächlich bin ich nie einem hingebungsvoller liebenden Ehemann begegnet. Und es war auch kein Wunder! Wenn ich Madame de Bülow des öfteren vorfand, wie sie bequem zurückgelehnt in einer Sofaecke saß – träge, träumerisch, heiter, ehrlich, gleichzeitig so unbeschwert und ganz von dieser Welt –, dachte ich: Welche Erholung muß es sein, seine müden Augen auf dieser Frau ruhen zu lassen – dieser immens intelligenten Frau mit der Seele eines Kindes! Die Bürde, Kanzler eines solchen Herrschers zu sein, war derart schwer, daß Bülow seine Frau selten mehr als zwei Stunden am Tag sehen konnte – häufig weniger. Doch man mußte das Gefühl bekommen, daß er ohne diese zwei Stunden täglich nicht existieren konnte; und sie wußte es und war stolz darauf – wie sie überhaupt stolz war auf ihren Mann und seine Laufbahn.

Andererseits vergötterte sie buchstäblich ihre Mutter, die in mancher Hinsicht noch kindlicher war als sie selbst, so daß die Rollen manchmal vertauscht schienen und ich mir sagte, daß Madame de Bülow wohl für Donna Laura oft mehr eine Mutter als eine Tochter war! Zwischenzeitlich war Donna Laura alt geworden und befand sich nicht immer bei bester Gesundheit – und Madame de Bülow war ihr Augapfel. So war die Gattin des Kanzlers also hin- und hergerissen zwischen zwei Menschen und Pflichten, und an dem Tag, an dem sie mir all dies gestand, wurden wir Freundinnen.

Donna Lauras Beziehung zu ihrem Schwiegersohn schien makellos zu sein, doch aus anderen Quellen erfuhr ich, daß sie einst nicht ohne Probleme gewesen war. Sie gehörte dem italienischen Zweig der Actons an (der zu Zeiten Nelsons begründet wurde), und ihr Herz schlug für England und die englische Kultur. Ich glaube nicht, daß die Deutschen irgendeine Saite in ihr zum Klingen bringen konnten. Selbstverständlich tat sie ihr Bestes, diese Tatsache für sich zu behalten, doch in einem so lebhaften und impulsiven Menschen mußte es gelegentlich zum Vorschein kommen. Ich hörte auch, daß diese Vertraute eines großen Staatsmannes, diese *Charmeuse*, die immer noch überall ihren Einfluß geltend machen konnte, manchmal nicht an sich halten konnte, sich in etwas einzumischen, das sie ganz bestimmt nichts anging, nämlich die deutsche Staatspolitik; und daß es aufgrund dieser Tatsache zu einigen Spannungen zwischen ihr und ihrem Schwiegersohn gekommen war, wobei er wohl auch gelegentlich ein offenes Wort mir ihr redete. Doch all das gehörte der Vergangenheit an, und jetzt waren sie gute Freunde.

Da ich Donna Laura all meine Gedanken anvertrauen konnte, verbarg ich nicht vor ihr, daß ich bis dahin von Graf Bülow noch nicht sonderlich angetan war; und sie amüsierte mich mit der Bemerkung: »Ma fille me dit, pourtant, qu'il est plutôt bon.« (Meine Tochter hat mir jedoch erzählt, er sei durchaus ein guter Mensch.) Sie behandelte die Ehe ihrer Tochter und überhaupt alle Probleme auf erfrischend unkonventionelle und rückhaltlose Art. So erzählte sie mir zum Beispiel, nachdem ihre glänzende, reibungslose Karriere als Prinzessin Camporeale zu Ende gegangen sei, habe sie das Gefühl gehabt, jetzt stünde ihr etwas Ernsthafteres gut an ... »also sah ich mich um und beschloß, Minghetti zu heiraten, der viele Jahre älter war als ich.«

Was die deutschen Manieren und Gebräuche anbetraf, so erinnere ich mich an einen kleinen Ausbruch von ihr eines Abends nach dem Dinner, als Graf Bülow uns bat, die Herren unter sich sein zu lassen, wenn sie vom Speisesaal zurückkämen, da sie noch bedeutende Dinge zu besprechen hätten. Donna Laura schüttelte verächtlich den Kopf: »Zu meiner Zeit«, bemerkte sie, »schob man die Frauen nicht in die Ecke ab, um dort über *chiffons* zu reden, während ernste Themen auf dem *tapis* waren! Im Gegenteil, ihre Meinung war gefragt, auf sie wurde gehört ... wie es auch heute noch in jedem zivilisierten Land üblich ist! ...« (Das Ende des Satzes äußerte sie halblaut, worüber ihre Tochter und ich ihr dankbar waren.) Madame de Bülow sah mich mit dem ausgesprochen amüsierten, liebevoll-nachsichtigen Lächeln an, das die Ausbrüche ihrer Mutter immer auf ihr Gesicht zauberte: »Ah!«, meinte sie, »vous connaissez bien Maman!« (Sie wissen ja, wie Mama ist.) Als wir uns gehorsam entfernten und die besten Tische und Stühle der ernsthaften Hälfte der Schöpfung überließen, bemerkte ich zu Donna Laura: »Sie werden es niemals aus den deutschen Köpfen herausbekommen, daß Frauen bestenfalls reines Spielzeug sind.« – »Dann lassen Sie uns bloß dankbar sein«, rief sie, »daß die Anweisung des Tages lautet, wir sollten den Männern aus dem Weg gehen ... *car leurs jeux sont bien lourds!*« (denn ihre Spiele sind mir zu ernst.)

Doch so viel Aufregung und Begeisterung auch das Privileg, auf so gutem Fuß mit dem Bülow-Clan zu stehen, bedeutete – mein Rettungsanker, meine Zuflucht war sowohl heute wie damals, zu Zeiten der turbulenten Auseinandersetzungen mit den Oberen der Oper – die Britische Botschaft.

Sir Frank Lascelles ist leider schon tot; nicht dagegen, wie ich glücklicherweise hinzufügen kann, seine Tochter Florence, die danach Mr. (später Sir Cecil) Spring Rice heiratete, unseren Botschafter in Washington während des Krieges. Doch die Tatsache, daß sie lebt, muß mich nicht daran hindern zu sagen, daß diese beiden, denen ich, mit Madame de Bülow, meine meisten Eindrücke des Berliner Lebens verdanke, unendlich wichtig für mich waren. Der Vorwurf, der gegen viele Botschaften erhoben wird, daß nur die Großen der Welt dort Zugang finden, trifft auf diese Botschaft nicht zu. Nicht nur, daß auch die obskursten Landsleute von den Lascelles unterhalten wurden, es wurden auch immer wieder ungeheure Anstrengungen unternommen herauszufinden, wen sie gerne kennenlernen würden. Da Florence noch ein kleines Mädchen war, übernahm Franks Schwester, Lady Edward Cavendish, eine der amüsantesten Frauen, die Honneurs. Sir Frank war bekannt dafür, daß er in hoher Gunst des Kaisers stand, den er, wie ich glaube, sehr gut verstand und in mancher Hinsicht bewunderte und respektierte. Donna Laura teilte mir mit, daß auch der Kanzler eine hohe Meinung von unserem Botschafter hatte, worauf ich unter anderem sagte, er sei absolut der *Desinteressierteste* aller Männer. Ihre Erwiderung wirft einen vergnüglichen Lichtblick auf italienische Vorstellungen: »Oh, was das anbetrifft«, rief sie aus, »kann ich dasselbe für meinen Schwiegersohn sagen. *Geld interessiert ihn nicht!*« ... Weitere Erklärungen waren sinnlos.

Während all dieser Wochen des Wartens hatte ich einen großen Trost: Golf. Sir Frank, ein leidenschaftlicher Golfspieler, hatte sich vom Kaiser einen Teil eines der Königlichen Parkanlagen erbeten und auch erhalten: in den öden Sanddünen, von denen Berlin umgeben ist, etwa eine halbe Stunde Fahrt von der Botschaft entfernt. Es war ein amüsanter Kurs, wenn er auch, wie man sich vorstellen kann, einiger Feinarbeit bedurfte, selbst wenn man sich auf dem sogenannten »Rasen« befand. Alle Botschafts-Attachés waren Golfer, was Sir Frank für reines Glück hielt, denn sonst hätte ich sie alle nach Südafrika geschickt – so unerträglich erschien mir die Vorstellung, daß sich irgend jemand nicht freiwillig in den Krieg melden würde. Denn leider schienen wir dem Ende dieses Krieges noch nicht näher gekommen zu sein.

In jenen Zeiten waren englische Botschaften überall in Europa einem starken Druck ausgesetzt, insbesondere aber der Botschafter an jenem Hofe, von dem das Krüger-Telegramm ausgesendet worden war. Tag für Tag waren die deutschen Zeitungen voll mit angeblichen Greueltaten, die von englischen Truppen in Südafrika begangen worden seien, und ein gefälschtes Foto, das einen englischen Soldaten zeigt, der einen Burensäugling mit dem Bajonett aufspießt, machte die Runde. Mit diesem Vorfall verbinde ich einen jener Sätze, welcher die Stimmung im Vaterland so treffend wiedergibt und einen Menschen bis an sein Lebensende als Anekdote begleiten wird. »Glauben Sie wirklich«, fragte ich meine alte Freundin Johanna Röntgen, die an jenem Tag aus Leipzig zu Besuch gekommen war, »Sie, die Sie englische Freunde haben und englische Literatur kennen – daß unsere Soldaten kleine Kinder aufspießen?« Worauf sie erregt und voller Überzeugung erwiderte: »*Es steht ja in meinem Blatt!*« Und ich wußte zufällig, daß ihre Zeitung eine der übelsten, am meisten subventionierten Schundblätter in Deutschland war! Solche Geschichten wurden zudem gefördert durch eine Bemerkung, die ein Reichstagsmitglied in verantwortlicher Position machte, dahingehend, daß solche Greueltaten nur von undisziplinierten Söldnertruppen wie den unseren erwartet werden könnten. Worauf Mr. Chamberlain im House of Commons erwiderte, unsere Truppen seien genauso patriotisch und genauso diszipliniert wie die deutsche oder jede andere Armee. Dann legte sich die deutsche Regierung die Schlinge selbst um den Hals, denn Bülow verbat sich wütend und höchst offiziell, die deutsche Armee in einem Atemzug mit den Englischen Wilden zu nennen.

Unter den vielen Fehlern der deutschen Staatsführung war keiner größer als dieser. Bis dahin war die pro-Buren eingestellte Partei noch von gewissem Einfluß in England gewesen, und wie üblich gab es viele Zauderer im liberalen Lager. Doch diese Rede Bülows veränderte die Situation: Sir H. Campbell-Bannermanns* Bemerkungen über »barbarische Methoden« waren sein Sargnagel (denn sie wurden ihm nie verziehen), und Lord Rosebery kam unter Fanfarenklängen aus seinem Zelt, so daß das Gleichgewicht bei den Liberalen wiederhergestellt war. Dank Bülow genas unsere Regierung auch von allen privat geäußerten Zweifeln und Unsicherheiten; und die Kommentare im House of Lords fand ich treffend in einem Zeitungswitz zusammengefaßt: »Lord Rosebery hat's gestern abend dem Broderick gegeben, aber wie!«, bemerkt ein Busfahrer. »Was hat er gesagt, was *er* tun würde?«, fragt der Schaffner – »Naja, er meint, wenn er's nicht besser mit seinem Fuß tun könnte wie Brodrick es mit seinem Schädel, würd' er sich glatt ersäufen!« Was dazu führte, daß Mr. Lloyd George, der pro-Buren eingestellt war und dem Europa mehr als jedem anderen Menschen bis heute seine Rettung verdankt, einen pittoresken Rückzug aus dem Birminghamer Rathaus machte – als Polizist verkleidet.

All das fand im Herbst 1901 statt und zeigt, auf welch schwankendem Untergrund der britische Botschafter sich bewegen mußte. Und

---

* Während Campbell-Bannermann und Lloyd George zu den Warnern vor dem Burenkrieg zählten, vertrat Lord Rosebery eine eher forsche Linie.

auch meine Navigation in den trügerischen Gewässern des Berliner Opernhauses wurde stündlich schwieriger. Dennoch wurden die Besetzung und der ungefähre Tag der Premiere festgelegt, bevor ich Ende Oktober Berlin verließ. Ich erinnere mich noch an die Szene, als ich mich von Donna Laura verabschiedete. Sie fühlte sich nicht wohl und lag auf dem Sofa in ihrem Schlafzimmer; nichtsdestoweniger sprang sie auf und zog ihr Exzerptbuch aus dem Regal, um mir einige Zeilen von Browning, die sie gerade hineingeschrieben hatte, zu erläutern.

Ich fuhr über Kopenhagen nach Hause, um dort die Bekanntschaft der Benckendorffs zu machen, mit denen sich ein Freund von mir, Maurice Baring, damals an der britischen Gesandtschaft in Kopenhagen, gerade sehr angefreundet hatte. Jener Besuch hat nichts mit der hier erzählten Geschichte zu tun, doch man mag es der Autorin gestatten, sich hier einer schönen Stunde zu erinnern – einer Stunde, in der eine der von ihr am meisten geschätzten Beziehungen ihres späteren Lebens begann.

Nach einigen Tagen in Kopenhagen kehrte ich nach England zurück und verbrachte zwei anstrengende Monate damit, die Instrumentation von ›Der Wald‹ zu überarbeiten und die tausend Dinge zu erledigen, die man bei solchen Gelegenheiten beachten muß, wie der Entwurf des Bühnenbildes, der Handlung, die erforderliche Beleuchtung etc., was Zeit spart, wenn man rechtzeitig darüber nachdenkt. Außerdem widmete ich mich der Erziehung eines kleinen Bobtail namens Pan (Nachfolger des geliebten Marco, der inzwischen verstorben war). So war ich vollauf beschäftigt, bis der Tag heranrückte, an dem ich zögernd meine Sachen packte und mich wieder nach Deutschland aufmachte.

II

Ich kehrte am 29. Dezember nach Berlin zurück – nur um festzustellen, daß keine besondere Eile bestand, da ›Der Wald‹ nicht so schnell herauskommen konnte, wie Pierson gehofft hatte – das ganz normale Schicksal neuer Opern, außer in bewundernswert organisierten Opernhäusern wie in Dresden und München. Ich bemerkte, daß eine besondere Anspannung in der Luft lag; sie hing mit der bevorstehenden Eröffnung des Reichstages am 10. Januar zusammen. Bei dieser Gelegenheit nämlich würde der Kanzler eine Rede halten, welche die

Spannungen zwischen Deutschland und England entweder noch steigern oder etwas bessern würde. Sir Frank, der lange genug in seinem Metier war, um Informationen aus allen möglichen Quellen, und seien sie auch noch so bescheiden, zu sammeln, nahm mich bezüglich meiner Eindrücke über den Zustand der öffentlichen Meinung in England ins Kreuzverhör. Einen oder zwei Tage vor der Eröffnung des Reichstages sagte er zu mir, inoffiziell habe man ihm versichert, der Tenor der allseits mit Sorge erwarteten Rede sei versöhnlich und würde alle sicherlich zufriedenstellen.

Ich habe also gute Gründe anzunehmen, daß er ebenso erstaunt und entsetzt war wie Außenstehende, zu denen ich gehörte, als sich diese Ansprache als eine der schärfsten, ja drohendsten Äußerungen herausstellte, die dem Kanzler je über die weltmännischen Lippen gekommen waren, und die in der Äußerung gipfelten, wenn England versuche, Deutschland zu tyrannisieren, werde es »auf Eisen beißen«!

Ich habe noch nicht erwähnt, daß Madame de Bülow sich vollständig aus der Politik heraushielt, und alle Welt wußte, daß politische Konversation sie zu Tode langweilte. Diese Einstellung mag von etwas gefördert worden sein, das die Italiener »*astuzia*« nennen – eine Gewitztheit, die eine Wand zwischen ihr und möglichen Intriganten errichtete, die, trotz Bismarcks *dicta* über die Unterröcke in der Regierung, dennoch vielleicht hofften, über die Frau des Kanzlers auf ihn Einfluß zu nehmen. Doch ich denke, ihr Widerwille gegen die Politik entsprang einer ehrlichen Haltung, denn Madame de Bülow war in erster Linie Künstlerin; und für Menschen von künstlerischem Temperament gibt es nichts Abscheulicheres als eine derartige politische Atmosphäre. Sanft, friedliebend und auf faszinierende Weise langmütig, war sie die lebende Antithese zum Klima der Verkommenheit und Ruhelosigkeit, in dem der professionelle Politiker gedeiht – und hierin lag, da bin ich sicher, einer der Gründe, warum ihr Gatte sie so verehrte. Ich hatte damals durchaus eine ausgeprägte politische Meinung – wie denn auch Künstler politisch interessiert werden können, wenn sich ihr Land im Krieg befindet –, doch ich hatte mit Madame de Bülow noch nie ein Wort über Politik gewechselt.

Am Tag der Eröffnung des Reichstages hatte ich mich zufällig mit ihr zum gemeinsamen Musizieren um siebzehn Uhr dreißig verabredet, und man mag sich meine Überraschung vorstellen, als sie mich nach einigen halbherzigen musikalischen Versuchen plötzlich fragte, was ich von »Bernhards« Rede halte? Ich erwiderte, selbstverständlich werde England dadurch zu einem noch größeren Wutausbruch getrieben, und man könne sich nur vorstellen, genau dies sei die Absicht der deutschen Regierung gewesen. Sie hörte meinen Ausführungen ruhig und ohne den kleinsten Ausdruck des Erstaunens zu, dann sagte sie: »Würden Sie heute abend zum Abendessen kommen und alles, was Sie mir jetzt gesagt haben, meinem Mann gegenüber noch einmal wiederholen? Sie wissen, wie großherzig er ist ... daß alles, was man ihm sagt, gut aufgenommen wird ...«

Dies war absolut wahr; er hörte selbst Amateur-Politikern wie mir sehr wohl zu; kein Wunder also, daß sich meine früheren Gefühle schnell in Sympathie und Bewunderung gewandelt hatten! Sie fügte noch hinzu, niemand außer Delbrück und einem oder zwei anderen Menschen, deren Namen mir entfallen sind, würden beim Abendessen anwesend sein, so daß ich keinen großen Aufwand bezüglich der Garderobe zu machen brauchte.

Jenes Abendessen war eine der interessantesten Erfahrungen meines Lebens. Der Kanzler war ein amüsanter Unterhalter – fröhlich, klug, witzig, belesen – obwohl ich mir nicht vorstellen kann, wann er jemals zum Lesen gekommen sein soll, außer vielleicht in seinem Sommerhaus in Norderney. Und wie ich schon vorhin erwähnte, jedesmal, wenn er seine Frau ansah oder mit ihr sprach, öffnete sich mein Herz für ihn. Bald fragte er mich:

»Meine Frau hat mir gesagt, Sie glauben, daß meine Rede ganz England erzürnen wird. Nun, *warum sollte sie das?*«

Da ich noch nie zuvor Gelegenheit gehabt hatte, die Tiefen der deutschen Ignoranz gegenüber der öffentlichen Meinung in anderen Ländern auszuloten, schien es mir unvorstellbar, daß sich selbst ein Kind nicht vorher darüber im klaren gewesen wäre, welche Auswirkungen eine solche Rede haben würde; so hörte ich also voller Erstaunen seiner Erklärung zu, worin seiner Meinung nach die Rede gipfelte; warum er bei den Empfindungen der Deutschen nicht weniger habe sagen können; und warum eine besonnene, klar urteilende Nation wie die englische verstehen sollte, daß sie nichts Anstoß Erregendes enthalten habe. Ich sagte meine Meinung, wie schon zuvor im Zimmer von Madame de Bülow, und sah, daß die anderen Gäste, die gelegentlich etwas einwarfen, aufmerksam zuhörten.

Dann kam ein dramatischer Augenblick: ein Diener betrat den Raum und überbrachte das erste Telegramm aus London, in dem berichtet wurde, wie die Rede im englischen Parlament aufgenommen worden war! Bülow las es, meinte im Scherz: »Nun, Sie hatten recht!« und reichte es seinen Kollegen weiter.

Auch die besten schauspielerischen Fähigkeiten eines Politikers geraten irgendwann an ihre Grenzen. Im Laufe des Abendessens traf ein Telegramm nach dem anderen ein und wurde herumgereicht; und die Gesichter wurden immer länger, erstaunte Ausrufe und so etwas wie Bedauern entschlüpfte den Herren beim Lesen, so daß kein Zweifel bestand, daß die Auswirkungen dieser Rede von den deutschen Staatsmännern *nicht* vorausgesehen worden waren!

»Aber was wollt und erwartet Ihr Engländer denn?« sagte er plötzlich. »Wollt Ihr, daß wir Euren Krieg *gutheißen*? Daß wir zusehen und applaudieren, während Ihr ein kleines Land zermalmt?«

Man erinnert sich gewöhnlich seiner eigenen Antworten. Meine ging dahin, wenn es die Franzosen oder ein anderes romanisches Volk gewesen wären, das sich in diese hysterische und scheußliche Pressekampagne gestürzt hätte, würde man sagen, es sei ihre Art, öffentlich relevante Fragen übertrieben zu behandeln; doch von den Deutschen, einer Nation, die der unseren blutsverwandt ist, erwarteten wir zumindest eine gerechte Behandlung.

»Meine Meinung dazu«, sagte er mir halb im Vertrauen, »ist, daß *alle* Armeen Greuel begehen ... und daß sie sich darin kaum voneinander unterscheiden« (eine andere als die öffentlich geäußerte Theorie, daß die deutsche Armee sacrosanct sei und nicht mit undisziplinierten Söldnertrupps in einem Atemzug genannt werden dürfe!). Ich muß ihm als oberstem Vorgesetzten der Presse vorgeworfen haben, er hätte schließlich die Zeitungskampagne beenden können, denn ich erinnere mich gut an seine Bemerkung:

»Der deutsche Kanzler ist nicht *der Herrgott*! ... er kann nicht alles... *Ich* kann der Presse keinen Maulkorb umhängen!«

Damals wagte ich das zu bezweifeln; allerdings hoffe ich, daß ich das nicht auch noch öffentlich kundtat. Doch ich sollte mit der Zeit noch erkennen, daß dies die Wahrheit war, wenn auch nicht in dem Sinne, wie er es gemeint hatte.

Die Engländer haben meiner Ansicht nach nie so recht verstanden, wieviel mehr Schein- als wirkliche Macht der Kaiser, und also auch sein

Kanzler hatten. Die Preußischen Junker waren, abgesehen davon, daß sie die Interessen der Großbauern vertraten, wie die aristokratische Partei das mächtigste Bollwerk des Staates und eine weit größere Macht als der Hof; die Armee war ihr Instrument ... und der Kaiser eine Marionette der Armee.

Dies war schon vor den Tagen des deutschen Kaiserreiches so, wie jeder beurteilen kann, der Bismarcks Memoiren gelesen hat, in denen der alte Reichskanzler über das Gerangel zwischen ihm und dem König von Preußen nach Sadowa* berichtet. Als die Österreicher endlich gründlich besiegt waren, wünschte Bismarck ihnen die Demütigung zu ersparen, deutsche Truppen in Wien aufmarschieren zu sehen. Denn er hatte den Plan, wenn erst einmal die Zeit reif sei, Frankreich niederzuwerfen und die deutschen Staaten unter preußischer Führung zusammenzuschließen; dann sollte sich Österreich neutral verhalten. Doch sein alter Herr und Meister bestand darauf, mit dem Argument, der Armee diesen Triumph vorzuenthalten, würde seine Popularität schwächen – vielleicht sogar seinen Thron gefährden. Bismarck beschreibt, wie er weinend am Fenster stand, als er sein ganzes, langsam errichtetes Gefüge, das einmal die deutsche Einheit ergeben sollte, zusammenbrechen sah. Da trat der Kronprinz ein und fragte ihn, ob er wirklich denke, daß die Angelegenheit von solch außerordentlicher Bedeutung sei? In diesem Fall würde er einen weiteren Versuch unternehmen, den König zu überreden. Schließlich gelang es dem Prinzen, »der keinen Grund hatte, mein Freund zu sein«, wie der Memoiren-Schreiber anmerkt, den Tag für Bismarck zu reservieren, und bezahlte dafür mit zwei lautstarken Stunden der Auseinandersetzung mit seinem Vater. Es kostete den alten König Wochen, seinem Minister zu vergeben, die Armee jedoch vergab ihm nie; und der Stab des Hauptquartiers weigerte sich, ihn im preußisch-französischen Krieg mitreiten zu lassen!

Zu meiner Zeit in Berlin war Bülows Position besonders schwierig, hauptsächlich weil die allmächtigen Junker unzufrieden waren, deren Land-Interessen dem rapiden Wachstum der Industrie zum Opfer fielen. Gerade war es wieder zu gewalttätigen Unruhen in den polnischen Provinzen gekommen, in denen die Junker ihre Interessen als Groß-

---

* In der Schlacht bei Königgrätz (auch Sadowa genannt) am 3. 7. 1866 siegten die Preußen unter Wilhelm I. und Moltke über die Österreicher und Sachsen.

grundbesitzer verteidigten. Die Polnische Frage ist mir immer wie Deutschlands Pendant zu Englands Irischer Frage erschienen, mit dem Unterschied, daß die einheimische Bevölkerung kaninchenartig wuchs, während es den deutschen Kolonialherren nicht besonders gut ging. Es war jedoch unmöglich, die Junker so zu übergehen wie die Großgrundbesitzer in Irland übergangen worden sind, und ich wünschte nur, wir hätten einen Bülow für unsere irischen Probleme. Genau das sagte ich einmal einem sehr alten Herrn ... der, wie sich herausstellte, Prinz Radziwill war, der Führer der Nationalen Polnischen Partei im Reichstag! Solche Fehler können Amateurpolitiker im Ausland begehen, und nie habe ich Männer mehr lachen sehen als Bülow und Sir Frank über jenen Vorfall!

Da der Kanzler sich also in einer Zwickmühle zwischen Großgrundbesitzern und Industriellen befand, konnte er sich nur befreien und gleichzeitig allen Seiten gefallen, wenn er antienglisch auftrat. Abgesehen von den Erfordernissen der »Weltpolitik« spielte dies eine große Rolle bei seiner Provokation – ein Grund, warum er sich nicht leisten konnte, der Presse einen Maulkorb umzuhängen, sondern eher noch gezwungen war, sie anzustacheln. Ich glaube, er sah ein, daß jene Rede ein Fehler gewesen war; und nach Mr. Chamberlains Erwiderung darauf, die Englands Zorn in Worte faßte und das Kabinett dazu veranlaßte, sich um den Redner zu scharen, hörte die Verleumdung unserer Truppen auf. Chamberlain wurde zum schwarzen Schaf der deutschen Presse, und Bülow, der ihn bis dahin als eine zu vernachlässigende politische Größe gehalten hatte, begann ihn in Privatgesprächen als eine mächtige Figur zu betrachten.

Ich habe die Privatmeinung des Kanzlers darüber, wie sich alle Armeen im Krieg verhalten, bereits zitiert. Ein weiteres Beispiel für die Unterschiede, die ein Staatsmann zwischen privaten und öffentlichen Äußerungen macht, betrifft die anglo-japanische Allianz, die zur damaligen Zeit gerade beschlossen wurde. Man wird sich erinnern, wie die deutsch inspirierte Presse gegen »dieses abscheuliche Bündnis zwischen Gelb und Weiß« wetterte ... und kein Wunder, denn eines Tages gab der Kanzler beim Abendessen zu, dies sei ein brillanter Schachzug gewesen, dessen er unsere schwächliche Regierung nicht für fähig gehalten hätte! »Ja«, sagte er und nickte bedächtig, »in diesem Punkt muß ich Ihnen gratulieren!« – ein Kompliment, das er sich offenbar abringen mußte und das ihm gegen den Strich ging. »Niemand in Deutschland wird seine Bedeutung erkennen«, fügte er hinzu, »denn den Deutschen fehlt der politische Instinkt, und was Außenpolitik anbetrifft, versteht hier keine Menschenseele etwas davon.«

Mittlerweile war es kurz vor Weihnachten, und die Nadel meines Glücks-Barometers stieg und fiel entsprechend den Schwankungen des politischen Klimas. Eine der ersten Taten Sir Franks, als ich nach Berlin zurückkam, war, Pierson zum Mittagessen einzuladen – etwas, das nur wenige britische Botschafter getan hätten, denn Pierson war kein Inhaber offizieller Funktionen und hatte, wie ein bestimmter Unterstaatssekretär voller Verachtung bemerkte, »nicht ganz das Format für die Botschaft«. Doch Sir Frank war einer jener großartigen Gentlemen, die sich mit gekrönten Häuptern genauso verstehen wie mit untergeordneten Chargen. Ein wenig später teilte mir Pierson mit, die Produktion von ›Der Wald‹ sollte aus vielen Gründen bis Mitte März verschoben werden, doch als ich ihn fragte, ob er raten würde, die ganze Sache zu verschieben, bis ruhigere Zeiten einträten, antwortete er: »Ganz sicher nicht; sagen Sie nichts, und wenn der Augenblick gekommen ist, werden wir es durchziehen.« Also beschloß ich, mich in Geduld zu üben und so viel wie möglich vom Berliner Leben kennenzulernen.

Ich fand es absolut scheußlich und hätte nie vorher geglaubt, daß Menschen – selbst im militärgeprägten Deutschland – sich damit einverstanden erklären können, in einer solch erbärmlichen Untertänigkeit zu verharren. Den Kaiser erwähnte man nur in ehrfurchtsvollem Flüsterton, und ich bemerkte, daß jeder, der eine ungewöhnliche Meinung vortrug, etwa moderne Bilder oder moderne Musik liebte – beides verabscheute er – als »gefährlich« eingestuft und von den Menschen, die auf der Hut waren, gemieden wurde. Tatsächlich löschten die beiden Worte »Der Kaiser!« jeden anderen Gedanken im Gehirn der Berliner aus, und die Folge waren Untertanengeist, Terror, Arroganz und moralische Feigheit, die alle anderen Bereiche verdorren ließen. Eine wirkliche Unterhaltung war auf diese Weise gar nicht möglich, lediglich ein Austausch wohlgesetzter Unverdächtigkeiten, wie bei Menschen, die von Spionen umgeben sind. Fragte man seinen Nachbarn, ob er Salzkartoffeln mochte, wägte er seine Antwort dahingehend ab, ob ihm eine Gastgeberin in der Nachbarschaft in der letzten Zeit Bratkartoffeln serviert hatte. Ich sprach offen mit den Bülows darüber und erfuhr so, daß der Kaiser die Vorstellung mochte, daß ganz Berlin in Angst erzitterte, daß jedermann in Furcht vor seinem Vorgesetzten lebte, und alle Angst hatten vor ihm; ihm gegenüber war die Angst mit Bewunderung vermischt, nichtsdestoweniger aber eine tödliche Gefahr. Kurz, Berlin schien mit das zu sein, was es auch war, eher die Hauptstadt eines riesigen Sklavenstaates als Zentrum einer zivilisierten Gesellschaft.

Bezeichnend war, daß es in dieser gefesselten und geknebelten Welt wie an mittelalterlichen Höfen Narren gab, die einen kurzen Moment der Erleichterung boten; dort war es eine gewisse Baronin L., die als offizielles und privilegiertes *enfant terrible* alles sagen und tun durfte, was sie wollte, bis dahin, daß sie vor dem Kaiser bei großen Diners das *cornet-à-piston* spielen durfte – eine leider wirklich schmerzhafte Darbietung käuflicher Liberalität und Konzession. Doch der Anblick jener jungen Dame, so decolletiert, wie es damals nur möglich war, über und über mit Juwelen geschmückt, kompromißlos in ihr Instrument tutend, galt sicherlich in einer Umgebung als amüsant, deren glatte Oberfläche aus Vorsicht und Zurückhaltung sonst nie getrübt wurde. Die einzig wirklich große Dame außer Madame de Bülow, die ich das Glück hatte, in diesen erhabenen Kreisen kennenzulernen und die, obwohl sie den Kaiser in mancher Hinsicht echt verehrte, der offiziellen Attitüde ihm gegenüber kritisch begegnete, war Prinzessin Antoine Radziwill, Schwägerin des Prinzen Radziwill, den ich mit der oben zitierten taktvollen Bemerkung angesprochen hatte ... und sie war keine Deutsche, sondern Französin und geborene Kastilierin!

Es scheint mir unnötig zu sagen, daß dies alles Teil des Krebsgeschwüres war, das Deutschland auffressen sollte: der verrückt gewordene Militarismus – ein Thema, das bis zur Sättigungsgrenze ausdiskutiert worden ist. Doch ein eher belustigendes Ergebnis mag der Aufmerksamkeit entgangen sein, nämlich ihre Auswirkung auf den Erfolg der Botschafts-Parties. Als Reaktion auf eine Regiments-Einladung marschierten in der Regel etwa zehn oder zwölf Offiziere herein, in einer Haltung, als hätten sie Besenstiele verschluckt, knallten die Hacken zusammen, nannten den Gastgebern ihre Namen, knallten wieder die Hacken zusammen, marschierten in einer Prozession an der Runde der wichtigsten anwesenden Persönlichkeiten vorbei, salutierten bei jedem einzelnen, dann drehten sie ab und stellten sich eine Zeitlang in einer Reihe auf, mit dem Rücken zur Wand. Und wenn diese Zeit vorüber war, verabschiedeten sie sich auf exakt die gleiche Weise. Es sich wie die anderen angenehm machen – das war doch nichts für sie! Sie hatten die

Gesellschaft mit ihrer Anwesenheit beehrt, das war genug. Eines Tages bemerkte ein amerikanisches Mädchen enttäuscht: »Ich habe wirklich gedacht, sie kämen oder gingen im Gänsemarsch!«

Das Schlimmste war jedoch die hundertprozentige, gnadenlose Verfolgung der Interessen von Nummer Eins um jeden Preis, von der die Brust jener preußischen Offiziere erbebte. Ein großer alter Krieger von 1870, General von Loë, ein guter Freund der Gräfin Bülow und ihrer Mutter, versicherte mir, das sei in seiner Jugend nicht so gewesen, da habe Kameradschaft noch wirklich Brüderlichkeit bedeutet. »Jetzt würde«, sagte er, »soweit ich das beurteilen kann, einer der jungen Kerle den anderen nicht einmal auf einen Fallstrick hinweisen!« Es gab dort einen bestimmten Oberst, ein Sachse, den ich vor Jahren in Leipzig kennengelernt hatte und mit dem ich mich sehr gut verstand, und eines Tages fragte ich ihn, ob das wahr sei? Er lachte. »Es gibt nur wenige meiner jungen Kameraden«, sagte er, »die nicht über die Leiche ihres eigenen Bruders gehen würden, um befördert zu werden«, und mit humvorvoller Herablassung zu einem Leutnant gewandt, der uns gegenüber saß, fragte er ihn, ob es nicht stimme? Worauf der junge Mann Haltung annahm und die rituelle Formel »Zu Befehl, Herr Oberst« ausstieß – die einzige Anwort, die sich ein Subalterner einem übergeordneten Offizier gegenüber erlauben kann. Doch ein Lächeln geschmeichelter Eitelkeit und freudigen Einverständnisses huschte über sein korrektes, hölzernes Leutnants-Gesicht.

Auf eine andere Auswirkung des Kaiserkultes war ich vollkommen unvorbereitet, und ich gebe zu, sie schockierte mich nicht wenig. Offensichtlich war die Krankheit ansteckend, und manche unserer eigenen Landsleute hatten sich bereits infiziert. Eines Tages hörte ich in der Botschaft, wie eine bestimmte Blume der aristokratischen Gesellschaft zu ihrer Tochter sagte, nachdem sie einige melancholische Minuten lang geschwiegen hatten – und in einem Tonfall, der seltsam schmachtend und exstatisch klang – »Alice, winkte er uns im Tiergarten *dreimal* zu, oder waren es *vier Mal?!*« Alice jedoch, anscheinend von anderem Kaliber als ihre Mama, antwortete in extrem schroffem Tonfall: »Ich habe wirklich nicht gezählt.« Bei einer anderen Gelegenheit, nachdem ich selbst die unerhoffte Ehre und Freude gehabt hatte, dem Kaiser zu beggnen, bemerkte ich jemandem gegenüber, der hoch in der diplomatischen Laufbahn stand – und ein wirklicher Gentleman war: »Übrigens, der Kaiser hat von Ihnen gesprochen.« »*Was* hat er gesagt?«, fragte mein Gesprächspartner, mit einem Gesichtsausdruck ... aber man muß in Berlin gelebt haben, um zu wissen, welcher Ausdruck der Verklärtheit über sein Gesicht huschte ... dahingeschmolzen, hoffnungsvoll, freudig erregt, ängstlich! »Er sagte«, fuhr ich fort, »›Jack ist ein wirklich guter Sportler!‹« »Er hat mich JACK genannt!!« Mein Freund rang nach Atem ... und vor lauter Glückseligkeit erstarb ihm die Stimme.

Ich bekam nie die Gelegenheit, einen Einblick in die Hofgesellschaft zu gewinnen, und bei der Aufgabe, die ich zu bewältigen hatte, suchte ich ihn auch nicht; doch eine der wenigen Engländerinnen in Berlin, die Jahr für Jahr zu den Geburtstagsparties der jungen Leute im Königshaus eingeladen wurde – die eigentlich so ungezwungen wie möglich ablaufen sollten – diese Engländerin erzählte mir, daß dort alles mit militärischer Präzision durchgeführt wurde. Bis zu einer genau bestimmten Stunde herrschte die Etikette und gähnende Langeweile vor; dann, sagen wir um achtzehn Uhr, war aufrührerisches Benehmen vorgeschrieben. Die jungen Prinzen begannen dann feierlich, Brotreste nach den jungen Damen zu werfen, die genau nach Plan damit erwiderten; bis, zehn Minuten später, pünktlich auf die Sekunde, die Kaiserin gänzlich unerwartet auftauchte und nachsichtig sagte: »Aber Kinder, nicht gar zu übermütig!« Daraufhin brach die Party ab wie ein trockener Zweig vom Baum, und drei Minuten später war die Bühne leer.

Meine Informantin, eine verschmitzte, amüsante junge Frau, pflegte zu sagen, es sei sehr schade, daß Prinz Eitel Fritz nicht der Thronerbe war. Doch als während des Krieges die Zeitungen so viel über des Kronprinzen angebliche Feigheit im Felde schrieben, ist es mir eine besondere Befriedigung gewesen zu sagen, daß er schon in jenen Tagen durch seine physische Manneskraft auffiel, die kein englischer Offizier, der mit ihm in späteren Jahren in Kontakt kam, auch nur einen Augenblick lang leugnen würde, gleichgültig, was er sonst noch von ihm dachte.

Ich sprach von den bewundernswerten Eigenschaften des Kaisers, wie sie von Prinzessin Antoine Radziwill gerühmt wurden – und sicherlich gab es keine Person, die weniger Vorurteile gegenüber seinem Hof hegte. Zu diesen Qualitäten gehörte eine dauernde Sorge um das Wohl seines Volkes, die man unmöglich leugnen kann, und eine Pflichtauffassung, die ihn rund um die Uhr rastlos arbeiten ließ. Ich glaube, sein Arbeitstag begann um fünf Uhr in der Frühe, und ich meine mich daran zu erinnern, daß der Kaiser Sir Frank einmal äußerst früh am Morgen mit einem Anruf weckte und Sir Frank gezwungen war, ihn in Pyjamas zu empfangen, denn der Monarch war, wie immer, in Eile. Niemand hat ihn je beschuldigt, seine Pflichten wegen irgendwelcher Vergnügungen zu vernachlässigen; im Gegenteil: er war von solcher Unermüdlichkeit, daß er wohl gar nicht dazu kam, sich um seine Freizeit zu kümmern. Er vernachlässigte, wie es viele Deutsche tun, die Notwendigkeit von Entspannung und zeitweiser Indifferenz gegenüber der Hauptbeschäftigung – was, wie mich ein langer Aufenthalt im Ausland überzeugt hat, eine der Vorzüge Englands darstellt. Sie hat ihre negative Seite ... doch das ist eine andere Geschichte.

Im großen und ganzen denke ich, daß er damals populär war, und obwohl seine Untertanen unter seinem Säbelrasseln stöhnten, bin ich davon überzeugt, daß es ihnen im Grunde gefiel. So fühlten sie sich angriffslustig und selbstsicher, und ganz bestimmt hat kein Herrscher das mehr genossen als er. Eine seiner Stärken, nach Prinzessin Radziwill, war, daß er *gern* Kaiser war ... während zur gleichen Zeit unser eigener König Edward gelegentlich privat der Überzeugung Ausdruck verlieh, er sei wohl der letzte seiner Linie. Und siehe da!, die Götter akzeptierten diesen Tribut an die Unwägbarkeiten des Schicksals und stärkten die Wurzeln der einen Dynastie, während sie die andere entwurzelten! Doch ich glaube nicht, daß dem Kaiser jemals verziehen wurde, daß er den großen Steuermann fallenließ; denn Bismarck galt immer noch als ein Gott – und das war auch kein Wunder. Graf Bülow erzählte mir, er betrachte ihn als unfehlbar, und ich habe zweifellos seiner Unterdrückung jener liberalen Prinzipien applaudiert, von denen Bismarck annahm, daß Kaiser Friedrich sie von seiner »englischen Frau« übernommen hatte. Ich frage mich, was Prinz Bülow, ich frage mich, was das deutsche Volk heute von dieser Unterdrückung hält?

Leider dominierte der Kaiser auf allen Gebieten und wünschte das auch ausdrücklich. Sein Kunstgeschmack war über alle Maßen reaktionär, und etwa zu dieser Zeit war es, als er dem Himmel öffentlich für die Sieges-Allee dankte – »ein Monument, frei vom modernen Kunst-Geist«. Ich habe in ›Impressions that Remained‹ (›Bleibende Eindrücke‹) berichtet, wie er beinahe die »Sezession« – das ist jener Teil des Nationalmuseums, der modernen Bildern und Statuen gewidmet war – abgeschafft hätte und wie er anordnete, daß diese »Abscheulichkeiten« in der obersten Etage ausgestellt wurden, in der Hoffnung, daß niemand die endlose Treppe hinaufsteigen würde; wie ein großartiger Zoloaga nur durch ungeahnte Anstrengungen vor der Verbannung bewahrt werden konnte; wie der führende deutsche Bildhauer Hildebrand in Berlin in Ungnade fiel, weil er bei einer Anhörung über die Errichtung eines öffentlichen Denkmals den bevorzugten Entwurf gnadenlos verrissen hatte – und der mehr oder weniger das Werk der einzigen Kunstautorität war, welche die Berliner Speichellecker anerkannten, nämlich vom Kaiser selbst!

Denn der Kaiser hatte tatsächlich künstlerische Ambitionen, und ich habe sein großes Bild ›Die Gelbe Gefahr‹ gesehen, von dem er Sir Frank eine Reproduktion schenkte. Die Bildidee besteht in einem monströsen gelben Drachen, der in einer Ecke aus blauen Wolken hervorkommend seine Klauen über die darunterliegende Landschaft ausstreckt. Und wenn ich nicht wage, es zu kritisieren, dann deshalb, weil ich noch Brahms' Bemerkung im Ohr habe: »Man kann gar nicht vorsichtig genug sein, wenn man seine Meinung über eine der Königlichen Kompositionen äußern will, denn man weiß nie, von wem sie sind.« Es gibt eine charmante und authentische Anekdote, als der Kaiser einmal zu Strauss sagte – bei dem sich nun wirklich alle einig sind, daß er ein großer Komponist und eine der nettesten Persönlichkeiten ist –, als Strauss erster Dirigent des Berliner Opernhauses wurde: »Es ist schade, daß Ihre Musik so scheußlich ist, denn Sie sind ein so lieber Kerl!«

Bevor ich aufhöre, über das Thema Untertanengeist zu sprechen, muß ich noch von einem beeindruckenden Erlebnis an der Oper berichten. Man mag sich daran erinnern, daß der deutsche Botschafter in Peking, ein abscheulicher und sehr unpopulärer Mann, während des Boxeraufstandes* ermordet worden war und eine chinesische Delegation unter Leitung eines der höchsten Prinzen der königlichen Familie nach Berlin entsandt wurde, um sich zu entschuldigen. Die Zeitungen überschlugen sich in ihrer Schilderung der Szene im Thronsaal, wie diese Barbaren auf allen vieren hineingekrochen seien, die Stufen des Thrones geküßt und verschiedene Rituale vollführt hätten, die auf den furchteinflößenden Anblick des Weißen Herrschers zurückgeführt

---

* ›Boxeraufstand‹: fremdenfeindliche Bewegung des Geheimbundes der Boxer in China. Die Boxer bedrohten in Peking die Gesandtschaften der fremden Mächte und veranlaßten diese 1900/01 zu gemeinsamem Eingreifen. Der Frieden von 1901 legte China drückende Sühnebestimmungen auf.

wurden. An jenem Abend sah ich die chinesische Delegation in einer Loge der Oper sitzen, ihr gegenüber saß Prinz ---, ein enger Verwandter des Kaisers, in seiner Suite. In der einen Loge rigide, unmenschliche, demütigende offizielle Etikette – wo alle Spuren des zivilisierten Umgangs, der Kultur, die den Menschen prägt, von der Sprache des Schwertes weggewischt waren – eine Reihe uniformierter Automaten und ihr Fetisch. In der anderen Loge eine Gruppe vornehmer Gentlemen mit ernsten Gesichtern, exquisit gekleidet, leise in einer leichten Unterhaltung unter sich sprechend oder sich mit der würdevollsten, höflichsten Geste verbeugend, wenn ihr Prinz, der neben dem chinesischen Botschafter saß, sich an sie wandte. Was immer die Rituale der Chinesen bei solchen Gelegenheiten gewesen sein mochten, wie sie diese Orientalen nach Berlin führten, man hatte das sichere Gefühl, daß es ihnen gelungen sein mußte, ihre Würde zu wahren.

Inmitten der freudlosen und von äußerem Tand bestimmten Situation, gab es eine Oase – die kleine Gruppe von zehn oder zwölf Vertrauten, die Madame de Bülow gelegentlich bei kleinen Abendgesellschaften um sich versammelte. Manchmal gab es da auch Musik. Ihre Freundin, Madame »Robbie« Mendelssohn (Tochter des italienischen Liederschreibers Gordigiani, den ich in meiner Jugend sehr verehrte) war eine hervorragende Musikerin; ebenso ihr Gatte, ein Berliner Bankier, Neffe meiner guten alten Freundin Lili Wach, die wiederum Felix Mendelssohns Tochter war. Jeder vornehme und distinguierte Mensch, ob Musiker, Autor oder Maler (der nicht-offiziellen Kaste) war bei diesen entzückenden informellen Zusammenkünften willkommen. Prinz Lichnowsky, der, als der Große Krieg ausbrach, deutscher Botschafter in London wurde, stand in enger Verbindung mit dem Kanzler, verehrte dessen Frau und war ihr »Hausfreund«, wie die Deutschen das nennen. Ich würde ihn einen »zahmen Kater« nennen, würde dieser Begriff nicht einen anderen Typ meinen, als es für diesen besten Mann von Welt zutraf, der kultiviert, amüsant und absolut unabhängigen Geistes war – und nie auf der Party fehlte.

Jemanden, den ich bei diesen Abendgesellschaften nie traf, dafür aber ein- oder zweimal bei meinen musikalischen achtzehn Uhr-Begegnungen mit Madame de Bülow, war Graf Philip Eulenburg, der große Freund des Kaisers, von dem man sagte, daß er von seinem Herrscher zum Botschafter in Wien gemacht wurde als Belohnung dafür, daß er mehr als sonst jemand über das deutsche Theater wußte; denn um 1898 herum beschuldigten viele den Kaiser, daß er, von militärischen Dingen zu Tode gelangweilt, sich nur noch ums Theater kümmerte! Graf Eulenburg war der perfekteste *Grandseigneur*, den ich je getroffen habe – ein großartig aussehender Mann von etwa 53 Jahren, wie aus einem Tizian-Gemälde, mit bezauberndem Lächeln und einem ansteckenden freundlichen Lachen. Komponisten konnten keine fachkundigere Person finden, um aus ihren Werken vorzuspielen, und da sowohl Donna Laura wie ihre Tochter den größten Respekt vor seinem Urteil hatten oder zu haben schienen, freute ich mich darüber, daß ›Der Wald‹ ihm sowohl musikalisch wie von der Handlung her gefiel. Meine Freude wurde allerdings sehr gedämpft, als ich erfuhr, daß er selbst komponierte – aber was für eine Musik! Ich konnte nicht anders, als Madame de Bülow Vorhaltungen darüber zu machen, daß eine Musikerin ihres Kalibers doch nicht solch eine Bewunderung für seine Kompositionen zum Ausdruck bringen konnte, die doch weit über das hinausgehen mußte, was sie ehrlicherweise empfand! Doch vielleicht war es verrückt oder gar barbarisch, an einem Ort wie Berlin irgendeine andere Einstellung dem Manne gegenüber zu erwarten, den der Kaiser über alle Maßen schätzte!

General und Exzellenz von Loë, von dem ich schon erzählt habe, war die Inkarnation all der anbetungswürdigen Großväter, all der tapferen alten Soldaten, all der geschliffenen, selbstbewußten alten Ritter der Welt. Ich habe niemals sein Diktum vergessen – obwohl ich mich vielleicht nachlässigerweise nie daran hielt –, das er eines Tages mir gegenüber äußerte, als Madame de Bülow mich drängte, diplomatischer mit den Opern-Autoritäten umzugehen: »Man muß das Gegenteil von einem Opportunisten sein, um sein Ziel zu erreichen, aber bei der Wahl der Mittel durchaus opportunistisch vorgehen«.

Manchmal traf ich Professor Harnack in jenem Haus, einen sehr interessanten, charmanten Mann mit dem Gesicht eines Adlers, umrahmt von einer Aureole grauer Locken, der, wie meine Gastgeberin bemerkte, eher ein Künstler war, sowohl physisch wie geistig, als ein Theologe. Es schmerzte mich, seinen Namen als Mitunterzeichner der Proklamation zu sehen, welche die führenden Köpfe Deutschlands zu Beginn des Krieges herausgaben ... und ich war froh, daß der Name Strauss auf jener Liste fehlte.

Doch die aufregendste aller Bekanntschaften, die ich dank Madame de Bülow kennenlernen durfte, wenn ich den Einen einmal auslasse, den ich weiter unten erwähnen will – war der große Griechenland-Kenner und Dichter Herr von Wilamowitz-Moellendorff. Etwa zu dieser Zeit hatte Professor Gilbert Murray Schülern wie mir, die keine altphilologische Ausbildung genossen hatten, Einblicke in die Gedankenwelt und Poesie der Griechen vermittelt, wie ich sie niemals zu erhalten gehofft hatte; und Wilamowitz' Übersetzungen, die mir Madame de Bülow zugänglich machte, waren ebenso ausgezeichnet. Einmal aß ich allein mit Wilamowitz zu Abend, und er zeigte mir ein unbekanntes Gedicht von Sappho, aus der Faynum-Serie, das er gerade entschlüsselt hatte. Beiläufig teilte er mir mit, Sappho sei seiner Meinung nach die bösartigste aller Frauen gewesen, im Grunde nicht mehr als eine Art Direktorin eines Mädchenpensionats, und die berühmten Leidenschaften nichts weiter als unschuldige »Schwärmereien« zwischen ihr und ihren Schülerinnen. Glücklicherweise steht es den Griechisch-Unkundigen offen, diese deprimierende Lesart der leidenschaftlichen Sappho abzulehnen.

III

Saint-Saëns, den man ohne Zögern zu den verwöhnten Günstlingen des Schicksals zählen würde, wäre die Vorstellung einer mühelosen Karriere nicht eine reine Fehlwahrnehmung – Saint-Saëns, der großartige Musiker und *homme d'esprit*, hat einmal gesagt:

»Quand on ne joue pas vos opéras c'est mal ... mais quand on les joue c'est encore pire!« (Wenn man Ihre Opern nicht spielt, ist das schlimm ..., wenn man sie allerdings spielt, ist es noch schlimmer!)

Das ist wirklich wahr, selbst unter den günstigsten Bedingungen, wenn Komponist und Dirigent sich gut verstehen und eng zusammenarbeiten. So viele Gefahren lauern unterwegs; so langsam kommen die Bühnenarbeiter voran, solche Dummköpfe sind die Bühnenelektriker; so viele Erkältungen warten auf die Sänger; so eitel sind diese guten Leute auch (obwohl ich manchen großen Dank schulde und allen Tribut dafür zolle, daß sie ein solch anstrengendes Unternehmen wagen) – mit einem Wort, so erschreckend und kompliziert sind die Details einer Opernaufführung, daß man ein übers andere Mal am liebsten seine Sachen packen und auf den entferntesten Erdteil flüchten möchte.

Doch ich glaube, niemals wurde eine Oper unter ungünstigeren Umständen produziert als dieses Werk einer Frau, die auch noch Engländerin ist, an demselben Ort, an dem der berühmte Ausspruch des Kaisers über den angemessenen Platz der Frauen geprägt wurde – ein Ort, der jetzt zum Hauptquartier einer internationalen antienglischen Propaganda geworden war!

Wie ich schon sagte, war die Pressekampagne im Ton etwas milder gestimmt, doch die Anglophobie – ihrer Katharsis beraubt – wucherte um so stärker. Antienglische Demonstrationen waren zur Alltäglichkeit geworden, und eines Tages raste der Mob, und die Fenster unserer Botschaft wurden eingeschlagen; der Kaiser selbst ließ am nächsten Tag mitteilen, er sei darüber erzürnt. Mit der Zeit ließen wir Engländer auch davon ab, in Schaufenster zu schauen, da unser Rücken bei solchen Gelegenheiten ein zu bequemes Ziel für die patriotischen, aber vorsichtigen Spucker bot! Zuguterletzt wurde noch mein einziger Fels in der Brandung, der einzige mächtige Freund, den ich in der Hofoper hatte, von der Flut des Mißgeschicks hinweggespült, die wie die riesige Welle, die Neptun auf das Ufer schleuderte, um Hippolyts Pferde aufzuhalten, jetzt drohte, auch mich zu verschlingen.

Pierson hatte möglicherweise etwas von einem Spitzbuben, aber auch etwas von einem Genie. Er war ein schwierig zu handhabender Mann – wankelmütig, aber verläßlich; irritierend, aber liebenswert; ehrgeizig, aber desinteressiert. Obwohl ich erriet, daß er »Geld nahm«, zweifelte ich nie daran, daß er mir durch die Sache hindurchhelfen würde, und zwar auf positive Weise, auch wenn er wußte, daß er von mir nichts zu erwarten hatte. Etwa Mitte Februar dachte ich endlich, der psychologisch günstige Augenblick sei gekommen, daß er zum *Abendessen* (nicht nur zum Mittagessen) in die Botschaft geladen wurde..., doch genau da begann er plötzlich so schrecklich krank auszusehen, daß ich das Schlimmste fürchtete. Und Lady Edward Cavendish, die ebenso wie der Botschaftssekretär, den ich schon zitiert habe, Pierson »nicht ganz das Format für die Botschaft« attestierte und nach einer Ausrede gesucht hatte, ihn nicht einladen zu müssen, meinte schließlich nur noch verzweifelt: »Aber nach dem, was Sie sagen, könnte er bei Tisch tot zusammenbrechen!«

Leider wurde diese Einladung nie abgeschickt. Es mag ein Todesurteil für den armen Pierson gewesen sein, daß er sich mit mir angefreundet hatte, denn später hörte ich, daß er gerade dabei war, die Probenzettel auszufüllen, und daß er die Uraufführung von ›Der Wald‹ für den 16. März geplant hatte, als ihm der Federhalter aus der Hand fiel! Bewußtlos wurde er nach Hause getragen und verschied zwei Tage später. Prompt schrieb ich an H. B.: »Du wirst nicht überrascht sein zu hören, daß ich Pierson getötet habe.«

Von dem Augenblick an war meine Position desolat. Zum einen hatte Graf Hochberg bis dahin noch niemals mit den Realitäten der Theaterleitung fertig werden oder irgend etwas anderes tun müssen, als die Oper und das Theater bei Hofe zu repräsentieren. Zum anderen hatte er überhaupt keine Ahnung von den Intrigen und den zahllosen Formen der Korruption, von denen das ganze Management in einem Ausmaß durchsetzt war, das ich selbst bis dahin erst zur Hälfte durchschaut hatte. Ich wußte, daß einige Sänger sich, so laut sie es wagten, darüber beschwert hatten, daß sie das Risiko eingehen mußten, sich unbeliebt zu machen, indem sie an der Produktion eines englischen Werkes mitwirkten. Pierson jedoch war ein kühner und kluger Mann gewesen, der seine Mannschaft in jeder Hinsicht in der Hand hatte und keinen Widerspruch duldete. Nach seinem Tod wurde mir nach und nach klar, daß das Ensemble zu nicht weniger entschlossen war, als die Produktion der Oper ›Der Wald‹ unmöglich zu machen.

Einen ersten warnenden Hinweis in diese Richtung erhielt ich von einem mir wohlgesonnenen Bariton, der mich davon in Kenntnis setzte, daß die junge Heldin – ein ideales Röschen, mit der ich seit mehr als drei Wochen ihre Rolle einstudierte – laut darüber nachdachte, ihre Rolle zurückzugeben. Es war eine junge Amerikanerin, noch kein Mitglied der Hofoper, sondern das, was sie einen »Gast« nennen – das heißt, sie hatte ein befristetes Engagement; und da sie bis dahin zur heißen Favoritin beim Publikum aufgestiegen war (was in einer Premiere eine große Leistung ist), wollte sie kein Risiko eingehen. Andererseits ging das Gerücht, daß der Kaiser über die Oper ›Der Wald‹ geredet hatte! Daher befand sich diese unerschrockene junge Dame, deren Ellbogen-Kräfte bei der Erreichung ihrer Ziele jeden preußischen Offizier hätten vor Neid erblassen lassen, in einer Zwickmühle. Da ich wußte, daß sie von einer reichen alten Dame (ich weiß nicht mehr, ob deutscher oder amerikanischer Herkunft), die eine »Schwärmerei« für sie hatte, mehr oder weniger ausgehalten wurde, hielt ich es für das Klügste, direkt zu ihrer Gönnerin zu gehen, ihr zu erklären, was für mich auf dem Spiel stand, und sie zu bitten, mir den Rücken zu stärken.

Niemals war ein derartiges Unternehmen von einem größeren Mißerfolg gekrönt! Meine Darlegungen wurden mit einem Schulterzucken beantwortet, meine Klagen mit einem leichten Abwinken einer beringten Hand beiseite gewischt: Nichts liege ihr mehr am Herzen, als die Interessen ihres lieben Kindes zu wahren, versicherte sie mir; daher habe sie ihr gerade an diesem Morgen geraten, nein befohlen, die Rolle zurückzuweisen!

Die Rolle von Röschens Liebhaber Heinrich hatte ein gewisser Herr Kraus übernommen, ein korpulenter, stimmgewaltiger Tenor des ›Siegfried‹-Typs, der mit seiner schönen Stimme durchaus auch zarte Regungen zum Ausdruck bringen konnte und überdies kein schlechter Schauspieler war; auch er war ein Publikumsliebling. Dieser Sänger, der sich aus dem einen oder anderen Grund nicht vor der Rolle drücken konnte, hatte sich wohl entschlossen, sein Bestes zu tun, die ganze Angelegenheit für mich so unangenehm wie möglich zu machen. Und sein Bestes war schon ziemlich gut, denn abgesehen von einer Eitelkeit, die ihn schon den sanftesten Vorschlag als Beleidigung auffassen ließ, war er einer der rüdesten Menschen, die ich je das Pech hatte kennenzulernen. Während der nervenzerrüttenden folgenden Wochen kann ich mich an zwei Kraus'sche Vorfälle erinnern. Der erste ereignete sich, als ich bei einem verzweifelten Versuch, ihm zu erklären, daß ein Verbesserungsvorschlag nicht beleidigend gemeint war, leicht die Hand auf den Arm legte; worauf er mit der Stimme und Attitüde eines Bühnenschauspielers aus einem Heiligenspiel ausrief: »Bitte mich nicht anzurühren!« Ein anderes Mal ereiferte er sich in einer kritischen Situation derart, daß er kreischte: »Das Frauenzimmer soll die Bühne verlassen!«

So oder ähnlich erging es mir mit dem gesamten Ensemble. Die Sänger warfen sich Graf Hochberg zu Füßen und bemühten sich geschickt einer nach dem anderen darum, an bestimmten Tagen frei zu bekommen, so daß eine koordinierte Probe unmöglich und die Uraufführung, wenn nicht gar ganz scheitern, so doch zumindest immer weiter aufgeschoben werden mußte. Als ich das herausfand, eilte ich zum Grafen Hochberg, zeigte ihm den wirklichen »Stundenplan« im Vergleich zu dem ihm vorgelegten und schlug selbst vor, was man da tun könne – denn er selbst reagierte hilflos wie ein Neugeborenes. Ein Hindernis nach dem anderen wurde so errichtet, von mir entdeckt und umgangen. Oft dachte ich, daß es ein Glück war, eine Frau zu sein. Denn erstens konnte ich als dummes, unwissendes »Frauenzimmer« so tun, als hielte ich all diese Ereignisse für reinen Zufall, während ein Mann einen nach dem anderen hätte hinauswerfen müssen; und zweitens bin ich sicher, daß nur eine Frau diese Anstrengung durchstehen kann – und noch viele andere Anstrengungen, die mit ähnlichen Unternehmungen zusammenhingen.

So ging der März ins Land, und endlich hatten die Ereignisse und ich Hochberg bewiesen, daß es tatsächlich ein Komplott gab – eine Aufweichung seiner Autorität, die, als er darüber nachdachte, ihm einen Schlag versetzte. Als das geschah, war der beste Teil der Spielsaison schon vorüber. Außerdem lag es außerhalb seiner Macht, etwas Wirksames gegen die Opposition zu unternehmen; denn ein Opernhaus funktioniert nur, wenn tausende von technischen Einzelheiten zusammenwirken, die er im einzelnen gar nicht kannte. Genau genommen waren sie auch nicht seine Angelegenheit, doch die meisten Hofintendanten können es gar nicht leiden, wenn zum Vorschein kommt, daß sie *nicht* die Fäden in der Hand halten. Daher war seine Position sowohl schwierig als auch demütigend, und ich haßte es, durch die Umstände gezwungen zu sein, sie zusätzlich zu erschweren, denn er war ein liebenswürdiger Gentleman.

An dieser Stelle mag sich die Frage stellen: »Wo war Muck zu dieser Zeit?« Die Antwort lautet: Ein Dirigent muß sich nicht unbedingt mit der Einstudierung der Oper beschäftigen, die er dirigieren wird. Schuch und Mottl taten es allerdings, und Muck war ein solch großer Mann, daß er sich üblicherweise sicherlich ähnlich verhielt; doch in diesem Fall schien die Devise zu lauten, die Komponistin so wenig wie möglich zu Gesicht zu bekommen. Um ihm gerecht zu werden: Er zählte mich zu den Komponisten, die in der Lage sind, das, was sie mit dem Stück ausdrücken wollen, in die Seele der darbietenden Künstler einzubrennen. Nun, ich habe ja schon berichtet, daß diese Begabung mir hier von wenig Nutzen war. Zusätzlich stelle ich mir vor, daß er die Aufführung der Oper ›Der Wald‹ überhaupt für unwahrscheinlich hielt, da er um die Opposition gegen mich wußte. Ich muß gestehen, daß ich auch nicht mehr an eine Aufführung glaubte, doch inzwischen war mein Kampfgeist erwacht ... und ich war fest entschlossen, alles dazu beizutragen, daß England am Ende siegte! Allerdings wußte er ebenso gut wie ich, daß seine letzte Trumpfkarte darin bestand, im allerletzten Augenblick dazuzukommen und die Dinge zusammenzufügen. Doch der allerletzte Augenblick lag in weiter Ferne ... und zwischenzeitlich bekam ich wenig oder gar keine Unterstützung von Muck.

Es gibt zwei mit der Aufführung von Opern beschäftigte Gruppen von Menschen, die ich immer geschätzt habe, mit denen ich gut ausgekommen bin und die, wie ich glaube – wenn ich das in aller Bescheidenheit sagen darf – ein gutes Wort für mich einlegen könnten: der Chor und das Orchester.

Wenn ich überhaupt einen Chor einsetze, dann schreibe ich ihm eine wichtige Rolle zu – eine Zuwendung, die ein Chor sehr zu schätzen weiß –, und nichts rührt mich mehr als die Bereitwilligkeit und der Eifer der Chorsänger bei den Proben. Es ist eine Freude zu sehen, mit welchem Engagement sie den Absichten des Komponisten nachspüren und sich bemühen, ihnen zu entsprechen! Selbst unter den erschwerten Bedingungen in Berlin war meine Arbeit mit dem Chor immer eine reine Freude.

Was die Orchestermitglieder angeht, so wissen diese Menschen, mit welchem »Stoff«, wie sie es nennen, sie es bei einem Komponisten zu tun haben – mit einem Musiker, der auf den Musiker in ihnen reagiert und mit dem eine wirkliche Verständigung möglich ist. Wie großartig das Berliner Orchester mir zur Seite stand, wird im folgenden noch berichtet. Inzwischen schien jedoch der Tag, an dem die Musiker und ich uns begegnen sollten, in immer weitere Ferne zu rücken.

Hätte mir ein Engel zum Zeitpunkt von Piersons Tod geweissagt, was die Zukunft für mich noch alles bereithielt, ich hätte schnurstracks meine Koffer gepackt und wäre nach England zurückgekehrt. Doch die Situation entwickelte sich langsam und allmählich, und es stand viel auf dem Spiel. Dresden und eine oder zwei frühere Erlebnisse im Zusammenhang mit meiner ersten Oper ›Fantasio‹ hatten mich gelehrt, wie schwer es für einen Ausländer und eine Frau war, überhaupt eine Anerkennung des eigenen Werkes zu erreichen; und ohne Aufführungen im Ausland vorweisen und sie als Eisbrecher voranschicken zu können, wußte ich, daß ich an die Pforten von Covent Garden klopfen konnte, bis meine Knöchel wund wären. Denn es steht für ein neues englisches Werk, das in England aufgeführt werden soll, einfach kein Geld zur Verfügung. Wieder war meine finanzielle Situation ein wichtiger Faktor, denn ich erhielt zwar großzügige Unterstützung von einer reichen Schwester, doch es war klar, daß ich nicht monatelang umsonst in einem Hotel leben konnte. Ich befand mich in derselben schwierigen

Lage wie ein Bergsteiger, der eine bestimmte Höhe erklommen hat und nun beschließen muß, entweder weiterzugehen oder den Aufstieg auf unbestimmte Zukunft zu verschieben ... vielleicht sogar auf ewige Zeiten.

Um der Wahrheit die Ehre zu geben: Es gab einen Zeitpunkt in diesem endlosen Tauziehen, als ich zu Graf Hochberg sagte, daß ich alles hinwerfen wollte. Allerdings war dies mehr ein strategischer Schritt als irgend etwas anderes; denn ich wußte: mich aufgeben zu lassen, hätte in den Augen seines gefürchteten Herrschers bedeutet: er selbst, Graf Hochberg, hatte aufgegeben. Selbstverständlich war ihm nicht entgangen, daß Madame de Bülow, die Frau, welche der Kaiser mehr schätzte als jedes andere »Frauenzimmer« im deutschen Reich, meine Freundin war – und ob die Schlacht um Berlin es nun wert war, geschlagen zu werden, oder nicht – sie würde niemals aus einem anderen Grund gewonnen werden denn diesem. Daher hatte mein Vorschlag eine unmittelbare Wirkung: Graf Hochberg machte nun seinen Untergebenen unmißverständlich klar: *Die Sache mußte durchgezogen werden.* Woraufhin sie sich – leider erst in letzter Minute! – dazu bequemten, ihre Aufgabe zu erfüllen ... man kann sich vorstellen, mit welcher Begeisterung.

Das einzige, was mich davor bewahrte, im Krankenhaus oder in der Irrenanstalt zu landen – oder in beiden –, war ... Golf. Meine Nachbarin in England, die Kaiserin Eugénie, pflegte immer zu sagen: Die Söhne und Töchter Englands schreiten um den Globus und treiben dabei immer einen Ball vor sich her, den sie treten oder schlagen; und nie zuvor war diese Leidenschaft, die ich mit meinen Landsleuten teilte, eine solche Gabe Gottes wie hier in Berlin. Was eine andere Art der Hilfe anbetrifft – die Unterstützung, Stärkung und Tröstung, die ich in der Botschaft fand –, so weiß niemand besser als Florence Lascelles und ich, was ich ihr und ihrem Vater verdanke. Es war ihnen unmöglich, direkt einzugreifen; selbst Madame de Bülow konnte nur indirekt helfen. Doch menschliche Freundlichkeit ist manchmal mehr wert als praktische Unterstützung ... und von ihnen bekam ich im Überfluß davon.

Eines abends, als ich vom Golfspielen zurückkehrte, fand ich eine als »dringend« gekennzeichnete Nachricht von Madame de Bülow vor, in der sie mich bat, früh am nächsten Morgen wegen wichtiger Dinge bei ihr vorbeizukommen; was ich auch tat. Zu meiner unaussprechlichen Freude und Überraschung erfuhr ich, daß der Kaiser wünschte, meine

Bekanntschaft zu machen, und daß ich an jenem Abend bei den Bülows zum Essen geladen war, um ihm vorgestellt zu werden!! Ich hatte schon von diesen informellen Diners im Kanzlerpalast gehört, die der Kaiser befahl und bei der nie eine Frau außer der Gastgeberin zugegen war – und bestimmte Männer, denen er in freundlicher, inoffizieller Weise zu begegnen wünschte. Und man erzählte sich, bei diesen Gelegenheiten sei er ausgesprochen aufgeräumt und in bester Stimmung.

Man mag sich vorstellen, wie aufgeregt ich war und wie ängstlich ich mich der Kleiderfrage widmete – eine Angelegenheit, die ich mit Madame de Bülow theoretisch diskutierte und bei der ich später praktische Hilfe von Florence Lascelles erhielt. Was an diesem denkwürdigen Abend geschah, habe ich damals in einem Brief an meine ältere Schwester, Alice Davidson, geschildert, den ich hier wörtlich wiedergeben möchte. Er wurde in einer stürmischen und äußerst anstrengenden Zeit geschrieben und rafft die Ereignisse zusammen. Es wäre sicherlich sinnvoll, die Schilderung in einzelne Bestandteile zu zerlegen und noch einmal nachzuerzählen. Doch ich möchte den Lesern das Gefühl geben, daß meine Erzählung auf Wahrheit beruht und nicht nur auf vagen Erinnerungen; daher halte ich es für sinnvoll, ein Zeitdokument vorzulegen und es im nachhinein, wo nötig, zu erläutern. Hier ist es also; und ich möchte nur eines als Vorwort voranschicken:

Als der Brief verfaßt wurde, ging ich immer noch davon aus, daß ›Der Wald‹ am 16. März uraufgeführt werden würde; daß der »straffe Zug«, der jetzt eingeführt worden war, dazu diente, den Termin einzuhalten; und ich hatte nicht die leiseste Ahnung, welche weiteren Auswirkungen Piersons Tod haben würde.

»Reichshof, Berlin.
11. März, 1902

... Ich bin immer wieder von Unsicherheiten und Kümmernissen aller Art in die genau entgegengesetzte Situation geraten; doch in letzter Zeit mußte ich stur in eine Richtung gehen und mit hundertfünfzig kleinen, aber lästigen Einzelheiten fertig werden, was mich davon abhielt, irgend jemandem freundliche Briefe zu schreiben. So ist es nun genau eine Woche her, daß ich meine ruhmreiche Begegnung mit dem Kaiser hatte.

Er kündigt sich manchmal zum Diner bei den Bülows an, *sans façon*, anwesend sind nur zehn oder zwölf Herren; Damen sind nicht zugegen. Man legt ihm eine Liste vor, manchmal äußert er selbst auch

Gäste-Wünsche. Bei einer dieser Gelegenheiten muß mich Madame de Bülow – Donna Lauras Tochter und meine Freundin – als eine Art männlichen Gast vorgeschlagen haben; mir ist nämlich nicht entgangen, daß sie, ohne irgend ein Aufhebens davon zu machen, heimlich und stetig alles getan hat, mir den Weg zu ebnen, falls ich einmal Hilfe von oben wünsche – was jedoch nicht der Fall ist.

Wie dem auch sei, ich traf an dem Abend ein und fand eine Unzahl von Männern vor; und der Kanzler (der mich fasziniert – seltsam, da er überhaupt nicht mein Typ ist) teilte mir mit, daß ich neben dem Kaiser sitzen solle, *nicht* neben Professor Harnack – letzterer ist Theologe und Dichter in einer Person, mit einem Kopf wie ein Raubvogel, und ich mag ihn sehr. Bald trat, ohne große Förmlichkeiten, der Kaiser ein. Er trug eine Art schwarzes Meßgewand mit Achselschnüren und erinnerte mich ausgesprochen an einen Schuljungen der Unterprima.

Er ist ein typischer Sproß der königlichen Familie, hat jedoch ein klarer geschnittenes, härteres Gesicht, eine dunklere Hautfarbe und einen wundervollen Blick, auch wenn seine Augen nicht so schön sind wie die seiner Mutter. Sein Gang ist würdevoll – genau das, was man erwartet –, und der Gesamteindruck ist der eines Mannes von äußerst rascher Intelligenz und, so merkwürdig das klingt, Freundlichkeit und guten Manieren. Ich weiß nicht, wie ich es anders bezeichnen soll, aber er ist der Gipfel an Natürlichkeit und Gelassenheit. Er sagte, er habe Großes von mir gehört – die typisch königliche Eröffnung, diesmal nur informeller geäußert. Als er sich dem nächsten Gast zuwandte, meinte Gräfin Bülow zu mir, ich sollte mich ihm gegenüber genauso verhalten wie zu jedem anderen Menschen – er könne damit umgehen; und so verhielt ich mich auch.

Das Abendessen verlief in angenehmer Atmosphäre, nur daß er solch unglaublich borniertes, dumme, *militärische* Dinge über die Kunst zu einem schrecklichen Menschen sagte, einem gewissen Hofmaler, Herrn Anton von W.*, daß ich mich umdrehte und mich mit meinem anderen Nachbarn unterhielt, weil ich das Gefühl hatte, wenn ich weiter zuhörte, würde ich etwas zu Schreckliches sagen müssen.

Nach dem Essen kam er direkt auf mich zu und sagte, er habe gerade einen Brief von Kaiserin Eugénie erhalten. Wir sprachen über sie, über

---

* Der Hofmaler Anton von Werner, der für seine national-konservative Haltung bekannt war.

ihren noblen Charakter (von dem er wußte, was mich überraschte), und er erzählte mir einiges über die Beziehungen zwischen Napoleon III. und ›Großpapa‹, was mir völlig neu war. Es betraf die Gründung des deutschen Reiches; irgendwann habe ›Großpapa‹ – dem der Mangel an Patriotismus seitens der deutschen Prinzen, die er vor den Plänen Kaiser Napoleons gewarnt habe, unverständlich gewesen sei, beschlossen, Deutschland selbst zu vereinigen; und vieles von dem, was man Bismarck zuschreibe, sei in Wirklichkeit Verdienst des alten Kaisers.

Er sagte, es sei für Deutschland eine wundervolle Sache gewesen, einen alten, gereiften Herrscher gehabt zu haben, der den Dingen Gestalt verlieh, und ich konnte dann voller Überzeugung sagen, ich hielte es für eine großartige Sache, daß die Deutschen jetzt einen jungen und fortschrittlichen (ich sagte *nicht*, unreifen!) Mann hätten, der sie voranbrächte. Woraufhin er mit absolut gewinnender Offenheit sagte: ›Nun ja, vielleicht!‹ (Dieser Teil der Unterhaltung wurde auf englisch geführt.) Er erzählte mir, niemand in Deutschland, mit der Ausnahme von Bülow, hätte auch nur die geringste Vorstellung von Außenpolitik (Sir Frank zog mich damit auf, als ich ihm sagte, daß ich genau dieselbe Bemerkung einen Tag zuvor zu Bülow selbst gemacht hatte ... *und es ist wahr!*) Dann fuhr er fort, sich über unsere Regierung zu beklagen, die er für die schlechteste aller derzeit herrschenden Regierungen hält (? das frage ich mich), und daß er sein Bestes versucht habe, gemeinsame Interessen mit uns aufzubauen, aber an jeder Ecke seien seine Pläne vereitelt worden.

›Ich bitte Lord Salisbury, mir dabei zu helfen, eine Ladestelle für Kohlen zu bekommen, und mein liebes Fräulein Smyth, er lacht mich aus!‹ (Hier wirbelte der Kaiser herum und schlug sich auf den Schenkel.) ›Nun, was mache ich? *Ich nehme Kiautschou ein!*‹*

Daraufhin erläuterte ich ihm meine Theorie über die langsamen Fortschritte eines solch großen Gebildes wie des Britischen Empires und sagte, eher könne man einen Gletscher dazu bewegen, sich zu beeilen; ich sei aber sicher, unseren Staatsmännern wäre das bewußt, sie seien aber gezwungen, der Masse nur soviel zuzumuten, wie diese verkraften kann – ähnlich wie es ein Chorleiter tun muß. (Gleichzeitig dachte ich mir: Gottseidank sind wir keine mitteleuropäische Garnison wie Preu-

---

* Das Gebiet von Kiautschou wurde 1897 von dem deutschen Admiral von Diederichs besetzt und diente als Flottenstützpunkt.

ßen, deren Bewohner sich auf Kommando in die eine oder andere Richtung drehen!) Und ich sagte, wenn der Kaiser von unfähigen Staatsmännern spreche, wolle ich doch einen Namen erwähnen, der in Deutschland verboten sei, Chamberlain! Er verblüffte mich durch seine Art, über Chamberlain zu sprechen, die offenbarte, daß ihm die *Größe* dieses Mannes sehr bewußt war, was eine Verbesserung ihrer vorherigen Einschätzung bedeutet (ich bin übrigens auch überrascht über Bülows verändertem Ton, was Chamberlain angeht). Doch er fuhr fort, all diese vielen Menschenleben würden ›dem Ehrgeiz eines Staatsmannes‹ geopfert!

Ich sagte nur, das sei eine sehr unfaire Art der Betrachtung (man kann dem Kaiser alles sagen) und ging zu einem kleinen Ausflug in die Geschichte über, wobei ich via Jason, Hawkins und Drake, Clive, Seely, Lord Rosebery (als Förderer der Idee einer kaiserlichen Föderation), Rhodes – und Chamberlain in die Gegenwart zurückkehrte!! Ich sagte auch meine Meinung dazu, ob der Krieg für die eine oder andere Nation gut sei oder schlecht, und sprach über die Auswirkungen, die es auf den Charakter hat, wenn man ruhig seine Aufgabe erfüllt, ohne Prestige und ohne Beifall – im Gegenteil, da der Gegner betet, man möge scheitern. Er ist ein glänzender Gesprächspartner für solche Themen; er blickte mich unverwandt an, dann sagte er: ›Es ist gut, was Sie sagen, und es könnte sein, daß Sie recht haben.‹ Worauf ich sagte: ›Ich *weiß*, daß ich recht habe!‹ – was ihn amüsiert haben muß, denn man sagt mir, daß er genau das auch immer sagt!

Nun, wir kamen dann auf die Neuorganisation der englischen Armee, für die er gerade einen Plan vollendet hatte. Wenn ich Dir sage, daß ich zu diesem Zeitpunkt bereits eineinviertel Stunde gestanden hatte und daß er noch eine weitere gute halbe Stunde lang seinen Plan vor mir entwickelte, wirst Du nicht überrascht sein zu hören, daß ich beinahe zu müde Beine hatte, um die Einzelheiten jenes Planes im Kopf zu behalten; und obwohl ich mir der Ehre bewußt war, seine Eloquenz für so lange Zeit mit Beschlag belegt zu haben, empfand ich den Wunsch, irgend etwas möge geschehen, um diesen Gesprächsfaden abzuschneiden. (Madame de Bülow und alle anderen setzten sich nach etwa einer halben Stunde wieder, doch der Kaiser blieb etwas abseits mit mir stehen.) Der Hauptpunkt ist, daß er wünscht, das Militär stünde in der zweiten Verteidigungslinie *und käme auch für den Einsatz im Ausland infrage.*

Zu den Dingen, die er sagte und die mich interessierten, gehörte, daß der Herzog von Connaught ein erstklassiger Soldat sei, daß der König sehr klug im Aufgreifen von Ideen sei und daß er, der Kaiser, ›einige Hoffnungen‹ habe, von ihm ›gelegentlich gehört‹ zu werden. An einer Stelle sagte er: ›Ich gehöre zu den Menschen, die davon überzeugt sind, daß man sich in der Politik genauso benehmen muß, wie man es im Privatleben tun würde‹ – dies mit sehr ernster Betonung. Ich kann ihm da nur teilweise zustimmen, insofern als ... aber, wie Lady Ponsonby sagen würde: ›Laßt uns bitte nicht auch noch *darauf kommen!*‹ Der Kaiser erklärte mir auch, die Zukunft der Welt liege in Kleinasien, weshalb ein großer Teil seines Privatvermögens dort investiert sei.

Nach dem Gespräch mit mir, das, wie ich mir habe sagen lassen, genau eine und eine dreiviertel Stunde dauerte, kehrte der Kaiser zu den anderen zurück und setzte sich glücklicherweise endlich hin. Die Unterhaltung, die hauptsächlich zwischen ihm, einem Architekten und Professor Harnack geführt wurde, handelte von der Restaurierung des Heidelberger Schlosses, und er sprach durchaus mit einem gewissen Sachverstand darüber. Zu diesem Zeitpunkt wiederum war ich in eine wirklich interessante Unterhaltung mit Graf Bülow vertieft, der mir erklärte, wenn er negativ von Chamberlain gesprochen habe, dann deshalb, weil er bei jedem freundlichen Wort Deutschland gegen sich aufgebracht hätte. Ich bin Bülows Charme so erlegen, daß ich die naheliegende Erwiderung tatsächlich für mich behielt, nämlich daß er wohl deswegen etwas höflicher in seinem Ton wurde, weil England den Deutschen die Zähne zeigte und sie beunruhigte!

Während ich diese Zeilen schreibe, kommt die Nachricht, daß Methuen eingenommen wurde, und Deutschland ist natürlich darüber voller Schadenfreude. Es muß sehr unangenehm sein, hier oder irgendwo anders englischer Botschafter zu sein, doch andererseits ist es ganz nett, weiterhin so zu tun, als sei nichts geschehen. Dank Dir, Du Liebe, für Deine Glückwünsche. Es war ein harter Weg, doch ich habe immer daran geglaubt, daß er zu einem guten Ende führt ...«

Bevor ich daran gehe, diesen Brief zu kommentieren, und es unternehme, den politischen Stil des Kaisers zu beschreiben, muß ich sagen, daß ich in Berlin immer schon zutiefst bewundert hatte, wie er es schaffte, daß ihn sein kranker Arm nicht behinderte. Da ich beim Abendessen neben ihm saß, konnte ich – auch wenn ich nicht hinschauen mochte – nicht umhin, sein Geschick im Umgang mit seinem Spezialbesteck zu bewundern, einer Art Kombination aus Gabel und Messer; allerdings erinnere ich mich nicht mehr daran, wie er es benutzte. Da die beste Art, den Anschein zu vermeiden, etwas zu tun, darin besteht, es nicht zu tun, blickte ich bewußt nicht in Richtung des Tellers.

Nun zum Brief; der Leser wird vielleicht schon bemerkt haben, wie gut Madame de Bülow daran tat, mir erst zu raten, mit dem Kaiser »absolut natürlich« umzugehen, nachdem sie sich vergewissert hatte, in welcher Stimmung er war und wie der erste Kontakt des Kaisers mit ihrem Schützling verlief!

Was die »militärische« Sprache anging, in der er mit dem Hofmaler sprach: Ich berichtete bereits, daß er sich als Kunstexperte betrachtete, und habe schon des öfteren über die Berliner Speichellecker gewettert. Nichtsdestoweniger war jene Unterhaltung, aus der ich mich sorgfältig heraushielt, indem ich mich mit meinem anderen Nachbarn, dem recht vergnügten Prinz Lichnowsky, unterhielt, dazu angetan, den Zuhörern die Augen zu öffnen! Ich erinnere mich noch an eine Bemerkung des Kaisers, die in etwa so lautete:

»Ein Mann ist in der Lage, einen Baum zu malen. Schön! Ein anderer kann einen Menschen darstellen. Noch schöner! Doch das wirkliche Problem ist, Mann und Baum auf einer Leinwand auf künstlerische Weise zu vereinen.«

Hierauf war der Hofmaler zu überwältigt vor Bewunderung, um den Redner direkt anzusprechen, und begnügte sich damit, begeistert vor sich hin zu murmeln: »Eine erstaunliche Äußerung! Die gesamte Funktion der Kunst in einem Satz zusammengefaßt!« Zweifellos aufgrund des abendlichen Hauptthemas, der Restauration des Heidelberger Schlosses, waren außer dem Architekten, von dem ich sprach, noch andere Menschen anwesend, die eine Vorliebe für Kunst hatten; sie alle schalteten sich mit verherrlichenden Kommentaren ein, und mir tat der wirklich intelligente Mann leid, den die Eigentümlichkeiten des vorgeschriebenen Systems derartig zum Narren machten.

Was den Teil der Unterhaltung anbetrifft, der sich auf die Pläne Napoleons III. bezog, so sagte mir der Kaiser, soweit ich mich erinnern kann, daß der französische Kaiser seinem »Großpapa« zu verstehen gegeben hatte, wenn er eine Ausdehnung der östlichen Grenze Frankreichs erlaubte, würde Frankreich der Vereinigung der deutschen Staaten in einer Föderation unter preußischer Führung nicht entgegenstehen. (Ich glaube nicht, daß das Wort Deutsches Reich erwähnt wurde.) Daraufhin informierte »Großpapa« die anderen deutschen Prinzen von den ruchlosen Plänen des französischen Kaisers, stellte jedoch fest, daß sie der Bedrohung gleichgültig gegenüberstanden – (möglicherweise weil sie befürchteten, eine vereinte Aktion gegen ihn würde darin enden, daß sie selbst sich Preußen unterordnen müßten! Doch auf diesen Punkt kam der Kaiser nicht zu sprechen!). »Großpapa« beschloß daraufhin, selbst direkt mit Frankreich zu verhandeln und Deutschland nach eigenen Vorstellungen zu vereinigen – all das bestätigt die Vorstellung, die in Frankreich und andernorts kursierte und die schon vor Bismarcks eigenen Enthüllungen bezüglich des Benedetti-Telegramms* etc. bestanden: daß die französischen Herrscher den französisch-preußischen Krieg aus Eigeninteressen anzettelten.

Als der Kaiser auf die Einnahme Kiautschous zu sprechen kam, benahm er sich herrlich dramatisch und stieß ein beinahe kindliches Jauchzen aus; seine Anspielungen auf den Burenkrieg waren jedoch moderat und insgesamt sowohl taktvoll wie auch durchaus sympathisierend. Ich erinnere mich noch daran, daß ich etwas sagte, was damals sicher richtig war, nämlich, daß unsere jungen Männer sich viel zu gern und beinahe ausschließlich mit Sport beschäftigten, und daß sie von dem Soldatendasein eher gelangweilt wären; daß sich das alles aber gegenwärtig dadurch verändere, weil der englische Patriotismus den Worten Taten folgen lassen würde, und daß ich hoffte, der Krieg würde erst zuende sein, wenn alle ihre Lektion wirklich gelernt hatten – dieser letzte Satz war etwas wagemutig, denn die Bemerkungen des Kaisers darüber, daß der Krieg ihm »leid« tue, hatte meinen Oppositionsgeist geweckt.

»Ah«, sagte er, »man sieht, daß Sie niemanden an der Front haben, der Ihnen besonders am Herzen liegt!« – und ich erwiderte: »Doch, meinen einzigen Bruder.«

Als er von den jungen Menschenleben sprach, die im Krieg geopfert wurden, lag ein trauriger, nachdenklicher Zug auf seinem Gesicht, den

---

* Gemeint ist die Emser Depesche, das Telegramm vom 13.7.1870, das den Bericht über die Unterredung König Wilhelms mit dem französ. Diplomaten Benedetti enthielt. Die Veröffentlichung durch Bismarck erregte die Franzosen und führte zur Kriegserklärung Frankreichs an Preußen.

ich nie vergessen habe; und wenn man mir erzählt, das sei reine Schauspielerei von ihm gewesen, kann ich dem nur entgegenhalten: Das glaube ich nicht. Wenn er gegen Kriegsende an die jungen deutschen Menschenleben dachte, die dem gesamtdeutschen Ideal geopfert wurden – ob er sich dann auch gestattete, daß sich ein ähnliches Gefühl auf seinem Gesicht widerspiegelte, oder ob es ihm gelang, sich nicht zu verraten, spielt keine Rolle: in seinem Herzen muß er eine derartige Empfindung gehegt haben.

IV

Ich habe wahrscheinlich schon deutlich machen können, daß meine schlimmsten Schwierigkeiten erst nach diesem ersten der beiden Gespräche mit dem Kaiser auf mich zukamen (das zweite fand einige Zeit, nachdem das Ziel erreicht war, statt); und man mag sich fragen, wieso sich die Opern-Autoritäten so schlecht benehmen konnten gegenüber einer Person, die doch offensichtlich in den obersten Kreisen hohe Gunst genoß, und warum ich die Hilfe von oben nicht erbat?

Die Anwort ist, daß alle deutschen Institutionen sich wasserdicht nach außen hin abschotteten. Und da allgemein angenommen wurde, die Hofoper sei so über alle Zweifel erhaben und liefe in ihrem Betrieb so reibungslos wie ein Postamt, hätte ein Appell an Caesar den Grafen Hochberg, den ich schätzte und der mir leid tat, in Ungnade fallen lassen. Außerdem hätte es seinem obersten Dienstherren die Augen über einige sehr unangenehme Dinge geöffnet; und für den Überbringer schlechter Nachrichten und all seine Freunde – in diesem Falle Menschen, denen ich zutiefst zu Dank verpflichtet war, wie den Bülows und den Lascelles – wirkt sich das oft ebenfalls nicht gerade angenehm aus. Weitere Gründe, die gegen ein solches Vorgehen sprachen, waren zum einen, daß ich es aus eigenen Kräften schaffen wollte, und zum anderen, daß die berüchtigte Berliner Presse – das wußte ich – auf jeden Fall ihre härtesten Geschütze gegen meine Oper auffahren würde – ich wollte aber auf keinen Fall, daß sie auch noch sagen konnten, ich hätte es nur durch den Einfluß des Hofes geschafft, das Werk zur Aufführung zu bringen.

Dennoch mußte der Augenblick kommen, als ich beinahe nach einer von H. B. sogenannten *arme de luxe* gegriffen hätte – das heißt, nach einer Waffe, die man nur in äußerstem Notfalle benutzt. Es war, als Piersons Stellvertreter den auf den ersten Blick unverdächtig erscheinenden Vorschlag machte, die ›Arrangier-Probe‹ um einige Tage zu verschieben; das ist die Klavierprobe des gesamten Ensembles auf der Bühne, die unmittelbar der ersten Gesamtprobe von Orchester und Ensemble vorausgeht. Wie ein Sonderzug den normalen Fahrplan durcheinanderbringen kann, so hätte diese Verschiebung einen Einschnitt in die organisatorischen Abläufe im Opernhaus bedeutet und, falls sie erlaubt worden wäre, dazu geführt, daß es keine Aufführung des ›Wald‹ in dieser Saison mehr gegeben hätte, das war mir klar.

Da endlich wandte ich mich an Sir Frank, den ich als Englands Repräsentanten eher um Hilfe angehen konnte als die Bülows. Es war keine Sekunde Zeit mehr zu verlieren; selbst bevor ich darüber mit Graf Hochberg sprach, mußte ich die Waffe in der Hand halten; und ich werde es immer als einen wunderbaren Freundschaftsbeweis betrachten, daß sich Sir Frank – wenngleich auch mit verständlicher Zurückhaltung – trotz der äußerst schwierigen Position, in der er sich befand, für meine Pläne hergab. Gemeinsam setzten wir einen Brief an den Kaiser auf, der, wenn die in aller Kürze dargestellte Situation seiner eigenen Feder entstammt hätte, sicherlich den allermächtigsten Mann im Staate davon überzeugt hätte, daß unser Botschafter sich auf allen Gebieten gut auskannte, einschließlich des Managements der Berliner Oper.

Ob Graf Hochberg nun am Ende die hintergründige Bedeutung jener geplanten Verschiebung verstand und ihr aus eigenem Antrieb nicht zustimmte, oder ob ich erwähnen mußte, daß ich noch einen schrecklichen Pfeil im Köcher hatte, ist mir entfallen. Jedenfalls wurde die Angelegenheit beigelegt, der Brief – zu Sir Franks großer Erleichterung – in kleine Stücke zerrissen, und am ursprünglich dafür vorgesehenen Tag schien die Sonne auf ein Bühnenpersonal und ein Orchester, die tatsächlich die erste Gesamtprobe von ›Der Wald‹ durchführten.

Diese Probe habe ich als ausgesprochen dramatisch und entsetzlich in Erinnerung. Muck muß mehr oder weniger gewußt haben, was ihn erwartete, doch selbst er war überrascht und erfreulicherweise auch entsetzt über den Stand der »Vorbereitung«, denn nur wenige Sänger waren notensicher und die Szenendarstellung chaotisch! Und schließlich war Muck moralisch für diese spezielle Oper verantwortlich! Graf Hochberg, der sich arg in die Enge getrieben fühlte und in einen für mich zwar befriedigenden, doch verspäteten Zustand rastlosen Eifers geriet, kletterte höchstpersönlich zwischen den Dachsparren des Bodens herum, um nachzusehen, ob ich recht hatte, daß die grünen Lampen, die er vor zwei Wochen reparieren lassen wollte, immer noch defekt waren; und plötzlich fiel sein Monokel herunter auf die Bühne und zerbrach; die Glassplitter fegte ehrerbietig eine Putzfrau auf.

An die folgenden Proben erinnere ich mich nicht mehr, außer daß ich in einer bestimmten kritischen Situation einen Sack in einen Kissenbezug steckte (den mir dieselbe Putzfrau geliehen hatte, mit der ich mich angefreundet hatte), und ihn – nachdem ich über Leitern und Scheinwerfer geklettert war, hoch oben befestigte, worauf ich Muck und Hochberg fragte, ob der Sack – angestrahlt von den inzwischen reparierten grünen Scheinwerfern – nicht exakt wie ein Waldgeist aussah, der auf einem Baum sitzt? ... Aber wir wollen den Schleier der Barmherzigkeit über solche Details breiten!

Als schließlich der Premierenabend nahte – ich glaube, es war der 21. April –, meinte Graf Hochberg, daß ich selbstverständlich, wie es Komponisten bei solcher Gelgenheit zu tun pflegten, in seiner Loge sitzen sollte, die einen schnellen Zugang zur Bühne ermöglichte, wenn der Komponist nach der Uraufführung auf die Bühne gerufen wurde. Ich bemerkte, daß es wahrscheinlich gar keine derartigen Rufe geben werde! Er lachte: »Wir produzieren hier viele Opern«, sagte er, »und manche davon waren alles andere als erfolgreich, aber ich kann mich an keinen einzigen Vorfall erinnern, daß ein Komponist nicht auf die Bühne gerufen worden wäre. Das gehört einfach dazu.«

Ich habe einige Erfahrungen mit dem Opernpublikum, und während der Aufführung, die besser lief als man hätte erwarten können, bemerkte ich zwar, daß einige Zuschauer pfiffen, als der Vorhang hoch ging, aber auch, daß das Publikum insgesamt interessiert und aufmerksam auf meine musikalischen Absichten reagierte. Die Deutschen sind so musikalisch, daß sie, selbst wenn sie es sich vornehmen, ihre Herzen und ihren Verstand nicht der Anziehungskraft der Musik verschließen können, solange sie ihnen in den Ohren klingt!

Doch in Fällen wie der Aufregung um den Burenkrieg hat das tiefverwurzelte Volksempfinden das letzte Wort. Und so brach, als der Schlußakkord verklungen war, an drei Stellen im Publikum ein lautes, gut organisiertes Buhen und Pfeifen aus (mein mir freundlich gesonnener Bariton erzählte mir hinterher, wer es organisiert hatte). Der Vorhang ging zweimal pro forma hoch, gegen den vehementen Protest aus

dem Publikum. Doch hätte sich die Komponistin selbst gezeigt, was das letzte war, was sie zu tun gedachte, wäre es sicherlich zum Eklat gekommen – möglicherweise wäre sie Zielscheibe fauler Eier geworden!
Fünf Minuten später betrat ich das Dirigentenzimmer. Der arme Graf Hochberg war in einer Stimmung, die man von einem Hofintendanten und Gentleman erwartet. Doch Muck war in seltsamer Stimmung. Ich hatte immer seine unterkühlte Aggressivität gemocht, auch wenn ich selbst ihr Opfer war; und jetzt saß er am Tisch, weiß vor Wut, das Kinn in die Hand gestützt: »Ich irre mich nie«, sagte er, »ich weiß es, ich spüre es in meinem Rücken, wenn das Publikum interessiert ist ... und ich schwöre, diese Oper interessierte sie vom ersten Takt an.«
Keine Beileidsbekundungen für die Komponistin, doch etwas, das ich millionenfach mehr schätze, die wütende Sensibilität eines großen Musikers! Und ich fragte mich – ich frage mich immer noch –, ob er sich selbst eingestand, daß die Angelegenheit ohne seine politischen Vorurteile ganz anders hätte ausgehen können. Entsprechend schrieb ich nach Hause: »Wenn Mottl, der kein Fanatiker ist, Dirigent in Berlin gewesen wäre, hätte das alles nie geschehen können.«
Als ich an jenem Abend das Opernhaus verließ, traf ich einen Freund aus alten Tagen, den jungen Leipziger Musikverleger Max Brockhaus. Er war über die Szene, deren Zeuge er gerade geworden war, empört, ja außer sich, sowohl als Musiker wie als Freund; vor allem aber war er beunruhigt, wie es die Verleger von Opernwerken immer sind, was denn wohl am nächsten Tag in den Morgenzeitungen stünde. »O diese häßlichen Berliner Kritiker«, rief er, »ich habe gerade eine Gruppe von ihnen lachen und höhnen und sich gegenseitig zum Schlachtfest aufmuntern sehen! ... Meine arme Freundin, mache dich auf einiges gefaßt!«
Doch ich war inzwischen mehr als vorbereitet, und als die Presse am nächsten Tag ihr Bestes tat, das Werk in der Luft zu zerreißen, war das der Teil der Angelegenheit – die hoffentlich niemand für eine typische Erfahrung hält –, der mich noch am wenigsten kümmerte. Es stimmt schon, die angewandten Methoden waren häßlich, und ich glaube nicht, daß solche Wesen wie Herr Kraus noch in anderen Teilen der zivilisierten Welt existierten; ansonsten war mein armer, unschuldiger ›Wald‹ nur die Entschuldigung für eine Demonstration gegen den Burenkrieg – ein willkommener Anlaß für einen Gefühlsausbruch, den ich gut verstehen kann. Ich habe nichts zu gewinnen, wenn ich etwas

Positives über Deutschland sage; es müssen noch Jahre vergehen, bis dort ein englisches Werk aufgeführt werden kann. Doch ich verdanke diesem Land, das die Oper so sehr liebt, zu viel, um nicht einzugestehen, daß ich mir manchmal sagte, ich würde es lieber riskieren, dort eine Niederlage zu erleiden, als einen bestimmten Erfolg anderswo zu suchen – weil die Deutschen über solch eine profunde musikalische Kultur verfügen!

Am Morgen nach der Premiere fand die übliche »Strichprobe« statt. Nur an wenigen Opern gibt es nichts zu kürzen, und nur wenige Komponisten sind so blind, dieser Tatsache im grellen Licht der öffentlichen Aufführung nicht ins Gesicht zu sehen. Was diese Probe anbetraf, so hatte mich – leider! – auch die liebe Madame de Bülow enttäuscht, indem sie darauf bestand, daß Muck bei irgend einer Veranstaltung (ich glaube einem Bazar), die sie ausrichtete, die Musiker dirigieren sollte. Und obwohl ich ihr erklärte, daß dies ihn davon abhalten würde, die Strichprobe abzunehmen, mußte ich erkennen, daß sie sanft aber unnachgiebig auf Mucks Erscheinen beharrte. Und da ich, als Paria, niemand anderen bitten konnte, die Probe abzunehmen, mußte ich es selbst tun, obwohl ich noch nie in meinem Leben ein Orchester dirigiert hatte!

Mit klopfendem Herzen betrat ich den riesigen Probensaal, und kaum war ich eingetreten, gab es – o Wunder! – einen großen Applaus! Orchester begrüßen einen Dirigenten gewöhnlich, indem sie aufs Pult klopfen, doch es war eine solch deutlich spürbare Wärme in dieser speziellen Begrüßung, daß ich mich erkühnte zu sagen, als ich den Taktstock aufnahm:

»Nun, meine Herren, ich glaube nicht, daß *Sie* der Ansicht sind, daß meine Oper so schlecht ist, trotz der Presse!«

Daraufhin kam eine Würdigung, die mich für die ganze scheußliche Berliner Angelegenheit entschädigte. Der zweite Violinist, gewöhnlich ein recht grantiger alter Herr, grollte mit einer Betonung, in der beißende Verachtung lag: »Ach! DIE PRESSE!!«; worauf sich ganz hinten im Saal die Baßtuba erhob, ein korpulenter Musiker, wie die meisten Tubaspieler, und ergänzte: »Ihre Oper ist einfach großartig, und die Leute werden das mit der Zeit herausfinden, trotz der Presse!«

Ich möchte hinzufügen, daß sie alle mir in meiner Unwissenheit und Inkompetenz auf jede nur erdenkliche Weise behilflich waren, so daß wir die Strichprobe mehr oder weniger erfolgreich hinter uns brachten.

Der Rest des Abenteuers um den ›Wald‹ ist rasch erzählt. Alles, was mich jetzt noch interessierte, war, in der verbleibenden Saison noch so viele Aufführungen der Oper wie möglich zu gewährleisten, um es dem Syndikat des Covent Garden unmöglich zu machen, mir eine Produktion in London abzulehnen, trotz meiner schlechten Presse.

Dies war vor allem für mich eine Sache meiner musikalischen Ehre, denn was Komponisten am meisten interessiert, ist die Zukunft ihrer Werke; und wie ich schon an anderer Stelle ausgeführt habe, kann es in England für ein neues heimisches Werk keine Zukunft geben, solange die Oper ein rein finanzielles Unternehmen ist. Heutzutage *garantieren* manche Operngesellschaften die Produktion der einen oder anderen Oper, aus Patriotismus und aus Werbezwecken; doch da neue Werke nie sofort ihr Geld einspielen und da diese Gesellschaften es sich nicht leisten können, Geld zu verlieren, wird die neue Oper abgesetzt, sobald der Bonus verausgabt ist. Die Moral des Minotaurus! So viele Jungfrauen, wie es ihm gefällt ... aber keine feste Bindung.

Eine subventionierte Oper kann es sich leisten, auf der Warteliste zu stehen; nicht einmal eine schlechte Presse kann da viel ausrichten, vorausgesetzt, das Werk ist gut und der Dirigent kühn genug, es durchzusetzen. Denn in Deutschland wird ein Publikum mit der Zeit häufig seine eigene Meinung den Kritikern in den Mund legen.

Doch leider war die Saison inzwischen zu weit fortgeschritten, als daß ›Der Wald‹ von anderen deutschen Opernhäusern noch hätte in den Spielplan aufgenommen werden können, sobald die anglophobe Raserei sich verausgabt hatte; abgesehen davon erhob der Feind innerhalb der Mauern wieder sein dräuendes Haupt, gestärkt durch das Verdikt der Presse, und diesmal mit bewundernswerter Unverfrorenheit.

Hochberg setzte einen Tag für die nächste Aufführung fest, worauf einer nach dem anderen zu Piersons geltungssüchtigem Stellvertreter ging und auch an jenem Tag Urlaub erhielt; die Aufführung wurde verschoben, ein neuer Termin festgesetzt, und das gleiche Spiel wiederholte sich. Es war im Grunde nichts weiter als das übliche Abbröckeln der Arbeitsmoral am Ende einer Spielzeit, verstärkt in diesem Fall durch besondere Böswilligkeit und das merkliche Fehlen einer starken Hand, welche die Zügel anziehen kann. Unter anderen angenehmen Einzelheiten erinnere ich mich noch daran, daß es meinem Freund Kraus beliebte, bei der zweiten Aufführung in der Liebeszene ein solches Eiltempo vorzulegen, daß ich seinetwegen diese Szene neu arrangieren mußte; was mir jedoch eher Spaß gemacht hat – es ist (schrieb ich nach Hause), als wenn man ein hochherrschaftliches Abendkleid in ein Golfkostüm umschneidert, das große, schnelle Schritte erlaubt.

Dann kam die endgültige Niederlage; es stellte sich heraus, daß Muck schon vor längerer Zeit einen zweiwöchigen Urlaub im April ausgemacht hatte ... und Urlaub mitten in der Spielzeit bedeutet für einen Dirigenten, daß er anderswo einen bezahlten Arbeitsauftrag hat!

Tag für Tag, Woche für Woche schwanden so meine Chancen, und zu dieser Zeit war Graf Hochbergs Position rundum so verzweifelt geworden, daß ich zögerte, ihm noch größere Sorgen zu bereiten. Nichtsdestoweniger hatte eine dritte Aufführung stattgefunden, geleitet vom zweiten (oder dritten) Dirigenten, bei der das Publikum begann, sein Interesse kundzutun, und war erfolgreich über die Bühne gebracht worden. Ich war gerade damit beschäftigt, eine vierte und letzte Aufführung zu planen und wieder zu verwerfen, als ich das zweite Mal zur Audienz beim Kaiser gebeten wurde.

Am zweiten Mai sollte ich *en famille* um acht Uhr mit den Bülows speisen – außer mir sollten noch eine langweilige Verwandte von ihnen und fünf oder sechs Männer anwesend sein. Und da ich an jenem Nachmittag Golf spielen wollte und wir selten vor neunzehn Uhr fünfzehn zurückkamen, hielt ich es für angebracht, vorher zum Friseur zu gehen; die Arbeiten der Professionellen waren in der Regel solide und sahen trotz der Verwüstungen durch den Wind und der Schläge aus dem Bunker sicher besser aus als die hastig improvisierten Frisierversuche einer Amateurin. Das stellte sich als ein ausgesprochen glücklicher Einfall heraus; denn als ich um genau neunzehn Uhr fünfzehn mein Hotel betrat, erwartete mich ein offizielles Schreiben, das durch mehrere telefonische Nachrichten bestätigt wurde, nämlich daß das Diner bereits um neunzehn Uhr dreißig stattfinden und daß ich halbdecolletiert und in Schwarz kommen sollte – was bedeutete, daß zumindest einer der leiblichen Prinzen anwesend sein mußte. Doch wie es sich herausstellte, war es der Kaiser selbst, der am selben Abend Berlin um dreiundzwanzig Uhr fünfundvierzig verließ und die Zeit bis zur Abfahrt des Zuges bei den Bülows verbringen wollte!

Wäre nicht der Brief gewesen, aus dem ich vorhin zitierte, hätte ich vom ersten Gespräch wenig behalten; doch obwohl der Bericht nach Hause diesmal kurz gehalten war, erinnere ich mich noch recht gut an diese zweite Begegnung; vielleicht auch deshalb, weil ›Der Wald‹ meine Gedanken nicht mehr beherrschte.

»Er kam geradewegs auf mich zu«, schrieb ich, »mit den Worten: ›Miss Smyth, ich *freue* mich, Sie wiederzusehen!‹ und war insgesamt überaus herzlich. Wieder unterhielt er sich mit mir eine dreiviertel Stunde lang im Stehen, bis Bülow kam und sich dazu gesellte. Die Unterhaltung wurde nun auf deutsch weitergeführt, da Bülow kein Englisch spricht, und es ging ausschließlich um Politik, um Schiffsverträge und so weiter.

Bald – wahrscheinlich, um mich davon abzuhalten, dem Kaiser zu erzählen, was ich über Berlin denke, denn das Gespräch bewegte sich allmählich in diese Richtung – dirigierte uns Bülow höchst geschickt hin zu den Stühlen und zur anderen Gruppe; dann unterhielten er, der Kaiser, Renvers, Madame de Bülow, mein geliebter alter General von Loë und ich uns weiter ... aber hauptsächlich der Kaiser und ich. Er war absolut reizend, und ich brachte ihn zum Lachen (keine schwierige Aufgabe), bis sein Stuhl beinahe unter ihm zusammenbrach, und das ist vermutlich das Größte, was man tun kann! Ich erzähle Dir mehr, wenn wir uns treffen, was – o Freude! – schon in drei Tagen sein wird!«

In einem Nachsatz zu diesem Brief, adressiert an meine Schwester Mary Hunter (von der ein wundervolles Porträt, gemalt von Sargent, gerade in der Winterausstellung im Museum zu sehen war), fügte ich hinzu: »Ich machte mir das Vergnügen, kurz über Sargent mit dem Kaiser zu sprechen, der alle modernen Maler verabscheut, und sagte ihm, ein sehr schönes Porträt einer meiner Schwestern hinge in einer Ecke der Stadt, von der ich wüßte, ›daß Ihre Majestät darüber nicht so gut denken‹... die Sezession!! Und er gab tatsächlich zu, daß er *ein* hervorragendes Bild von Sargent gesehen habe! Ich denke, es muß der chilenische Minister gewesen sein.«

Als der Kanzler uns sicher unter die anderen Gäste manövrierte, hatte der Kaiser gerade gesagt:

»Ich will aus Berlin eine Stadt wie Paris oder London machen – einen Ort, zu dem es jeden kultivierten Europäer natürlicherweise hinzieht –, nicht nur die kleine Bürgerhauptstadt, die sie bleiben würde, wenn es nach den meisten ihrer Einwohner ginge!« (In der Tat hatte er gerade für die Theater eine neue Kleiderordnung verfügt, nach der die Damen »ausgeschnitten« gehen sollten, das heißt, ihren Hals entblößen; und am Abend nach diesem Edikt – das der Aufmerksamkeit einiger Theaterbesucher entgangen war – spielten sich entzückende Szenen in den Damengarderoben ab: Herren in Goldtressen und spitzen Hüten zauberten irgendwo Nadeln hervor und entschieden, ob ein V-Ausschnitt den neuen Erfordernissen nun genügte oder nicht.)

»Können Sie mir sagen, warum nicht mehr *Engländer* den Winter hier verbringen?«, fuhr der Kaiser fort ... und Bülow sah zweifellos den Augenblick näherrücken, an dem ich seinem Herrscher erklären würde, was ich auch schon oft zu ihm gesagt hatte: daß nichts einen Engländer dazu bringen kann, Monate in einer Baracke unter militärischer Disziplin zuzubringen!

Ein anderer gefährlicher Augenblick lag gerade hinter uns: Unmittelbar, nachdem er mir die Hand geschüttelt hatte – und wahrscheinlich in sicherer Erwartung dessen, was ich antworten würde – hatte der Kaiser gesagt, er hoffe, für mich sei »an meinem Opernhaus« alles gut verlaufen. Nach einem Augenblick des Zögerns, der Madame de Bülow vor Angst etwas bleich werden ließ, sagte ich, daß Piersons Tod ein unglücklicher Umstand gewesen sei, erklärte ein wenig und endete mit der Bemerkung, wenn der Kutscher auf dem Bock stürbe, würden die Tiere natürlich erst einmal einen Moment lang ziellos über den Platz laufen.

»Das sollte aber nicht so sein«, antwortete der Kaiser mit einem Gesichtsausdruck, der seinem Fotografier-Gesicht sehr ähnlich und ganz anders war als der charmant-freundliche, den er im Privatleben trug. »Wenn einer meiner Generäle bei einer Parade tot umfällt, wird sein Platz sofort von einem anderen eingenommen, und alles geht weiter wie zuvor!«

Worauf ich so höflich, wie es mir nur möglich war, erwiderte ... und während ich sprach, sah ich meine Gastgeberin endgültig erbleichen: »Leider ist es in der Welt der Oper nicht so!«

Wie groß muß ihre Erleichterung gewesen sein, als der Kaiser in lautes Gelächter ausbrach, sich zu ihr umwandte und ausrief: »Haben Sie gehört, was sie sagt? Daß meine Oper ein Schweinestall ist!«

So hatte ich mir also offenbar auch ohne *cornet-à-piston* offensichtlich die Narrenkappe der Baronin L. aufgesetzt.

Im Laufe meines Duos mit dem Kaiser, das sich zu einem Trio erweiterte, als Bülow zu uns stieß, vertiefte sich bei mir ein Eindruck, den ich schon früher gehabt hatte, nämlich daß der Kaiser – wäre da nicht seine unvorstellbare Eitelkeit, die permanent durch übersteigerte, eklatante

Schmeicheleien genährt wurde und in der sich keine Klasse des englischen Volkes ergehen würde – einer der bemerkenswertesten Männer wäre. Ich war zu wenig in politischer Geschichte versiert, um seine Hauptschwäche, die Instabilität, beurteilen zu können, doch seine natürlichen Charakterzüge beeindruckten mich immer wieder – sein Ernst, seine Phantasie, seine gedankliche Kühnheit, seine rasche Intelligenz, seine bilderreiche und doch treffende Sprache, gleichgültig, ob er sich der deutschen oder der englischen Sprache bediente. Und es war letztlich unmöglich, ihn nicht für einen *guten* Menschen zu halten.

Dann aber kam plötzlich immer der Augenblick, an dem man feststellen mußte, daß der Nebel der Eitelkeit ihm die Sicht auf die Wahrheit nahm. So sprach er zum Beispiel in den leuchtendsten Farben ausführlich über die Zukunft Südafrikas, über den Wettbewerb zwischen dem weißen und dem schwarzen Mann, und zollte Rhodes auf glänzende Weise Tribut, indem er mir beiläufig ihrer beider Gespräch zusammenfaßte – wobei er amüsanterweise die Geschichte ganz anders erzählte, als ich sie von Sir Frank gehört hatte, der an der Unterhaltung streckenweise teilgenommen hatte. Dann kam die Schlußbemerkung: »Wissen Sie, was Rhodes mir gesagt hat?« Seine Augen glänzten. »Er sagte: ›Ah, Sir, wenn Sie und ich uns vor zehn Jahren begegnet wären, wir hätten die Welt zwischen uns neu geschaffen!‹«

Rhodes mag natürlich etwas in der Art gesagt haben, als eine lustige Hyperbel, doch er kann das sicherlich nicht so gemeint haben, wie der Kaiser es verstand: Hätten sie sich früher getroffen, dann wäre Rhodes bereit gewesen, seine Dienste eher Deutschland als England zur Verfügung zu stellen – wie es der Renegat Houston Chamberlain getan hat!

Und wieder erzählte er mir die Geschichte, wie er, als die Stadt Ladysmith eingenommen wurde*, den Stab seines Hauptquartieres beauftragt hatte, einen Plan zu erstellen, was sie an unserer Stelle tun würden; wie er dann das Ergebnis »Großmama« (Königin Victoria) präsentiert und sich herausgestellt hatte, daß jedes Detail daran richtig war. Doch dann verdarb er die Pointe, indem er sagte, daß er selbst seinem alten Freund Lord Roberts geschrieben und ihm empfohlen hatte, Kimberley* anzugreifen.

---

* Ladysmith und Kimberley, Städte in der Provinz Natal (Südafrika); 1899–1900 von den Buren besetzt, später von britischen Truppen eingenommen.

»Und meine liebe Miss Smyth« (seine immergleiche Anrede, wenn er es mit Engländern zu tun hatte, offensichtlich eine Höflichkeitsfloskel), »das nächste, was ich erhielt, war ein Telegramm von Roberts, in dem er sagte, er habe vor, den von mir geratenen Kurs einzuschlagen!« Möglicherweise wollte er mit dieser Anekdote hauptsächlich zeigen, daß seine eigenen strategischen Überlegungen mit denen von Lord Roberts übereinstimmten – eine Beurteilung, die besser von jemand anderem vorgenommen werden sollte; doch so unglaublich es auch sein mag, mir scheint es, als ob der junge, unerfahrene Krieger wirklich davon überzeugt war, der alte Veteran Lord Roberts habe Kimberley aufgrund seines Ratschlages angegriffen.

Ich möchte noch ergänzen, daß die oben genannte nur eine seiner vielen Geschichten war, mit denen er beweisen wollte, daß er keine Gelegenheit ausgelassen habe, England seinen guten Willen zu demonstrieren; ungeachtet der Tatsache, daß seine Abneigung gegenüber unserer Regierung, auf die er noch zorniger sei als je zuvor – falls das überhaupt ginge –, unüberwindbar bleibe, sagte er.

In meinem hastig hingekritzelten Schreiben habe ich den Teil des Gespräches, der mich am meisten berührte, gar nicht erwähnt, doch ich sprach damals darüber mit Sir Frank und später noch mit vielen anderen. Ich meine die merkwürdige Unkenntnis der englischen Mentalität, die Bülow, und insgeheim auch der Kaiser, erkennen ließen. Ich kann mich nicht mehr daran erinnern, welches Thema gerade diskutiert wurde, jedenfalls legte der Kanzler seine Meinung zu irgendeinem politischen oder wirtschaftlichen Punkt dar. »Wir werden uns so und so verhalten«, sagte er, »und selbstverständlich wird Englands Haltung dazu die und die sein. *Ich* werde darauf auf die und die Weise erwidern, und es ist leicht vorauszusagen, was Ihr Kabinett daraufhin tun wird ...« Und so fuhr er fort, England bestimmte Geisteshaltungen zuzuschreiben, englische Argumentationslinien zu entwerfen, von denen ich dachte, daß schon die Lektüre von Mrs. Markhams ›History of England‹* oder eine andere Lektüre, die eine Ahnung der englischen Politikgeschichte erlaubt, ihm gezeigt hätte, daß sie nicht nur unwahrscheinlich, sondern schlicht unvorstellbar waren.

* »Mrs. Markhams ›History of England‹«: Das erste Buch der unter Pseudonym schreibenden Elizabeth Penrose hieß ›A History of England from the first Invasion by the Romans to the end of the Reign of George III‹ und erschien 1823. Es war jahrzehntelang ein Standardwerk in Schule und Familie.

Während ich ihm zuhörte, kann ich ohne Übertreibung sagen, daß ich kaum meinen Ohren traute. Da stand der Kaiser, der sicherlich England kannte, in seiner vertrauten Haltung – die linke Hand auf dem Griff seines Schwertes, die rechte in die Hüfte gestemmt – und hörte Bülow mit dem mäßig grimmigen Ausdruck höchster Zustimmung zu, wie er sein Phantasie-Horoskop entwarf! Und nickte gelegentlich knapp mit dem Kopf, klopfte sich auf den Schenkel und stieß hervor: »Exakt! ... Sehr richtig!«

Schließlich vergaß ich mich so weit, mich umzudrehen und zu sagen: »Aber der Kanzler weiß *überhaupt nichts* über England!« Und während ich sprach, senkte sich meine Hand energisch auf einen Tisch, der seit den letzten vierzig Minuten gelegentlich meine willkommene Stütze gewesen war – denn der Kaiser setzte sich nie, wenn es nicht unbedingt nötig war. Worauf er, offensichtlich glänzender Laune – genauso wie ich mit der Hand auf den Tisch schlagend – zum Kanzler sagte:

»Haben Sie gehört, was sie sagt, Bernhard? Daß Sie *überhaupt nichts* über England wissen!«, und fügte, zu mir gewandt, hinzu: »aber Sie wissen doch, der arme Kerl ist noch nie dagewesen!«

Nun war der Kanzler ein Mann großer Ideen – eine wirklich bemerkenswerte Persönlichkeit: stark, kühn, scharfsinnig, intelligent, von größter geistiger Beweglichkeit und nicht ohne Phantasie; in jeder Hinsicht ein geschliffener Mann von Welt, würde man sagen, für eine hohe Position wie geschaffen. Und doch hätte jeder durchschnittlich intelligente Mensch, der etwas von England verstand, bemerkt, daß der Staatsmann, der für Deutschlands Außenpolitik verantwortlich war, absolut nichts über die Engländer wußte! Doch wie Hermann Bahr, der österreichische Dramatiker, Journalist und Denker, in seinem Kriegstagebuch bemerkt, sind die Deutschen konstruktive Idealisten (was, wie ich glaube, das Geheimnis ihrer musikalischen Schöpferkraft ist) und nicht in der Lage, der Wirklichkeit ins Auge zu sehen. Und zu den Realitäten, die ihnen verborgen bleiben, gehört die Psyche anderer Nationen.

Nach der Abreise des Kaisers unterhielten Madame de Bülow und ich uns über den Charme des Kaisers, wie leicht es war, mit ihm auszukommen, und wie natürlich, fröhlich und *bon enfant* er war. Sie sagte noch: »Sie müssen zugeben, daß zumindest Bernhard ihm nicht um den Bart geht!«, und ich erwiderte, um der Wahrheit die Ehre zu geben, wenn er es täte, dann so behutsam und *gentlemanly*, daß es niemand wagen würde, es so häßlich zu umschreiben. Sie gab zu, als er nach »meinem Opernhaus« gefragt habe, sei ihr abwechselnd kalt und heiß geworden, und war zufrieden mit meinem Beitrag zur heiteren Stimmung des Abends. Am nächsten Morgen bemerkte Lady Edward Cavendish, die berühmt dafür war, daß sie gern ihre klugen Spitzen verteilte, zu mir mit ihrem unnachahmlich nachdenklichen Gesichtsausdruck und mit leicht seitwärts geneigtem Kopf:

»Ich höre, Sie waren ein großer Erfolg, und der Kaiser hat den ganzen Abend damit zugebracht, mit Ihnen zu lachen ... oder über Sie!«

Es gibt dieser Geschichte meines ereignisreichen Winters in Berlin wenig hinzuzufügen, außer der Tatsache, daß die vierte Aufführung von ›Der Wald‹, die am 9. Mai stattfand (Muck war immer noch in Urlaub), bei weitem die beste war, so seltsam es auch klingt; und diesmal zeigte das Publikum unverhüllt seine Zustimmung. Herzzerreißend, daran zu denken: es war nun zu spät! Graf Hochberg hatte zwar treulich eine fünfte Aufführung versprochen (um die Zahl zu vervollständigen, die laut Vertrag vorgesehen war), doch ... er hatte auch meinem Freund Kraus bis zum 7. Juni freigegeben! Ich hatte nach Hause geschrieben, »um eine solche Unternehmung durchzuziehen, braucht es eine eiserne Gesundheit und ungeheure Ausdauer«, doch weitere vier Wochen in Berlin herumzuhängen, war mehr, als ich ertragen konnte. Also packte ich am 10. Mai meine Sachen und brach nach England auf, wo bis heute die Zahl der Aufführungen von ›Der Wald‹ sich auf ... drei beläuft!

Seltsamerweise sah ich die liebe Madame de Bülow nie wieder, obwohl ich Donna Laura später noch ein- oder zweimal in Italien wiedertraf. Zu dieser Zeit war ihr Bülow schon sehr ans Herz gewachsen, der, als ich sie das letzte Mal sah, beim Kaiser in höchster Gunst stand, in den Grafenstand erhoben worden war und schließlich die schöne Villa di Malta in Rom gekauft hatte. Die Seemacht der Deutschen wuchs geschwind, und es wurde immer notwendiger, auf den italienischen Teil des Dreibundes* zu achten – eine delikate Aufgabe, für die niemand besser gerüstet war als Prinz Bülow. Und Donna Laura war zu sehr

---

* Dreibund = ein Verteidigungsbund zwischen Österreich-Ungarn, dem Deutschen Reich und Italien.

eine Frau von Welt, um sich nicht an die Situation anzupassen und ihre Sympathien – wie sie es ohne Zweifel tat – in Richtung Deutschland zurechtzustutzen.

Es war mir nicht beschieden, sie in den acht Jahren, die zwischen meinem letzten Rom-Besuch und dem Ausbruch des Krieges lagen, noch einmal zu sehen, doch es gibt einen Vorfall, den ich noch berichten muß, weil er mich sehr amüsiert hat.

In meinen Gesprächen mit der Kaiserin Eugénie hatte ich immer mitbekommen, daß sie und die großartige Prinzessin Camporeale sich nicht so gut miteinander verstanden. Donna Laura ließ immer abschätzige Bemerkungen fallen, wenn ich die Rede auf die Originalität und die besonderen geistigen Fähigkeiten der Kaiserin brachte; und als ich von Donna Laura schwärmte und sie fragte, ob sie nicht wunderschön gewesen sei in ihrer Jugend, wurde mir versichert, sie sei lediglich »auffallend« gewesen, und man gab mir allgemein zu verstehen, daß die Kaiserin in jenen Tagen nichts von meiner italienischen Göttin hielt. Im Jahr vor dem Krieg besuchte die Kaiserin jedoch, auf der Durchreise in Italien, Donna Laura in ihrer Villa außerhalb von Bologna ... und wenn jemals zwei alte Damen, die vor etwa einem halben Jahrhundert in einer Stimmung auseinandergegangen waren, die einer gegenseitigen Antipathie sehr ähnlich war, sich Hals über Kopf ineinander verliebten, dann bei dieser Gelegenheit!

Dann kam der Krieg, und als später Italien der Allianz beitrat, dachte ich oft mit einem schlechten Gewissen an Mutter und Tochter, die einander so sehr liebten und bewunderten. Als die Würfel dann gefallen waren, soll Donna Laura gesagt haben – und es sähe ihr sehr ähnlich: »Jetzt bin ich nicht Bülows Schwiegermutter, sondern Minghettis Witwe!« Ich glaube, sie trafen sich gelegentlich in der Schweiz – es gehörte schon mehr als ein europäischer Krieg dazu, Donna Laura daran zu hindern, ihre Tochter zu sehen, wenn ihr der Sinn danach stand! Doch als sie 1916 starb, ist Madame de Bülow anscheinend zu spät gekommen. Ich schrieb ihr – und der Ton meines Schreibens war umso herzlicher wegen der Kluft, die zwischen uns lag – von meiner tiefen Zuneigung zu ihrer Mutter, meiner Trauer über ihren Tod und von den Gefühlen, die ich für die Adressatin des Briefes hegte – und noch hege. Ich bezweifle sehr, ob der Brief sie je erreicht hat; jedenfalls blieb er unbeantwortet, und da Deutschland den Krieg verlor, habe ich nicht gewagt, ihr ein weiteres Mal zu schreiben.

Den Kaiser sah ich später nur noch einmal. Ich war in Rom, als er auf der Durchreise zwei Tage dort verbrachte. Aufgrund eines außerordentlich glücklichen Zufalls radelte ich gerade durch die Campagna, als ich eine Kutsche in halsbrecherischer Geschwindigkeit sich nähern sah, voran die berühmten kaiserlichen Reiter. Ich schob mein Rad auf eine Anhöhe neben der Straße, und als die Kutsche vorbeifuhr, machte ich einen perfekten Hofknicks, ohne daß das Fahrrad auf mir zusammenbrach – keine geringe Leistung. Der Kaiser winkte formell zurück, dann stutzte er, wirbelte auf seinem Sitz herum, erhob sich halb und winkte mir so freundlich zu, wie es schon vor wenigen Jahren die hochgeborene englische Dame in Berlin offensichtlich überwältigt hatte.

Und ich brauche wohl nicht hinzuzufügen, daß ich tief geschmeichelt und erfreut war, wie neunundneunzig von hundert Lesern dieser Seiten es sicherlich an meiner Stelle genauso gewesen wären!

Drishane, September 1920

Weibliche Töne im Paradies

Ethel Smyth schildert im folgenden ihre Erlebnisse in der britischen Suffragettenbewegung. Das verschrobene Bild, das die Suffragetten in der Öffentlichkeit besaßen, hielt sie lange Jahre davon ab, sich zur Wahlrechtsbewegung zu bekennen. Dies veränderte sich nach ihrem Eintritt. Ihre Schriften, die sich immer wieder um die weibliche Benachteiligung im Beruf drehen, verraten, in welchem Maße sie sich für die Belange der Frau sensibilisiert hatte und wie unmittelbar das Thema sie berührte und ansprach.

Emmeline Pankhurst führte seit 1905 die Women's Social and Political Union (WSPU) an. Der Bericht nimmt auf das Jahr 1910 Bezug, als die Suffragetten-Gruppen einen »Waffenstillstand« ausriefen, um abzuwarten, ob der »Conciliation Bill« (Versöhnungs-Gesetzentwurf) im Parlament verabschiedet würde. Diese Initiative aller Parteien wurde so genannt, weil er die Einwände der Konservativen, die das Wahlrecht auf wohlhabende Frauen beschränken wollten, mit den weitergehenden Entwürfen der Liberalen und der Labour-Abgeordneten zu versöhnen versuchte. Nach der zweiten Lesung blockierten die Konservativen allerdings eine Verabschiedung. Premierminister Asquith lehnte eine Revision des Entwurfs ab, woraufhin der militante Widerstand seitens der Suffragetten wieder ausbrach.

Die Suffragetten (1911–1912)

Wenn ich an mein letztes Jahr in der Frauenwahlrechtsbewegung denke, erscheint eine Szene nach der anderen vor meinem geistigen Auge, wie Bilder einer Laterna Magica. Die Reihenfolge dieser Ereignisse ist mir entfallen, sie spielt auch keine Rolle; sie zu rekonstruieren, soll zukünftigen Biographen vorbehalten bleiben.

Zu Beginn meiner Mitgliedschaft in der WSPU kann ich mich an ein Ereignis erinnern, das die Autorin in ihrem Stolz an dieser Stelle berichten muß, bevor das Tempo der weiteren Erzählung jeden direkten persönlichen Bezug undenkbar werden läßt. Es handelt sich um das Ereignis, als die Hymne ›The March of the Women‹ den Suffragetten offiziell vorgestellt wurde. Cecily Hamilton hatte dazu den Text verfaßt*, nachdem die Musik bereits geschrieben war – kein leichtes Unterfangen. Ein Suffragetten-Chor hatte die Hymne mit ernstem Eifer einstudiert, und ich erinnere mich, daß Edith Craig** sich bitter darüber beklagte, ein bestimmtes Es treffen zu müssen. Doch es wurde dagegengehalten, daß es sich bei dem betreffenden Intervall um ein typisch englisches handelt (was vollkommen zutrifft), das infolgedessen bewältigt werden mußte. Wir hatten die Orgel zu unserer Verfügung und ich glaube auch ein Kornett, welche die Melodie erklingen ließen (ein Verfahren, das sich für solche Gelegenheiten sehr empfiehlt), und es gab eine wundervolle Prozession, in Robe mit Doktorhut den Mittelgang der Albert Hall hinauf, an der Seite von Mrs. Pankhurst, und mir wurde ein schöner *batôn* geschenkt, versehen mit einem goldenen Knauf, auf dem das Datum eingraviert war: 23. März 1911.

Ein anderes Laterna Magica-Bild: Die Flucht auf den Kontinent, weil Mrs. Pankhurst sich mit Christabel beraten wollte, die nach ihrer letzten Verhaftung nach Paris gereist war***. Christabel hatte die Unterlagen der WSPU und andere Dokumente sichergestellt, welche die Regierung zu finden hoffte, als sie kurz darauf das Büro durchsuchte. Von dem Zeitpunkt an wurde die Bewegung aus Christabels Wohnung in der Avenue de la Grande Armée aus geleitet, und Botinnen – die natürlich nicht gerade gesucht werden durften – reisten offen zwischen London und Paris hin und her. Es war Christabel, die jede Einzelheit der Strategie entwickelte und ausarbeitete, ihre Mutter wie alle übrigen führten sie dann willig aus. Selbstverständlich trug die alte Dame so manche hervorragende Idee dazu bei, und beide arbeiteten perfekt zusammen; sie waren, wie Mrs. Pankhurst häufig bemerkte, zwei Seiten

---

* »Cecily Hamilton«: die Texterin war nicht Ethel Smyths erste Wahl; sie hatte sich zuvor an Masefield, Chesterton und Galsworthy gewandt, allerdings erfolglos.

** »Edith Craig«: zusammen mit Violet Woodhouse, der Prinzessin de Polignac und Maurice Baring gehörte sie zu den musikalisch begabten Freund(inn)en Smyths (vgl. St. John, 151). »Ein bestimmtes Es«: die Modulation in die Moll-Dominante in Takt 14.

*** Im März 1912 ergingen Haftbefehle an die vier Anführer/innen: Emmeline und Christabel Pankhurst sowie das Ehepaar Pethick-Lawrence. Christabel floh rechtzeitig nach Paris, um von dort aus die Geschäfte der WSPU weiterzuführen. Die anderen drei wurden verhaftet und zwangsernährt; nach etwa sechs Wochen wurden sie wieder freigelassen.

einer Medaille. Es hätte gar keine bessere Verbindung zwischen Mitgliedern derselben Familie geben können.

Einbruch der Dunkelheit. Dank einer großzügigen Spenderin stand Mrs. Pankhurst ein schneller Wagen zur Verfügung, und darin saßen, mit allen Anweisungen für den Notfall ausgerüstet, zwei oder drei Getreue, die kurz vor Erreichung des Zieles heimlich abgesetzt wurden. Keine Eventualität, die den Zweck der Mission hätte gefährden können, war in der Planung außer acht gelassen worden. Über Nebenstrekken näherte sich der Wagen Woking, nahm mich an einer vereinbarten Stelle auf, und von da an war es mein aufregendes Los, den Kopf aus dem Fenster gestreckt, Abkürzungen auf der Straße nach Southampton anzuzeigen, die ich in meiner Jugend oft mit Jagdhunden entlanggaloppiert war; doch einer Suffragette als Amateurchauffeurin in stockdunkler Nacht den Weg zu weisen, ist da schon eine ganz andere Sache. Wir wagten weder anzuhalten, um nach dem Weg zu fragen, noch Licht zu machen und die Straßenschilder zu lesen, denn wir wußten, die Polizei war hinter uns her, obwohl wir hofften, daß wir sie erfolgreich abgelenkt hatten und sie nun die Straße nach Newhaven kontrollierte.

Wir waren beide gut verkleidet. An jenem Nachmittag hatte das unschuldige Hausmädchen einer reichen, eleganten und leidenschaftlich »gegen« das Frauenwahlrecht eingestellten Verwandten von mir, die gerade nicht in der Stadt weilte, bereitwillig aus einem Schrank nach dem anderen die prachtvollsten Kleider zutage gefördert, wobei sie meine Erklärung akzeptierte, ich wollte ein paar Sachen für eine private Theateraufführung. Da ich als möglicher Lockvogel galt, dem man nur folgen mußte, um Mrs. Pankhursts Aufenthaltsort aufzuspüren, wurde ich häufig beschattet, und gerade in diesem Augenblick mochten vielleicht einige Detektive um das Haus herumschleichen, um meinen Weggang zu beobachten. Doch was sie nicht wußten: Es gab einen Hinterausgang, und die äußerst gut gekleidete Dame mit dunkler Perücke, Schleier und Brille, die aus dem zweiten Ausgang nach draußen trat und ein Taxi bestieg, erregte niemandes Aufmerksamkeit.

Ich glaube, wir hielten für eine oder zwei Stunden in einer Seitenstraße irgendwo in der Nähe von Southampton; jedenfalls erreichten wir im Morgengrauen ohne unangenehme Überraschungen die Fähre nach Le Havre, und eine fremde Person, die mich auf dem Boot mit dem Namen meiner Verwandten, Mrs. X, ansprach, zog sich verwirrt und beschämt zurück, nachdem sie von mir einen kalten, überraschten

Blick geerntet hatte. Doch Mrs. Pankhurst, überwältigt von ihrer Leidenschaft für schöne Kleider, rief immer wieder aus: »Ich wünschte, meine Liebe, du würdest immer so aussehen wie jetzt!«

In Paris angekommen, gab ich die Kleider ihrer Besitzerin zurück und erhielt als Antwort eine Postkarte, auf der stand, sie hätte sie nach Coign (meine Hütte) geschickt, da sie nie mehr in der Lage sei, sie zu tragen, »jetzt, wo sie verunreinigt sind« (wörtliches Zitat). Als ich nach Hause zurückkehrte, schickte ich sie wiederum zurück und meinte, ihr Dienstmädchen würde die Verunreinigung sicherlich nicht stören. Ich will noch hinzufügen, daß mein Cousin später ein glühender Bewunderer von Mrs. Pankhurst wurde und mehr als lieb und freundlich zu mir war, als ich im Gefängnis saß.

In der Folgezeit überschlugen sich die Ereignisse: Verhaftung der Anführerinnen; nach ihrer Entlassung eine Woche relativer Ruhe, die tatsächlich angefüllt war mit intensiver Vorbereitungsarbeit; Treffen, bei denen – obwohl die Polizei die Eingänge überwachte, die Rednerin, die sie suchten, nicht nur auf geheimnisvolle Weise hinein-, sondern hinterher auch wieder herausgelangte, ohne den Möchtegern-Verfolgern auch nur eine Spur zu hinterlassen. Das infame »Katz und Maus«-Gesetz* war dem Hirn von Mr. McKenna noch nicht entsprungen, doch Hungerstreiks wurden eher die Regel als die Ausnahme; und eine wachsende Spannung lag in der Luft, welche die ewigen Versicherungen der Minister, sie würden »die Militanten endlich in die Flucht jagen«, nur wenig milderte. Die Leute hatten dieses Märchen schon zu oft gehört. Es war jetzt drei Jahre her, daß die sanfte Marion Wallace-Dunlog, die erste Hungerstreikende, anderen den Weg gewiesen hatte; zwei Jahre war es her, daß Lady Constance Lytton als »Jane Wharton, Näherin« und zwei andere Frauen zwangsernährt worden waren** –

---

* Das Prisoners (Temporary Discharge for Ill-Health) Act wurde im April 1913 Gesetz. Es sollte eine Alternative zur Zwangsernährung darstellen und sah die »zeitweilige Entlassung« der Hungerstreikenden zu einem vom Arzt zu bestimmenden Zeitpunkt vor. Sie mußten nach einer bestimmten Anzahl von Tagen wieder ins Gefängnis zurück. Es liegt auf der Hand, daß die »Mäuse« diese Auflage ignorierten. Die aktive Militante entwickelte ausgeklügelte Strategien, um den »Katzen« zu entgehen; sie ging vor Ablauf ihrer Frist in den Untergrund und beging von dort aus Straftaten, bis sie wieder verhaftet wurde und der Vorgang von vorne begann. Vgl. Bélinki, S. 40.

** »Lady Constance Lytton«: die Suffragette von aristokratischer Herkunft (und außerdem Großmutter der Komponistin Elisabeth Lutyens, die in ihrer Autobiographie ›A die erstere erholte sich nie von dem Herzanfall, den sie daraufhin erlitt – und der Ruf war immer noch: »Sie kommen, sie kommen!«

Ich glaube, es war ungefähr zu dieser Zeit (Anfang 1912), daß ich auf die Bitte des Hauptquartiers hin eine Audienz bei der Frau eines dieser so hartnäckig optimistischen Kabinettsminister erbat. Sie war notorisch gegen das Frauenwahlrecht eingestellt. Doch wir glaubten, wenn man ihr die Dinge nur erklärte, könne sie vielleicht dennoch als Frau verstehen, was Männer so wenig begreifen konnten, so wie die verschiedenen römischen Kaiser geglaubt hatten, sie könnten das Christentum ausrotten, wenn sie es nur zuerst ignorierten und später die Christen verfolgten.

Als ich die Treppe hinaufging, wurden überall die Türen kurz geöffnet und ein gepflegter Sekretärs-Kopf nach dem anderen erschien. Später erfuhr ich, daß sie alle nach Bomben Ausschau hielten und jeder die Gastgeberin beschworen hatte, mich nicht zu empfangen. Doch sie war kein Angsthase. Ich hatte sie früher ein oder zweimal getroffen, und diese Begegnungen waren mir in vager, aber freundlicher Erinnerung geblieben. Sie wußte andererseits, daß ich mein ganzes Leben der Musik widmete, und ihre ersten Worte waren: »O meine Liebe, wie können gerade *Sie* von allen Menschen ihre wunderschöne Kunst der Politik opfern!«

Dies war genau die Eröffnung, die ich mir wünschte. Ich bat sie, daran zu erkennen, was die Sache uns bedeutete, und wies darauf hin, daß ich als Komponistin mehr als die meisten anderen Menschen etwas über die schrecklichen Wirkungen von Vorurteilen wüßte. Und als sie meinte, es sei jedenfalls bedauerlich, wenn jemand von der Leiter stiege, der sich gerade ein paar Stufen hinauf gekämpft hatte, erklärte ich, im Gegenteil, es sei gerade für die Musik – mit anderen Worten, um meiner Seele willen –, daß ich nicht anders handeln konnte. Dann fuhr ich fort, wenn sie ihren Mann nicht davon überzeugen könnte, daß die Militanz nicht aufhören werde, bis das Stimmrecht errungen sei, würden Schrecken bislang unerreichten Ausmaßes geschehen. Sie

---

Goldfish Bowl‹ über sie berichtet), begann erstmals 1909 einen Hungerstreik. Sie wurde damals angeblich aus gesundheitlichen Gründen freigelassen; man nahm jedoch an, daß ihre Herkunft eine Rolle dabei spielte. Daraufhin verkleidete sie sich als eine Arbeiterfrau und zerbrach in Liverpool ein Fenster. Sie wurde im Gefängnis mehrere Male zwangsernährt, bis ihre Schwester den Vorfall aufdeckte. Die Episode wurde zu einem öffentlichen Skandal, der den Suffragetten einen moralischen Sieg bescherte.

als Frau müsse sicherlich wissen, was Frauen zu erdulden in der Lage seien, wenn die tiefsten Ursprünge ihres Wesens aufgerührt würden; ich sprach von Prostitution, vom weißen Sklavenhandel, von Geschlechtskrankheiten, von Gesetzen, die Jahr für Jahr im Unterhaus blockiert wurden, und zitierte als Beispiel ein Gesetz für die Anhebung des Jugendschutzalters, das gerade zum xten Male abgelehnt worden war. Möge sie jedoch versuchen, diesen kindisch vertrauensvollen Männern die Erkenntnis nahezubringen, in welchen Tragödien ihre Illusionen enden könnten!

Sie hörte geduldig und aufmerksam zu, versprach zu überlegen, was sie tun könnte, und sagte schließlich: »Nun, um der alten Zeiten willen, singen Sie mir doch etwas vor, bevor Sie gehen!« – »Ich werde Ihnen meinen ›March of the Women‹ singen«, rief ich und rannte zum Klavier, um genau das mit all dem *brio* zu tun, das mir zur Verfügung stand, als die Tür aufgerissen wurde und ein völlig verängstigter Lakai sie daran erinnerte, daß unten eine bedeutende Sitzung stattfinde. Wir flohen in ein anderes Zimmer, und ich sang nicht nur den Marsch, sondern auch Brahms und Schubert und anderes. Wonach sie, die Liebe, mich umarmte und sagte: »Oh, wie können Sie mit Ihrer Begabung so etwas wie Politik auch nur mit der Kneifzange anfassen! Ich kann nicht ertragen, auch nur daran zu denken!« (Dies waren vielleicht nicht ihre genauen Worte, aber doch in etwa sinngemäß). »Aber ich habe Ihnen doch gesagt«, erwiderte ich, »daß ich es genau *wegen* meiner Musik mache!« Sie blickte einen Augenblick überrascht, dann sagte sie: »*Sie meinen, wegen der Werbewirkung?*«

Es soll sich niemand vorstellen, diese Bemerkung sei bösartig oder beleidigend gemeint gewesen; solche Gefühle gediehen nicht in dieser Umgebung. Es war einfach nur eine unschuldige und höchst amüsante Entgegnung, und für mich eine nützliche Erinnerung daran, daß manche Arten von Emotionen bei der Mehrheit nicht so leicht Anklang finden, die ihr Leben auf anderer Grundlage lebt. Was möglicherweise gut so ist, andernfalls könnte die Welt ein sehr ungemütlicher Ort sein.

Ich will auf diesen Seiten nicht den Versuch unternehmen, eine Geschichte der Frauenwahlrechtsbewegung zu schreiben, doch ich möchte auf den politischen Scharfsinn der WSPU verweisen und daher eine Episode noch rasch erzählen.

Die Conciliation Bill (Versöhnungs-Gesetzentwurf), eine dieser Maßnahmen, mit denen immer alles anfängt und die von allen Suffragetten-Gesellschaften und allen unseren Freunden in beiden Häusern des Parlaments unterstützt wurde, war mit großer Mehrheit in zweiter Lesung bei zwei aufeinanderfolgenden Parlamentssitzungen angenommen worden und würde mit ziemlicher Wahrscheinlichkeit 1912 zum Gesetz werden. Als sie das kommen sahen, beschlossen Mr. Lloyd George (der vorgab, dem Frauenwahlrecht positiv gegenüber zu stehen, aber, so betonten die Pankhursts, alle Ehre für sich beanspruchen wollte) und unser unversöhnlicher Gegner, Mr. Asquith, daß man dringend nach einem Ausweg suchen sollte. Das Wahlrecht für Erwachsene war natürlich schon immer ein wichtiger Schwerpunkt der Labour Partei gewesen, infolgedessen lancierte die Regierung im November 1911 ein Erwachsenenwahlrecht exklusiv für Männer, das die »Möglichkeit« eines späteren Frauenwahlrechts enthielt, sollte es das Parlament passieren. Der Plan war, das Labour-Stimmrecht von dem Versöhnungs-Gesetzesentwurf abzutrennen, um es garantiert zum Scheitern zu bringen, und unsere falschen Labour-Freunde im Unterhaus, die genau wußten, daß dieser Erwachsenenwahlrechts-Entwurf nicht den Hauch einer Chance hatte, zum Gesetz zu werden, doch die sich zu sehr vor ihren Wahlkreisen ängstigten, um nicht dafür zu stimmen, argumentierten dahingehend, daß irgend ein anderes Frauengesetz, das zu irgend einem unspezifischen Datum lanciert werden könnte, unseren noblen Bestrebungen sicherlich mehr entspräche als eine begrenzte ›aristokratische‹ Maßnahme wie das Versöhnungs-Gesetz?!

Ich vergaß zu sagen: wie immer, wenn ein Wahlrechtsentwurf eine wirkliche Chance hatte, bei gutem Willen der Regierung ratifiziert zu werden, riefen die militanten Suffragetten einen Waffenstillstand aus; so auch diesmal, als es um den »Conciliation«-Gesetzentwurf ging. Doch nun brachen die Feindseligkeiten mit erneuter Heftigkeit aus. Die anderen Suffragetten-Vereine fielen auf das Spiel herein und waren wütend auf die Pankhursts, weil sie in ihrer Verbandszeitschrift »Suffragette« und andernorts das wirkliche Ziel dieses reizenden Plans entlarvten. Schließlich hatte Mrs. Pankhurst ein Gespräch mit einer der Paladine der Verfassungsbewegung – eine großartige Dame, die Politik mit der Muttermilch eingesogen hatte (sofern heimische Getränke solcher Art in diesen hohen Kreisen zu haben waren).

»Wenn Sie schon so lange in der Politik gewesen wären wie ich, Mrs. Pankhurst«, meinte diese schließlich, »dann würden Sie erkennen, daß die Einstellung Ihrer Vereinigung – wenn Sie mir meine deutlichen Worte verzeihen – ebenso falsch wie ungerecht ist.«

»Wäre ich nur so viele Tage in der Politik wie Sie Jahre, gnädige Frau«, gab Mrs. Pankhurst zurück, »würde ich hoffentlich einen solch offensichtlichen Trick wie diesen Erwachsenenwahlrechts-Gesetzentwurf durchschauen«. Doch diese Dame bestand weiterhin darauf, die Militanten hätten den Kopf verloren. »Ich fürchte«, schrieb sie an Lady Betty Balfour, »sie werden eine bestimmte Menge Porzellan zerschlagen. Wir können nur daneben stehen und bereit sein, hinterher die Scherben einzusammeln.«

Selbstverständlich war der Trick ein voller Erfolg. Der Erwachsenenwahlrechts-Gesetzentwurf scheiterte auf ganzer Linie, Mr. Lloyd George brüstete sich bald öffentlich damit, den Versöhnungs-Gesetzentwurf »torpediert« zu haben, und Mrs. Fawcett[*], die am wenigsten erregbare, am meisten den kühlen Kopf bewahrende Anführerin einer politischen Partei, schrieb: »Hätte sich Mr. Asquith zum Ziel gesetzt, jede Frau bis zum Wahnsinn wütend zu machen, er hätte es nicht mit größerem Scharfblick erreichen können.«

So war es vielleicht kein Wunder, wenn die Pankhursts die politische Einsichtsfähigkeit der verfassungstreuen Suffragetten-Vereine verächtlich betrachteten, doch ich fand immer, daß sie den Wert sowohl ihrer vergangenen wie ihrer gegenwärtigen Arbeit unterschätzten. Wer sich höhere Ziele steckt, mag sich über kleinere wenig freuen, über deren Gipfel man ohne Anstrengung hinwegsehen kann, und man muß zugeben, daß unsere politischen Führerinnen Tyranninnen waren. Es war ihnen zur Gewohnheit geworden, alle diejenigen, die mit ihnen nicht einverstanden waren, als »verlorene Seelen« zu bezeichnen – ein Begriff, den ich nie geduldig mit anhören konnte – , und ich wußte, daß meine langjährige Zuneigung und mein Respekt für Mrs. Fawcett Mrs. Pankhurst immer einen Stich versetzte; besonders als damals ein offener Brief von Mrs. Fawcett in der ›Times‹ erschien, der mit »Mein lieber

---

[*] Millicent Fawcett leitete von 1897 an die NUWSS – National Union of Women's Suffrage Societies. Unter ihrer Führung wuchs die Zahl der verfassungstreuen Suffragetten-Vereine an. Diese waren konservativer als die WSPU von Emmeline Pankhurst; sie betrachteten ihre Aktionen nicht als gegen Männer gerichtete Attacken, sondern als Schritte zu einer humaneren Welt. Insofern gab es Spannungen zu dem militanten Flügel unter Emmeline Pankhurst.

Mr. Lloyd George ...« begann. »Ihr lieber Mr. Lloyd George, in der Tat« schnaubte Mrs. Pankhurst verächtlich.

Ich glaube, es war in Verbindung mit diesem gigantischen Trick – denn Mr. Asquith hatte nicht aufgehört, zu versprechen, daß in diesem Parlament die Frauen eine gerechte Behandlung erfahren würden –, jedenfalls war ein Angriff auf bestimmte Fensterscheiben geplant. Es war zeitlich so festlegt, daß etwa 150 von uns gleichzeitig ins Holloway Gefängnis kommen würden, was, wie wir wußten, für die Regierung beträchtliche Kosten und Unannehmlichkeiten bringen würde; und eines der vergnüglichsten, sicherlich das komischste aller Laterna Magica-Bilder zeigt, wie Mrs. Pankhurst übte, eine Fensterscheibe einzuschlagen. In der Dämmerung begaben wir uns an ein ausgewähltes Stück von Hook Heath – eine überhaupt nicht zerstörte Heide; tatsächlich sogar dank des Golf-Kurses eine etwas überkultivierte Heide vor meinem Haus. Und in die Nähe der höchsten Tanne, die wir finden konnten, legte ich eine Sammlung netter runder Steine. Man hat schon von Menschen gehört, denen es nicht gelungen ist, einen Heuhaufen zu treffen; was nun folgte, lag in etwa auf dieser Linie. Ich nehme an, daß Mrs. Pankhurst in ihrer Jugend keinerlei Ballspiele betrieben hatte, und so flog ihr der erste Stein nach rückwärts aus der Hand und verfehlte meinen Hund nur um Haaresbreite. Wieder einmal begannen wir mit einer Entfernung von etwa drei Metern, und das Gesicht meiner Schülerin nahm mit jedem Fehlwurf – und davon gab es eine ganze Menge – einen immer wütenderen Ausdruck an. Und als ein letzter Wurf sich als Erfolg erwies, huschte ein Lächeln von einer solchen Glückseligkeit über ihr Gesicht, daß zu ihrer Überraschung und sogar Entrüstung die Lehrerin vor Lachen auf einem Büschel Heidekraut zusammenbrach. (Mrs. Pankhursts Sinn für Humor war manchmal etwas getrübt.)

Leider war die Lektion nicht von dauerhaftem Erfolg! Das Fenster in der Downing Street, das sich Mrs. Pankhurst ausgesucht hatte, wurde von ihr ordungsgemäß bombardiert – ich bin davon überzeugt, daß sie mindestens zwei Steine warf, bevor sie festgenommen wurde –, doch die Steine kamen dem Ziel nie auch nur annähernd nahe. Ich zerbrach mein Fenster erfolgreich und wurde aus Vine Street um Mitternacht von Mr. Pethick-Lawrence mit einer Kaution herausgeholt, der immer bereit war, zu jeder Tages- und Nachtstunde, seinen Geldsack zwischen den Füßen, sich auf einem Polizeirevier festzusetzen.

Die darauffolgende Gerichtsverhandlung genoß ich durch und durch und verliebte mich geradezu in unseren Richter, Sir Rufus Isaacs, in dessen Augen ich einen Schimmer amüsierter Sympathie entdeckte. In einer Situation hatte er mich beinahe in der Falle, und ich war begeistert von der Art, wie Mrs. Pankhurst aufsprang und mit einer erhellenden Frage mir den Ausweg wies. So mag ein erfahrener Fisch mit einer Bewegung seiner Schwanzflosse einen unerfahrenen Fisch aus einem Netz bugsieren. Doch Mrs. Pankhurst erklärte, dies sei eine viel zu einfache Angelegenheit, um sich darüber derart zu erregen, und ich muß zugeben, das war es auch – für jemanden wie sie.

Obwohl ich mich nie an das unangenehme Gefühl gewöhnte, wenn die Eisentür zuschlug und der Schlüssel umgedreht wurde, vergingen mir die nächsten beiden Monate in Holloway wie im Fluge, weil Mrs. Pankhurst unter uns war. Eine gnädige Oberaufseherin brachte uns in angrenzenden Zellen unter, und beim Hofgang, in der Kapelle und bei weiteren Gelegenheiten, die eine freundlich gesonnene Gefängnisaufseherin sich ausdenken kann, sahen wir uns mehr, als es die Hausordnung erlaubte. Zum Beispiel ließ sie uns häufig zusammen in Mrs. Pankhursts Zelle nachmittags allein, »nur für einen Augenblick«, schloß uns ein und vergaß dann zurückzukommen und mich in meine eigene Zelle zu führen. Doch ähnlich wie bei Polizisten und Detektiven weigerte sich Mrs. Pankhurst, sich von solchen Vergünstigungen oder von ehrlichen Protesten wie »Es schmerzt mich mehr als Sie« besänftigen zu lassen. Und als sie in einem Tonfall kalter Verachtung sagte: »Ich würde lieber jeden Job hinwerfen, als Frauen so zu behandeln, wie Sie es als Ihre *Pflicht* betrachten«, war das Schlimmste daran, daß jeder wußte, dies entsprach genau der Wahrheit. Neulinge wie ich mußten erst einmal ererbte Vorstellungen wie die über das »richtige Benehmen« verlernen und unsere Beschwerden vorbringen – und wirklich, die Verwüstungen, die Gefängniskost bei einer schlechten Verdauung hervorrufen konnte, sie waren nicht zu unterschätzen! Außerdem wurden wir angehalten, uns nicht bescheiden in »dumme« Regeln zu fügen, angewiesen, uns gegen die dubiose Farbe des Badewassers zur Wehr zu setzen und ganz allgemein dem Gouverneur und seinen Beamten das Leben so schwer wie möglich zu machen. Zuvor hatte man andere Taktiken erprobt, doch die paßten der Administration zu gut in den Plan, als daß sie hätten weiterverfolgt werden können, und Neuzugänge wie ich kamen bald zu der Einsicht, daß sie ihr traditionelles Verhalten über

Bord werfen mußten, ob uns das nun gefiel oder nicht. Ich zum Beispiel mochte den Gouverneur durchaus, wahrscheinlich deshalb, weil er mich an meinen Lieblingsschwager erinnerte (»Was! Diese Bestie!« rief Mrs. Pankhurst daraufhin erstaunt und angewidert), dennoch verbarg ich meine Zuneigung und tat mein Bestes, ihm das Leben zur Bürde zu machen.

Die sportlichen Einlagen auf dem Gefängnishof, inspiriert und organisiert von den jüngeren Gefangenen, Mrs. Pankhurst zur Freude, machten allen großen Spaß. Wie wir an das Material kamen – Kattun, violettes, weißes und grünes Papier und so weiter, ganz zu schweigen von Hämmern und Nägeln – weiß ich nicht mehr, doch bunt bemalte Tücher mit den verschiedensten Beleidigungen und Losungen verschönerten immer stundenlang die Gefängnismauern, bevor sie entdeckt und heruntergerissen wurden. Offensichtlich waren manche Aufseherinnen mit Blindheit – gelegentlich sogar mit Taubheit – geschlagen.

Doch bei einem meiner brillanten Einfälle zur Dekoration der Mauern zog Mrs. Pankhurst nicht mit. Wir hatten alle jeweils eine Aufgabe zugewiesen bekommen, und ich wählte die Fabrikation eines Paares Gefängnisshorts, ausgeschnitten in zwei identischen Stücken durch Gefangene in der Näherei, so daß man Vorder- und Rückenteil nicht auseinanderhalten konnte. Diese Stücke nähte ich, nach dem Apfelstrudel-Prinzip, rund zusammen und hing sie in den Hof, mit der Unterschrift: »Die Vorstellung einer Doktorin für Musik von Beinkleidern.« Doch Mrs. Pankhurst fand den Scherz unpassend, und so mußte ich dieses Ausstellungsstück wieder einholen und auseinandertrennen. Schließlich, nach Heulen und Zähneknirschen und lauten Klagen, wurde ich eine Woche vor Ende meiner Strafzeit entlassen, zufällig oder nicht, gemeinsam mit Mrs. Pankhurst*.

Ich habe oft darüber nachgedacht, daß ich in diesen zwei Monaten in Holloway zum ersten und letzten Mal in meinem Leben in guter Gesellschaft war. Man stelle es sich vor! Mehr als hundert zusammengesperrte Frauen, alte und junge, reiche und arme, kräftige und schwache, die sich alle samt und sonders von jedem selbstsüchtigen Gedanken verabschiedet hatten, die alle möglichen Konsequenzen in Kauf nahmen, die alles vergaßen außer der Idee, für die sie ins Gefängnis gin-

---

* Ethel Smyths Haft wurde am 4. 4. 1912 nach nur drei Wochen beendet, obwohl sie von zwei Monaten spricht, vgl. Collis, S. 115.

gen. Unter ihnen waren ältere Damen – Mrs. Brackenbury war achtundsiebzig! –, die nicht auf die Härten des Gefängnislebens vorbereitet waren; junge berufstätige Frauen, die freiwillig eine vielversprechende berufliche Karriere geopfert hatten, die sie weiß Gott welche Opfer gekostet haben mußte; zahllose arme Frauen der Arbeiterklasse, Krankenschwestern, Schreibkräfte, Verkäuferinnen und so weiter, die guten Grund hatten zu bezweifeln, daß ihre Arbeitgeber sie je wieder aufnehmen würden. Doch davon sprachen sie nie in Holloway, vielleicht dachten sie nicht einmal daran. Kein Wunder, daß manche von uns sich mit Dankbarkeit und Respekt an jene Zeit erinnern, denn wo sonst hätte man mit diesem Geist Bekanntschaft schließen können, der in jenen Tagen seine Zelte im Gefängnis von Holloway aufgeschlagen hatte?

Die letzte Brücke hinter sich abbrechen

Die folgenden, 1928 niedergeschriebenen Gedanken Ethel Smyths bilden so etwas wie eine Bilanz ihrer musikalischen Erfolge und Mißerfolge, angefangen von ihrer Rückkehr aus Deutschland nach dem Studium 1889, bis hin zu der Aufführung ihrer Messe 1924. Ihre persönlichen Erfahrungen sieht sie auf dem Hintergrund der allgemeinen Benachteiligung der Komponistin im Musikleben; sie verlassen dadurch die Ebene des Subjektiven und bilden einen Anreiz, über die gesellschaftliche, soziale und psychische Situation der Künstlerin nachzudenken.

I

(Autobiographische Aufzeichnungen mit dem Hinweis: 1889–1927)

Anfang 1924 erschien ein Artikel der Autorin unter dem Titel ›A Burning of Boats‹ (Brücken hinter sich abbrechen) im ›London Mercury‹, dessen erste Seite wie folgt lautet:

Vor gar nicht langer Zeit sprachen die Freunde von Mrs. Swynnerton über die Ehre, die ihr vor kurzem zuteil geworden war; darunter ein berühmter Maler, der uns erzählte, wie er der neuen A.R.A. (Assoziiertes Mitglied der Königlichen Akademie) seinen Glückwunsch-Besuch abgestattet hatte.

»Es wimmelte dort von Reportern«, sagte er, »und das Seltsame war« (hier machte er ganz große Augen vor Erstaunen), »sie schien diesen Rummel auch noch zu *genießen*!«

Wie die meisten äußerst erfolgreichen Menschen, hatte der bekannte Maler schon seit langem die Zahl der Adepten seiner hohen Kunst klein gehalten. Doch da Mrs. Swynnertons Schicksal darin bestanden hatte, lebenslang verkannt worden zu sein, manchmal gemildert durch herablassendes Mäzenatentum, erschien mir ihre Freude an äußeren und inneren Anzeichen später Anerkennung als unendlich rührend, und das sagte ich auch.

»Dennoch hat es mich doch sehr überrascht«, meinte er, »denn sie ist wirklich eine außerordentlich große Dame.«

»Ich weiß«, erwiderte ich, »ich erinnere mich noch, wie Sie vor zwanzig Jahren erklärten, kein Lebender könne malen wie Mrs. Swynnerton.«

An dieser Stelle bemerkte jemand, er habe wahrscheinlich das Seinige dazu getan, daß sich seine Prophezeiung erfüllte.

»Oh nein«, meinte er leichthin, »ich war zu dieser Zeit im Ausland; ich wußte überhaupt nichts davon, erfuhr es erst aus der Zeitung« – und man fragte sich im Stillen zum tausendsten Male, wie diejenigen, die an der Spitze der Pyramide stehen, es nur immer wieder schaffen, sich selbst davon abzuhalten, die offiziellen Stellen so lange zu bearbeiten, bis sie ihre hermetisch verschlossenen Türen für die noch Unentdeckten öffnen, die es verdienen einzutreten. Ich sprach vom Order of Merit (Verdienstkreuz), das Florence Nightingale vorenthalten wurde, bis sie längst nicht mehr erkennen konnte, was eigentlich vor sich ging, und glaubte, Ihre Königliche Majestät wolle ihr irgend eine große Pille aus der Königlichen Schatulle verabreichen. »Warum mit einer Ehrung warten«, fragte ich, »bis ein Künstler ein Alter erreicht hat, in dem die meisten Menschen ihre beste Zeit schon hinter sich haben?«

»Nun ja«, sagte der Professor, ein reizender Mann, der mit der großen Maler-Schule in Verbindung stand, »es hat schon etwas recht Schönes, diese späte Anerkennung, die lange nachdem ein Mensch schon aufgehört hat, danach Ausschau zu halten, doch noch eintrifft – wie ein Abendsonnenstrahl!«

Es war nicht der geeignete Augenblick, diese durchaus gängige Theorie scharf zu kommentieren, doch ich erhielt später dazu noch eine Gelegenheit. Der Professor hatte von mir gehört, daß Musikerinnen aus den Orchestern herausgehalten wurden, obwohl niemand behaupten konnte, sie spielten schlechter als Männer; so versicherte er mir, nichts dergleichen geschähe an der Maler-Schule: »Hier gibt es keine Vorurteile gegenüber dem einen oder anderen Geschlecht!«, behauptete er. Ich sah davon ab, mich zu fragen, ob die Studentinnen diese Aussage wohl unterschreiben würden, und fragte ihn statt dessen unmittelbar darauf nach zwei Bildern, die ich kürzlich in einer Ausstellung gesehen hatte. »Ah! Ich freue mich, daß Sie sie bemerkt haben«, sagte er, »sie stammen von einem sehr talentierten Mädchen, der ich dabei geholfen habe, daß ihre Werke aufgehängt wurden. Und wissen Sie, *es ist schon erstaunlich, wie der Erfolg sie bestärkt; das, was sie zur Zeit hervorbringt, ist einfach großartig.«*

Wir waren allein. Diesmal wurde der Professor nicht aus der Pflicht entlassen, sondern dazu aufgefordert, über seine letzte Bemerkung nachzudenken; eine verspätete A.R.A. in die eine Waagschale zu legen und einen fünfzigjährigen Kampf gegen Entmutigung, Armut, Krankheit und alle anderen Lebensumstände eines verkannten Genies in die andere. »Ich bitte Sie«, sagte ich, und nahm dann sein Bild wieder auf, »was ist ein Abendsonnenstrahl, verglichen mit dem hellen Mittagslicht, das ein vielversprechendes Samenkorn in die schönste Blume verwandeln kann, die je von der Sonne beschienen wurde?«

In diesem Augenblick sah er es ein. Doch nur wenige Menschen sind bereit, eine angenehme für eine unangenehme Einsicht einzutauschen; und zweifellos bemerkte er am nächsten Tag mit demselben Vergnügen eines Malers, einen bestimmten »Effekt« auszulösen, zu jemand anderem, wie wohl der Rat der Königlichen Akademie daran getan hatte, Mrs. Swynnerton den Lorbeerkranz bis zum Jahre 1923 vorzuenthalten!

Wie die Leser vielleicht schon erraten haben, handelte es sich bei dem großen Maler um den späteren John S. Sargent. Seltsam genug hörte ich erst vor kurzem (Oktober 1927), welches Nachspiel der Swynnerton-Vorfall hatte, denn es läßt sich wohl kaum eine grausamere Ironie des Schicksals denken. Kaum war ihr dieser verspätete Verdienstorden verliehen worden, stellte man nämlich fest, daß sie schon aus dem gesetzlich noch zulässigen Alter heraus war, diesen Orden zu erhalten! Also steckten sie sie hastig in die »Senioren«-Klasse des A.R.A. – die man auch die *senile* nennen könnte, da man die Mitglieder dieser Rats-Klasse für zu alt hält, den Versammlungen beizuwohnen, geschweige denn, irgendwelche Ämter auszuüben!

Der Schock dieser Erkenntnis trieb mich dazu, meinen alten ›Mercury‹-Artikel noch einmal herauszusuchen und ihn noch einmal zu lesen, wobei ich feststellte, daß er nichts weiter enthält als die nackte Wahrheit über die künstlerische Laufbahn einer Frau in ihrem eigenen Land. Wenn ich heute auf dieses Thema zurückkomme, statt es, wie es eine meiner eingefleischten Angewohnheiten geworden ist, aus meinem Gedächtnis zu verbannen, dann deshalb, weil eine neue Situation eine neue Einschätzung erfordert. Jemand, das heißt, eine Frau, muß den Mut haben, die Wahrheit laut auszusprechen; und da ich in manchen Augenblicken sowohl Schriftstellerin wie Komponistin bin, habe ich keine andere Wahl.

Die neue Situation ist die folgende: Während Männer früher ihren Hühnerstall ganz alleine regierten, könnte heute nicht einmal der standhafteste Ewiggestrige die Augen davor verschließen, daß dieser Zustand für immer vorbei ist! Der Instinkt, sich an ein Monopol zu klammern, ist kein exklusiv männliches Merkmal, genauso wenig wie eine Kopfgrippe. Andererseits befinden sich Männer – aufgrund der Hühnerstall-Regelung der Vergangenheit – in der besseren Position, sich in kollektiver Selbstsucht zu üben, als Frauen. Und die spezielle Form davon, von der dieser Aufsatz handelt und die sich beinahe mit vereinten Kräften bemüht, Frauen möglichst aus dem aktuellen Geschehen herauszuhalten – oder, wenn das nicht möglich ist, sie zumindest daran zu hindern, die süßesten Früchte zu ernten – diese spezielle Form kollektiver Selbstsucht ist um so gefährlicher, da sie so häufig im Verborgenen wirkt. Nachdem ich berufstätige Frauen aus allen gesellschaftlichen Klassen kennengelernt habe – dabei beziehe ich mich hier natürlich nicht auf diejenigen, die auf Rosen gebettet sind und keine Ahnung von der rauhen Wirklichkeit haben –, erstaunt mich bis heute am meisten ihre durchweg einheitliche Überzeugung: Männer können es gar nicht leiden, den Erfolg einer Frau mit ansehen zu müssen, daher werten sie ihn ab oder mindern ihn, wo immer sie können. Und wenn ich von ›Männern‹ spreche, meine ich nicht das ganze männliche Geschlecht – man betrachte die großzügigen Pressekommentare über den Triumph, den Miss Scott mit ihrem Bühnenbild für das Shakespeare-Theater hatte –, sondern Männer, die auf derselben Ebene mit Frauen konkurrieren.

Selbstverständlich gibt es Ausnahmen; viele sogar. Dennoch kennen alle den engagierten Arbeiter, der sich in ein braves Schaf verwandelt, wenn der Streikaufruf ertönt; genauso gibt es so manchen gutwilligen Zeitgenossen, der zwar ganz bestimmt einer Frau helfen würde, die er kennt und mag, doch in den Chor der anderen Männer einstimmt, wenn es darum geht, Frauen aus den Orchestern, aus bestimmten Handwerken und so weiter herauszuhalten. Wenn man diese Politik der Männer verändern will, bedarf es unter anderem eines äußerst starken Mannes; eines Mannes wie Sir Henry Wood, der – wie glücklicherweise viele Männer – davon überzeugt ist, daß die Welt den Verstand und die Weitsicht beider Geschlechter benötigt. Und dieser Gedanke bringt mich unmittelbar auf ein sehr schmerzhaftes Thema: ›Das verlorene Paradies‹*.

Ich frage mich, wie viele von uns ›Das verlorene Paradies‹ von John Milton wirklich gelesen haben. Ich habe es immer wieder versucht, doch ich wurde immer durch die Geschichte von Adam und Eva in Wut versetzt und abgestoßen – eine Erzählung, die heutige Frauen, Frauen des Jahres 1928!, zurecht zum Lachen reizt. Doch demselben süffisanten und barbarischen Puritanismus, der der Frau »ihren angestammten Ort zuwies« und ihr die Tür ihres Gefängnisses im Namen der Religion versiegelte, verdanken wir nicht nur die Auslöschung der Musik und Fröhlichkeit aus England; wir verdanken ihm auch eine solche Verkümmerung des weiblichen Verstandes, daß, als Frauen ihn zweihundert Jahre später wieder einzuschalten begannen, sie insgeheim das Gefühl hatten, etwas Unrechtes zu tun, ganz zu schweigen davon, welchen Mut es brauchte, die Verachtung und den Ärger ihrer männlichen Zeitgenossen zu ertragen. So kommt es, daß heutzutage Frauen, die etwas zu sagen haben, nach wie vor mit einer Mauer aus Vorurteilen und Übelwollen konfrontiert sind, der die Männer, die sie errichtet haben und sie ständig ausbessern, selbst niemals gegenüberstehen. Die Männer werden sogar die Existenz ihrer Mauer gegen die Frauen leugnen, bis man auf die Tatsachen wie das Orchester-Tabu hinweist – nur eine von hunderten solcher Fakten!

Auf manchen Feldern ist die Schlacht schon gewonnen. Es war immer möglich, heimlich Bücher zu schreiben (wie es Jane Austen tat), und wenn ein Buch erst einmal veröffentlicht wurde, kann niemand verhindern, daß es auch gelesen wird. Doch obwohl die literarische Praxis noch keinen offenen Konflikt mit den männlichen Interessen heraufbeschworen, kein trotziges Hinabsteigen in die öffentliche Arena, wie es bis dato den Männern vorbehalten blieb, haben George Sand, die Brontës, George Eliot und andere bewußt männliche oder neutrale Pseudonyme gewählt. Und heutzutage sind, trotz Jane Austen und Maria Edgeworth, die Autorinnen der Irischen R.M.** und Vernon Lee

---

* In dem Epos ›Paradise Lost‹ von John Milton wird Eva als unselbständige Gefährtin Adams gezeichnet.

** Die Sammlung von Kurzgeschichten ›Some Experiences of an Irish RM‹ von Somerville & Ross.

diesem Beispiel gefolgt. Ich will gern zugeben, daß es für mich ein leichter Schock war, als ich zu Beginn dieses Jahrhunderts erfuhr, daß Somerville und Ross Frauen waren. Deshalb verstehe ich etwas von Vorurteilen. Doch vor dreißig Jahren habe ich über diese Dinge nicht einmal nachgedacht.

Auf anderen Gebieten als der Literatur war äußerste Vorsicht geboten. Sonja Kowaliewskaja, die sich anonym um den Bordin-Preis bewarb, konnte, nachdem sie ihn zugesprochen bekam, natürlich nicht ihr Geschlecht verheimlichen; andere Frauen waren schon froh genug, aufgrund männlicher Protektion vorwärts zu kommen. Caroline Herschel konnte die Ruhmeshalle betreten, weil sie sich bescheiden von ihrem Bruder an die Hand nehmen ließ; Florence Nightingale, die »leidenschaftlichste aller Frauen«, wie sie Dr. Jowett, der sie geliebt hatte, im Alter beschrieb – mit äußerst zärtlicher Stimme, wie man mir berichtete –, Florence Nightingale, Begründerin des Armee-Transport- und Krankenhaussystems, bestand – wohl wissend (wie ich dreißig Jahre später herausfand), daß die Qualität ihrer Pläne keinerlei Chancen gegenüber der möglicherweise sich herumsprechenden Tatsache, daß sie eine Frau war, haben würde – darauf, daß sie von Sidney Herbert stammten – eine Patenschaft, die schließlich zum Tod dieses hingebungsvollen Mannes führte. Das, was man, wie ich fürchte, eine natürliche männliche Zurückhaltung nennen könnte, hervorragende Frauen anzuerkennen, entbehrte sogar gelegentlich nicht einer gewissen Komik. Rosa Bonheur war, wenn ich das so sagen darf, nicht gerade ein Genie, doch sie malte wahrscheinlich besser als ihr obskurer Bruder, der von der Académie Française für ihre Bilder ausgezeichnet wurde. Und erst vor wenigen Jahren schlugen dieselben »Unsterblichen« vor, Monsieur Curie das Kreuz der Ehrenlegion zu verleihen – dafür, daß seine Frau das Radium entdeckt hatte! Doch unvermutet regte sich der französische Sinn für Humor, und die Öffentlichkeit verhinderte das kleine Komplott.

Zweifellos könnten viele Wissenschaftlerinnen, Malerinnen, Rechtsanwältinnen – kurz, Frauen, die *gegen Gehalt in einer bestimmten beruflichen Position arbeiten* – dieselbe Geschichte berichten; doch was ich gerade dabei war zu erzählen, als ich durch den immer wiederkehrenden, irritierenden Gedanken an das ›Verlorene Paradies‹ abgelenkt wurde: Es gibt genug Belege in der Geschichte dafür, daß das weibliche Gehirn, Herz, die weibliche Intuition, Kraft etc. von besonderem Wert in unserem Leben sein sollten. Nur ein kleiner Teil der Frauen hat solche Positionen eingenommen, in denen Männer es sich leisten konnten, ihnen ein wenig Unterstützung zu geben, ohne selbst das Gesicht zu verlieren; doch darunter befindet sich ein hoher Prozentsatz großartiger Persönlichkeiten. In diesem Augenblick fallen mir nur einige wenige ein, und nach anderen zu suchen, ist zu ermüdend; in der Kirche die Heiligen Theresa, Helena, Katharina und Barbara; auf dem Thron die große Patriotin Isabella, Boadicea, Maria Theresia, Christina von Schweden, Katharina die Große (jawohl!), Elisabeth I., Victoria. Und wenn Sie schon einmal etwas von ihr gehört haben, vergessen Sie nicht Caterina Sforza, die beinahe Herrscherin geworden wäre.

Jeanne d'Arc muß ein schreckliches Problem für den Ewiggestrigen sein. Doch meiner Meinung nach ist dieses Mädchen, das in einem Zeitalter des Glaubens und Aberglaubens lebte und zunächst von der Kirche unterstützt wurde – ein Strom, der sie schließlich verschlingen sollte –, wohl kaum bemerkenswerter als Florence Nightingale oder Gertrude Bell, die ihre Wunder in der unterkühlten Atmosphäre modernen politischen Lebens wirkten. Was die frühen Christen angeht, die in einem solchen Liebesfeuer entbrannten, daß, wenn man einem von ihnen glauben schenkt, die Flammen, die seinen geschundenen Körper zerfraßen, ihm wie himmlische Liebkosungen erschienen –, so kommt ihrem Mut der von Mrs. Pankhurst, Lady Constance Lytton und Dutzender weniger bekannter Frauen gleich, die bereit waren, sich foltern zu lassen – weil dies der einzige Weg zur Freiheit für Frauen war! »Wenn Männer uns keine Gerechtigkeit zugestehen«, rief Mrs. Pankhurst aus, »werden sie uns Gewalt antun!« Es spielt keine Rolle, ob meine Leser die Hungerstreikenden lobpreisen oder verfluchen, bewundern oder verabscheuen. Mein Standpunkt ist, daß sie Selbstlosigkeit, Ausdauer, leidenschaftliches Mitleid und Liebe, kurz Idealismus in seiner transzendiertesten Form zu einer solchen Höhe gebracht haben, die ein Wunder der menschlichen Rasse bleiben wird, solange sich dieser Globus um die Sonne dreht. Und ich bleibe dabei, daß die Elemente, aus denen sich ihre Handlungen zusammensetzen, immer gebraucht und immer selten sein werden.

II

Die für Frauen wahrscheinlich am schwersten zugängliche Welt ist die der Künste, da es in ihr keine Regeln gibt, nur Chancen, die erhalten oder vorenthalten werden. Ich weiß wenig über die Erfahrungen von Malerinnen und Bildhauerinnen, außer daß der Rat der Königlichen Akademie fünfzig Jahre brauchte, um das Genie von Mrs. Swynnerton anzuerkennen, von dem ich persönlich Sargent ein dutzendmal in der oben beschriebenen Art sprechen hörte. Man bemerke auch, daß Laura Knight, deren Name nie in den (natürlich von Männern aufgestellten) Listen zeitgenössischer englischer Maler erschien, obwohl ihre Arbeiten seit Jahrzehnten bekannt und berühmt sind, erst in diesem Herbst Mitglied der Königlichen Akademie wurde – und auch dann wahrscheinlich nur, um eine Neuauflage des Swynnerton-Skandals zu vermeiden! Und es ist für uns Frauen ein steter Dorn im Fleisch, daß die großartige Künstlerin Feodora Gleichen, deren Mahnmal für die 27. Division in Monchy während ihrer letzten Krankheit ausgeführt wurde, deren Gruppe »Im Gedenken an die Männer« in Sandhurst aufgestellt wurde und deren Kitchener-Denkmal nach ihrem Tod in der Kathedrale von Khartoum seinen Platz fand, niemals von der Königlichen Akademie geehrt wurde. Kurz, Miss Scotts Erfolg ist nur ein kleiner Teil der Begleichung einer lange überfälligen Schuld.

Was sich sonst noch in der Umgebung der Königlichen Akademie abspielt, entzieht sich glücklicherweise meiner Kenntnis. Was mich selbst angeht, so hatte ich früher den Eindruck, daß es schon eines genialen Mannes bedarf, um die Musik einer Frau überhaupt »wahrzunehmen«. Zwischen ihm und ihr steht wie eine Mauer das Vorurteil: »Es hat nie eine große Komponistin gegeben, und *es wird auch nie eine geben*«. (Ich werde später erläutern, warum meiner Ansicht nach diese Sterilität des Denkens bis in jüngster Zeit schier unausweichlich scheint.) Ich habe schon an anderer Stelle berichtet, wie ich einmal im Jahre 1891 Hermann Levi, dem großen Wagner-Dirigenten, meine Messe zeigte und von ihm die Antwort erhielt: »Ich hätte nie, niemals geglaubt, daß eine Frau das geschrieben hat«, und ich erwiderte: »Nein! Und was noch schlimmer ist: Sie werden es auch in einer Woche nicht glauben!«; denn ich verließ München am nächsten Tag und wußte, daß er, ohne mein Manuskript, auf das er sich hätte beziehen können, sicherlich denken würde, irgendwo müsse ein Fehler verborgen sein – mein Vortrag müsse ihn wohl eingelullt haben oder etwas ähnliches! Auf meine Bemerkung hin blickte mich Levi, ein ebenso ehrlicher wie kluger Mann, lange an und meinte dann langsam: »*Ich glaube, Sie haben recht!*« Und ich halte es für unwahrscheinlich, daß eine solche Reaktion nur aufgrund meiner Worte erfolgte.

Es ist doch so: Wenn wir nicht gerade ganz außergewöhnliche Persönlichkeiten sind, dann sehen wir deutlich, was wir mitbringen; und was wir mit uns schleppen, das sind, allgemein gesagt, vorgefertigte Vorurteile und Vorstellungen. Nur äußerst originelle Geister sind in der Lage, neue Tatsachen oder Ideen objektiv bewerten zu können. Die meisten von uns werden von irgendwelchen Vorerwartungen regiert, pro oder kontra, die in unserem Hinterkopf lauern, und bei näherem Hinsehen können wir nur feststellen: Wäre es anders, also würden wir nicht dauernd die verschiedensten Dinge als gegeben annehmen, dann könnte das Leben gar nicht weitergehen; weshalb die Werbeanzeigen uns so freundlich mit festen Vorstellungen über bestimmte Waren versorgen, damit ihr Geschäft blüht und gedeiht.

Nehmen wir eine Erfahrung, die dem normalen Publikum von Galerie-Besuchen geläufig ist: Man blickt ratlos auf ein Exponat – etwas Undefinierbares, das vielleicht ein Haufen Würmer sein könnte oder vielleicht ein Teller voll Nudeln. Schließlich lösen sich bei näherem Hinsehen die Linien auf, und man erblickt zwei nackte Frauen, die sich auf einer Bank zurücklehnen; ihre Haltung suggeriert eine Intimität, die manche Menschen vielleicht übertrieben nennen würden, und sie scheinen sich gegenseitig mit Staub zu füttern. Dem Betrachter wird es leicht übel, und er wendet sich ab. Da erscheint ein Mann, offenbar ein Experte, der einem Begleiter erläutert, daß dies eines von Augustus Johns Meisterwerken sei. Man betrachtet es erneut, und unbewußt wandelt sich die vorherige Abneigung in Sympathie. Da man davon überzeugt ist, diese Szene bewundern zu *sollen*, betrachtet man es nicht länger vorurteilsfrei.

Wem von uns ist das nicht schon in Bereichen geschehen, von denen wir getrost behaupten können, uns dort besonders gut auszukennen? Ich zum Beispiel leugne nicht, daß es mir schon unterlaufen ist, daher bin ich nur zu gern bereit, die Macht vorgefertigter Urteile anzuerkennen (also zum Beispiel das Vorurteil, John sei ein Genie oder die Musik von Frauen müsse auf jeden Fall armselig sein) und sie in Rechnung zu stellen. Doch kreative Frauen müssen mit noch schlimmeren Schwierigkeiten als diesen fertig werden: nämlich 1. mit der *Eifersucht auf ihr Geschlecht*, auf die ich schon Bezug genommen habe und die ein unausweichliches Ergebnis der sich heute verändernden Lebenssituation ist und die – wie Lady Astor des öfteren bemerkt hat – oft unbewußt arbeitet; 2. mit einem gewissen *natürlichen Antagonismus der Geschlechter*, auf den das moderne Leben uns aufmerksam gemacht hat. Früher hat niemand davon auch nur geträumt. Miltons gewinnend einfache Sicht war die, daß Frauen kein Recht hätten, überhaupt zu existieren, es sei denn als Bewunderinnen und Dienerinnen von Männern; und er hätte sicherlich dem Hirten in ›Don Quichote‹ widersprochen, der offen bemerkte: »So, meine Herren, sprach ich diese Ziege an, denn *obwohl sie die beste meiner ganzen Herde ist*, verachte ich sie, weil sie weiblich ist« (eine Empfindung, von der wir Dickens-Liebhaberinnen ein sanftes Echo in der Beziehung zwischen Mr. Bagnet und dem Alten Mädchen zu hören bekommen*).

Lassen Sie mich im folgenden zuerst den *Antagonismus der Geschlechter* betrachten.

Wenn ich an bestimmte erstaunliche Siege von Frauen auf Schlachtfeldern denke, die nie zuvor von Frauen betreten wurden; wenn ich an meine eigene, hastig zusammengestellte Liste weiblicher Berühmtheiten und an die außerordentliche Energie, die Sarah-Bernard-artigen Eigenschaften denke, die alle bemerkenswerten Frauen von Sappho bis Gertrude Bell aufwiesen, so scheint es mir, daß ein solcher Geist, wenn er sich in künstlerischer Form äußert, mit der heutigen männlichen Musikwelt kollidieren *muß*. Ich spreche nicht vom *Publikum* – eine zweigeschlechtliche Gemeinde, die ganz andere Einstellungen mitbringt –, sondern von jenen, die ich hier einmal die Fakultät nennen will – eine exklusiv männliche Körperschaft aus Dirigenten, anderen einflußreichen Menschen und der Presse. Wären Florence Nightingale und Sarah Bernhardt, ganz zu schweigen von Emily Brontë, Komponistinnen gewesen – ich glaube nicht, daß ihre Musik der Fakultät gefallen hätte!

Wenn also eine vulkanische *Energie* ein wesentliches charakteristisches Merkmal des weiblichen Geschlechts ist, so ist *Direktheit* ein anderes. Diese Qualität, die den Lesern von Sapphos Fragmenten zum Beispiel den Atem rauben kann, ist in den Werken aller großer Frauen

---

* Gemeint sind Figuren aus dem Roman ›Bleak House‹.

zu erkennen. Ich finde sie in Madame de Noailles' Gedichten und in V. Sackville Wests ›The Land‹, um nur zwei lebende Dichterinnen zu nennen. Damit komme ich auf einen weiteren Punkt. Als der alte Sir Walter Raleigh zum »don« ernannt wurde, war er sprachlos über den Meinungsterror unter den Universitätsdozenten. Ich stelle mir vor, daß eine Frau eine größere innere Freiheit aufweist als Männer; daß sie weniger konventionell und andererseits als Künstlerin oder Schriftstellerin weniger von der Bedrohung betroffen ist, möglicherweise nur durchschnittlich zu sein. Keine der wenigen Komponistinnen, die es geschafft haben, ihre Lieder drucken zu lassen, scheut davor zurück, sich zur Melodie zu bekennen. Ich glaube, daß Männer in der Tat davor zurückschrecken. Als ich kürzlich zu Thibaud sagte, wie sehr ich mich darüber gefreut hatte, daß er Lalos Spanische Symphonie* spielte, antwortete er: »Ich kann Ihnen gar nicht sagen, wie glücklich ich darüber bin, das zu hören; Ihre Presse spielt diese Symphonie immerzu herunter!« Worauf ich erwiderte: »Aber natürlich! Sie ist zu melodiös, und aus diesem Grund wird die Presse sie banal finden!« – ein Pfeil, der ins Schwarze traf, wie eine Begebenheit in Zusammenhang mit der Premiere von ›The Boatswain's Mate‹ zeigt.

Damals verfaßte ich eine Liste der Volkslieder, die ich verwendet hatte; aufgrund eines Druckfehlers fehlte die alte Volksweise ›Lord Rendal‹ auf der Liste. Daraufhin zitierten vier oder fünf Kritiker gerade diese Melodie als ein Beispiel für die unglückliche Begabung der Komponistin, billige Caféhausmusik zu schreiben. Allerdings machten sie alles wieder gut, indem sie das von mir komponierte ›When the sun is shining‹ (das aus demselben Irrtum in die Liste der Volksmusikstücke geraten war) als perfektes Beispiel für das melodische Genie der Engländer anführten. Dieser Vorfall zeigt das allgemeine Mißtrauen gegenüber einer *direkten*, *einfachen* Melodieführung – dasselbe Mißtrauen, aus dem heraus die periodischen Versuche unserer Honoratioren unternommen werden, Gilbert und Sullivan zu entthronen. Meine Melodie ist *wirklich* gut (wenn ich das einmal so sagen darf), und in der Überzeugung, es handle sich um ein Volkslied, konnten die Kritiker sich gestatten, sie schön zu finden; wohingegen sie dadurch, daß sie ›Lord Rendal‹ für die Ausgeburt einer Frau hielten, ihre Herzen gegen den Charme einer der sicherlich hervorragendsten Volksliedmelodien der

---

* Edouard Lalo nannte sein Violinkonzert ›Sinfonie espagnole‹.

Welt verschlossen haben. Da ich an das musikalische Prinzip der Direktheit glaube, finde ich es geradezu entzückend, daß die Prüfer beim Shakespeare Theater-Wettbewerb feststellten, daß »Miss Scotts Konzeption eine *Breite und Einfachheit* aufweist, wie kein anderer Bühnenbild-Entwurf.« In diesem Land der verrückt gewordenen Kompromisse kann ich nur hoffen, daß sich Frauen zunehmend in allen gesellschaftlichen Angelegenheiten einmischen und darauf setzen, daß Frauen ein Rädchen im Getriebe nach dem anderen demontieren und einen Filzknoten nach dem anderen im Gewebe der Interessengruppen auflösen, ob es nun moralische oder andere Interessen sind, die bei männlichen Unternehmungen nur zu oft eine entscheidende Rolle spielen.

Der Antagonismus der Geschlechter verhindert nicht, daß – individuell betrachtet – Männer und Frauen einander mehr lieben als den Rest der Welt (doch das ist eine andere Geschichte); er ist ein unvermeidliches Ergebnis der fundamentalen Gegensätze unserer Seelen, woraus sich durchaus logisch ergeben kann, daß die Fakultät die Arbeiten von »Mrs. Dr. Fell« aus tiefstem Herzen verachtet. Den Grund dafür können die Mitglieder der Fakultät vielleicht »nicht nennen«, doch es gibt ihn; und man kann sicher sein, daß sie ihr Urteil in diesen Angelegenheiten nicht auf eine Weise formulieren werden, die dem anderen Geschlecht schmeichelt! Wir dürfen von der menschlichen Natur nicht zuviel erwarten.

Doch *Eifersucht auf das andere Geschlecht* ist noch einmal ein ganz anderes Thema: das Gefühl, daß die Herzen der Männer beschleicht, wenn sie sehen, wie Frauen in ihre bis dato rein männlichen Reservate eindringen; ob es sich um solch unbewußte Empfindungen handelt, wie Lady Astor sie zum ersten Male öffentlich beim Namen nannte – wofür ihr alle Ehre gebührt –, oder um ein offenes Prinzip ihrer Politik, die allen Beobachtern offensichtlich sein muß. Ich zum Beispiel kann einfach nicht glauben, daß der organisierte Ausschluß von Frauen aus diesem oder jenem Aktivitätsfeld von Männern herbeigeführt wurde, die sozusagen im Koma lagen.

Goethe erzählt die reizende Geschichte, wie er und ein Freund einmal bei einem Spaziergang im Garten plötzlich zweier anderer Gäste gewahr wurden, die sich in einem Seitengang umarmten. »Habt Ihr das gesehen?« rief sein schockierter Begleiter aus, »... kann ich meinen Augen trauen?« – »Ich habe es gesehen«, erwiderte Goethe ruhig, »doch ich traue meinen Augen *nicht*!« Dieser Geist, der in diesem Fall so wohlerzogen und diskret arbeitet, wirkt andernorts weniger segensreich im Obskuren; etwa in der direkten Weigerung, die offensichtliche Qualität in den Arbeiten von Mrs. Swynnerton zu *sehen*, insbesondere, da Sargent einigen der Ratsmitglieder der Königlichen Akademie einen Hinweis gegeben haben muß.

So nach und nach werde ich einige wichtige eigene Erfahrungen dieses im Obskuren arbeitenden, sich seiner selbst unbewußten frauenfeindlichen Geistes beitragen.

>*»T'is human nature, p'r'aps; if so,
Then isn't human nature low!«**

sang Gilbert, und diese speziellen Beispiele verleihen diesem Liedtext einen besonderen Sinn. Doch um auf die allgemeine Frage zu antworten und angesichts der derzeitigen Umgestaltung der Welt, frage ich einmal mehr: Wer kann sich darüber wundern, daß Männer auf uns gelegentlich recht eifersüchtig sind? Dennoch verspreche ich, daß ich zwar – was notwendig ist – zeigen werde, wie diese erbärmlichen Vorurteile gegen das weibliche Geschlecht zum bestimmenden Faktor meines Lebens wurden, daß ich dabei jedoch meiner Tinte keinen einzigen Tropfen Galle beimengen werde.

Andererseits wünsche ich mir sehr, daß Frauen erfahren, wie es mir im einzelnen ergangen ist, und ich will es auch begründen.

Mit den Jahren vergißt man selbst die Tatsachen, die man einst unter erheblichen Anstrengungen ignorierte – doch ignorieren mußte man sie, um überhaupt den Mut zum Weitermachen zu finden. Und wenn man erst einmal tot ist, finden alle möglichen Perspektivenverzerrungen statt, die zu kolossalen Illusionen führen. Es gibt genug Unglückliche, die immer noch in tiefer Verzweiflung stecken und vielleicht denken, wenn sie eine Vorläuferin sehen, die sich sicher auf der ›anderen Seite‹ bewegt: »Oh, *sie* muß schon von Anfang an dazu ausgerüstet und in der Lage gewesen sein; sie wird sich niemals in einer solch hoffnungslosen Situation befunden haben wie wir!« Ich möchte, daß diejenigen, die so etwas denken, feststellen, daß sie nicht so allein sind, wie sie viel-

---

* Vielleicht ist es menschliche Natur; doch wenn, ist dann die menschliche Natur nicht schlecht!

leicht glauben; daß wir Frauen alle diesen steinigen Weg gegangen sind und uns gegenseitig helfen müssen, wo wir nur können – und sei es nur durch unsere Gewißheit, daß wir in unserem Anliegen am Ende siegreich sein werden.

Und nicht nur für Frauen sollten bestimmte Dinge aufgezeichnet werden. Auch solche Männer, die in dem Glauben an Fair-Play aufgewachsen sind, könnten – wenn sie sich überhaupt auf meine Darstellung einlassen – möglicherweise ausrufen: »Was soll das heißen, wir würden Frauen keine Chance geben? Sehen Sie doch nur Ethel Smyth an, D.B.E. und zweifache Doktorin der Komposition.«* Zum amüsanten Thema dieser Ehrungen werde ich später mit besonderem Gusto zurückkehren, denn in meinem Falle handelt es sich um ein äußerst kurzweiliges Thema. Doch was die eingeräumten Chancen anbetrifft, so möchte ich mit allem Nachdruck auf folgendes hinweisen: Wenn ich nicht drei Dinge besessen hätte, die absolut nichts mit Musikalität zu tun haben, nämlich 1. eine eiserne Gesundheit, 2. einen recht ausgeprägten Kampfgeist und 3. – und das ist das wichtigste – ein kleines, aber selbständiges Einkommen – wenn ich das nicht gehabt hätte, dann hätten Einsamkeit und Entmutigung mich schon vor vielen Jahren bezwungen. Und ich will noch eines hinzufügen: Hätte ich nicht im Jahre 1919 zwei Memoiren-Bände veröffentlicht, meine Werke würden heute noch genauso selten gespielt wie damals.

III

Es muß um das Jahr 1889 gewesen sein, als meine Lehrzeit in Deutschland vorüber war und ich nach England zurückkehrte – mit zwei Liederbänden, einer Violin-Sonate, einer Cello-Sonate (alle veröffentlicht), und zahlreichen Manuskripten von Arbeiten, die ich später verloren habe: Streichquartette, Kantaten usw. Einige davon waren in Deutschland öffentlich aufgeführt worden, doch hier in England wollte sie sich niemand auch nur ansehen. Mit Orchesterwerken hatte ich mehr Glück, denn August Manns, der große Freund junger Komponisten, produzierte eine Serenade und eine Ouvertüre ›Antony and

---

* »D.B.E. und zweifache Doktorin der Komposition«: Abkürzung für Dame of the British Empire. In England gibt es im Gegensatz zu Deutschland einen Doktorgrad für Komposition; hier handelt es sich um den Doktorgrad h.c.

Cleopatra‹, die künstlerisch ein großer Erfolg war. Mein Freund George Henschel folgte Manns' Spuren – und das war dann auch schon alles. Der Anforderung, »etwas Neues« zu bieten, war ich nachgekommen, ohne daß dies jedoch praktische Früchte getragen hätte.

Dann schrieb ich meine Messe in D, und dank der Vermittlung zweier Frauen, der Kaiserin Eugénie und Lady Ponsonby, wurde sie schließlich von der Royal Choral Society 1893 in der Albert Hall uraufgeführt. Maurice Baring hat in seinen Memoiren erzählt, wie sich meine Jagdfreunde um mich versammelten; und einer von ihnen – ein galanter Reiter, jedoch wohl unmusikalischer als jedes Tier in seinem Stall – soll zu meiner Schwester bemerkt haben: »Bei Gott, Mrs. Charlie, das ist ein verdammt guter Stoff!« Die Aufführung gelang, das Publikum raste vor Begeisterung ... die Presse war vernichtend. Allerdings muß sich eine Stimme zu meinen Gunsten erhoben haben, denn in der 2. Ausgabe des Grove Lexikon schrieb Mr. Fuller Maitland: »Dieses Werk weist die Komponistin eindeutig *als eine der bedeutendsten Komponisten ihrer Zeit* aus.« Doch wie beim Toten Meer genügte ein Mann nicht, um die Situation zu retten; und so wie Sodom und Gomorrha der Zerstörung anheimfielen, so geschah es auch mit mir.

Dieses kompromißlos positive Urteil eines der wenigen englischen Männer, die einer objektiven musikalischen Bewertung fähig waren – selbst ein großartiger Musiker und ein Gentleman –, ließ mich des öfteren darüber nachdenken, was wohl das Schicksal jener Messe gewesen wäre, ganz zu schweigen von dem Anreiz, den das Urteil für die Kreativität des Komponisten ausgeübt hätte, wäre sie beispielsweise von einem Oxford-Musikstudenten geschrieben worden? Denn nur zu bald stellte ich fest, daß die englische Musik in Händen eines sehr machtvollen Ringes war, und es wäre leichter gewesen, die Mauern des Gefängnisses von Holloway zu erklimmen als einen Fuß in unsere Provinz-Festivals zu bekommen, von denen die englische Chor-Arbeit abhängt.

Dennoch muß ich sagen: Jene Messe vom Tisch zu fegen und sie für 33 Jahre der Vergessenheit zu überantworten, war ein Triumph der Kunst der Verdrängung. Wie viele Meisterwerke der neunziger Jahre gibt es wohl, die überdauern werden? Wo sind sie heute? Und das Seltsame ist: Obwohl es offensichtlich ein Fehler von mir war zu denken, daß England wie Deutschland reagieren werde, wo ein gutes Werk immer ein Publikum findet, war dennoch der allmächtige Hubert Parry immer unter meinen Freunden; genauso war es mit Sullivan. Doch es schien keinem von ihnen in den Sinn zu kommen, es könne die Pflicht derjenigen sein, welche die Fäden in der Hand halten, einem jungen englischen Talent zu helfen, auch wenn es sich um eine Außenseiterin handelte!

Es kostete mich noch einige weitere Jahre, bis ich die Situation begriff, die absolute Hoffnungslosigkeit, eine zweite Aufführung der Messe oder eine erste Aufführung irgend einer anderen Arbeit durchzusetzen. Durch Zufall gelang es mir, die übliche Begrenzung der Aufführungsdauer auf siebzig Minuten zu umgehen; was aber weitere Aufführungen betraf, so fehlte mir jegliches Glück! Erst vor kurzem entdeckte ich auf meinem Dachboden eine Kantate, deren Existenz ich vergessen hatte (doch meine Schwestern hatten sich daran erinnert); eine Kantate für Solostimmen und Chor, mit dem Titel: ›The Song of Love‹, und darauf hatte ich mit Bleistift gekritzelt: »Keine Chance! Stanford kann oder will nicht einsehen! Niemals wieder werde ich einen dieser Sorte belästigen.« Ich erinnere mich daran, daß er einige kluge Anmerkungen zur Orchestrierung machte, und er war nicht direkt brüskierend; lediglich ganz und gar uninteressiert und vollkommen außerstande und unwillig, mir weiterzuhelfen. Das Datum jenes Werkes ist 1895, und kein Mensch kennt bislang auch nur eine einzige Note davon; aber »Gott ist tot«, wie Königin Elizabeth zu sagen pflegte; und wenn ich nur lange genug lebe, wird es noch bekannt werden, und sei es auch nur, um mein Hauptargument zu stützen.

Schließlich wandte ich mich, da England keinen Raum für mich hatte und ich, wie Levi immer erklärt hatte, eine Begabung für das Musikdrama hatte, der Oper und Deutschland zu.

Meine Geschichte handelt nicht von Deutschland, also will ich hier nur sagen, daß ich dort Erfolge hatte, wodurch es schwierig war, mir die Aufführung meiner zweiten Oper, ›Der Wald‹, in Covent Garden zu versagen; Dirigent und Sänger waren dabei natürlich Deutsche. Ewig und drei Tage mußte ich Zeit und Geld verschwenden (und keines von beiden besaß ich im Überfluß), in dem – vergeblichen – Versuch, Zugang zur Konzertwelt zu finden. Einmal war ich von der Sonne des Glücks beschienen, und dank unglaublicher Anstrengungen und freundlicher finanzieller Unterstützung gelang es mir, ein kammermusikalisches Werk zu lancieren. Doch auch das stellte sich als schwierig heraus, denn die Gangway war blockiert von Mitgliedern der »Gang«

(der Oligarchie, die das Musikleben Englands immer regiert hat, es noch für einige Jahre regieren wird und in der Umgangssprache immer so genannt wird, deshalb benutze ich den Begriff »Gangway«). Was die Welt von Chor und Orchester anbetrifft, so war sie mir unerbittlich verschlossen, mit einer Ausnahme: In Darlington, der Heimatstadt meines Jagd-Schwagers, wurde einmal ein Chorwerk von mir aufgeführt! Bei diesen seltenen Gelegenheiten wogte manchmal eine kleine Welle der Sympathie zwischen mir und dem Publikum hin und her, und ich sagte mir: »Manche dieser Menschen wissen, worauf es mir ankommt, und sie würden meine Musik mögen, wenn sie nur dazu die Gelegenheit bekämen.« Leider wurde diese Wärme von der Presse weder erwidert noch erwähnt, da Musikkritiker das Publikum ja immer für eine zu vernachlässigende Größe halten. (In Deutschland pflegt man Beifallsstürme einen »äußeren Erfolg« zu nennen!) Konsequenterweise kamen diese kleinen Triumphe Inhabern von Agenturen nie zu Ohren, die ohnehin die Ohren fest verschlossen hatten für die Musik von irgend jemandem, der nicht dem inneren Kreis angehörte – und dann auch noch eine Frau ist.

Gelegentlich erneuerte ein zufälliges Ereignis den erlahmenden Mut. Nach der Aufführung der Messe zum Beispiel erhielt ich einen acht Seiten langen Brief von einem Mr. J. B. Krall, der, wie ich glaube, für irgendeine Zeitung aus dem Norden schrieb. Dieser unbekannte Bewunderer analysierte meine Partitur Seite für Seite, wußte, wofür jene Modulation in b-Moll stand, sagte: »Sie meinen sicher bei Nummer 36 Andante, nicht Adagio?«, sagte Dinge über die Musik, wie Ausländer sie in der Lage sind zu empfinden – und sich nicht scheuen, ihrer Empfindung Ausdruck zu verleihen, unabhängig davon, welchem Geschlecht der Komponist angehört. Mr. Krall schien alles über den inneren Kreis zu wissen, was mir zu diesem Zeitpunkt noch unbekannt war, und sagte exakt voraus, was geschehen würde: »Man wird der Messe die kalte Schulter zeigen«, schrieb er, »und Sie werden mit Ihrer Musik weiterhin unterdrückt werden. Doch verlieren Sie nicht den Mut – sie wird sich am Ende durchsetzen.« Dieser Brief befindet sich bis heute unter meinen Kostbarkeiten. Ein andermal war ich außerordentlich gerührt, als eine alte Frau in einer Pfarrkirche im Norden des Landes über die Hochzeits-Hymne, die ich für meine Nichte geschrieben hatte, bemerkte: »Diese Musik spricht zu uns. Sie hat in mir den Wunsch geweckt zu weinen, ja, das hat sie!« Die alte Dame konnte kaum ahnen, daß ihre Worte ein Talisman für mich werden würden, an den ich mich in Augenblicken der Verzweiflung klammerte! Oder an die kurzen Worte, die Nikisch auf eine Fotografie kritzelte. die er mir schenkte, nachdem er ein Werk von mir dirigiert hatte ... Jedem verkannten Künstler geht es wie dem erfahrenen Bergsteiger, der alles über diese kleinen Gewächse in der grausam glatten Eiswand weiß, die ihn davor bewahren, in den Abgrund zu stürzen ...

Einen kurzen Moment möchte ich noch bei jenem seltsamen Gefühl verweilen, von dem ich vorhin sprach: daß es zwischen mir und dem Publikum ein Band der Sympathie gab. Zu tiefen und neuen Einsichten – in der Regel recht einfachen Wahrheiten – gelangt man erst allmählich, und so dauerte es einige Jahre, bevor ich in dieser Angelegenheit zu der Erkenntnis gelangte: die Fakultät ist eine ausschließlich männliche Körperschaft mit ganz eigenem Geschmack, eigenen Regeln und Konventionen, das Publikum hingegen besteht aus Angehörigen beider Geschlechter. Die Hälfte der Anwesenden sind Frauen, die von Natur aus die Sprache einer Frau verstehen; außerdem sind in einem Konzertsaal zahlreiche Männer anwesend, die völlig ohne Vorurteile bereit sind, jeder Musik zu applaudieren, die ihnen gefällt. Doch man muß sich immer vergegenwärtigen: In der Vergangenheit gab es keine großen Komponistinnen, und man muß sich durch die Kälte hindurcharbeiten, die dieser Gedanke unbewußt verbreitet!

Eine Tatsache, die niemand zu beachten scheint, ist, daß es bis vor etwa zwanzig Jahren für eine Frau ebenso unmöglich war, eine große Komponistin, wie eine große Seefahrerin zu werden; denn Frauen waren vom musikalischen Alltagsleben, aus dem Komponisten und Dirigenten die Hälfte ihrer Erfahrungen und weiß Gott wieviele Anregungen beziehen, ausgeschlossen. Jeanne d'Arc war zwar eine besondere Frau, doch es gab sie immerhin im Mittelalter; ein weiblicher Lord Nelson jedoch scheint auch im Jahre 1928 noch ein Widerspruch in sich zu sein! Da die Entwicklung der Frau als Komponistin so interessant und bedeutsam ist, bin ich verzweifelt darauf aus, daß sie freien Zugang zu erstklassigen Orchestern und jedem Teil des musikalischen Lebens bekommt. (Was ihre Zulassung zur Marine angeht, so werden wir uns später darum kümmern!)

Nun, so wie die Dinge lagen, sind sie beinahe zwanzig Jahre lang geblieben; um 1909 herum war ich dem Ziel nicht näher als 1889, eher weiter davon entfernt. Und allmählich dämmerte mir, daß die herablassenden Herren der Presse, die mich die ganze Zeit mit ihrem schwachen Lob bedachten, nicht im entferntesten eine Ahnung von der Qualität meiner Arbeit hatten. Womit ich beim Thema Pressekritik wäre – das ich mit genau der Offenheit behandeln will, die ich vorhin als weibliche Eigenschaft bezeichnet habe – jedoch, wie ich hoffe, ohne Feindseligkeit. Es liegt in der Natur der Dinge – und im nächsten Kapitel habe ich mich an einer erklärenden Theorie versucht –, daß Kritiker leichter Opfer von Vorurteilen und vorgefertigten Meinungen werden als alle anderen Beteiligten an der Welt der Künste. Dies wurde mir im Jahre 1878 bewußt, als Brahms nach Leipzig kam, um seine neue D-Dur-Symphonie zu dirigieren. Der musikalische Ton in Leipzig war eher kühl, konservativ und arrogant; umgekehrt brachte Brahms der Kritiker-Zunft wenig Respekt entgegen und machte sich niemals die Mühe, seine Ansicht zu diesem oder irgendeinem anderen Thema zu verheimlichen. Außerdem war er kein guter Dirigent und hatte die unangenehme Eigenschaft, manche Orchester dauernd ungerecht zu behandeln; besonders galt dies für das Gewandhaus-Orchester, das er nicht nur eingebildet fand, sondern geradezu langweilig und unbeweglich im Vergleich zu seinem geliebten Orchester in Wien. Die Situation war also eindeutig; doch ich hätte mir die Reaktion der Presse auf Brahms' Aufführung nicht einmal im Traum vorstellen können! Fehler, wie sie auch in den Werken der größten Komponisten vorkommen, wurden breitgewalzt und mit überstarker Aufmerksamkeit und Kritik bedacht. Von den musikalischen Einfällen, von der Schönheit – vom künstlerischen *Kaliber* des Werkes – das ihnen mit Sicherheit nicht entgangen sein konnten – kein einziges Wort; stattdessen das Beharren darauf, die Aufführung sei langweilig, pedantisch und häßlich gewesen. Natürlich waren das alles nur Vorurteile; entstanden aus einem gut genährten und unberechtigten Glauben an ihre eigene Überlegenheit, in Verbindung mit persönlicher Abneigung gegen diesen ruppigen Mann, der niemals müde wurde zu erklären, in jeder Wiener Gasse ließe sich mehr Musikalität finden als im ganzen Deutschen Reich. Wenn etwas Derartiges schon Brahms zustoßen konnte, um wieviel mehr kann man sich wohl vorstellen, wie es um die Macht vorgefertigter Urteile in einem Fall wie meinem bestellt sein mochte!

Lassen Sie mich nun ein Geständnis machen: Was mein musikalisches Urteil angeht, halte ich mich weiß Gott nicht für unfehlbar, dennoch bin ich nicht bescheiden in der Einschätzung meiner eigenen Musikalität. Die Leser meiner Memoiren werden sich vielleicht daran erinnern, daß Lisl, als Brahms zu Herrn von der Mühlen etwas über »zwei erstaunlich musikalische Frauen in Leipzig« bemerkte, von der anderen der beiden, nämlich mir, ausgelacht wurde, weil sie darüber so sehr geschmeichelt war. Und als jemand mich vor zwei oder drei Jahren darauf aufmerksam machte, daß Hermann Levi einmal einem gemeinsamen Freund geschrieben habe: »Diese kleine englische Freundin von Ihnen ist der musikalischste Kopf, dem ich, abgesehen von Wagner, je begegnet bin« (lassen Sie mich rasch hinzufügen: Levi hatte bis zu diesem Zeitpunkt noch nicht eine einzige Note von mir gehört; möglicherweise wäre dann sein Urteil anders ausgefallen!) – als man mir das erzählte, freute ich mich darüber, daß mein Freund diese Lobrede zu lesen bekam, dennoch dachte (und denke) ich im Grunde meines Herzens: »Niemand kann mir etwas über meine Musikalität erzählen.« Als ich mich in England niederließ und feststellen mußte, daß die englische Presse und ich verschiedenen Göttern dienten (wie es auch tatsächlich der Fall war), war ich gar nicht überrascht, daß sie, mit sehr wenigen Ausnahmen, meine Arbeit weder verstand, noch sich zu ihr hingezogen fühlte. Nun dient aber eine Kritik, die der Antipathie entspringt, niemandem; und es war schon hart genug, nicht den Mut zu verlieren, da ich ohnehin vor geschlossenen Konzert- und Kirchentüren stand, so daß ich keine Lust hatte, auch noch zusätzlich unangenehme Pressekritiken zu lesen. Schon recht früh kam ich daher zu dem Schluß, daß es am besten war, sie überhaupt nicht zur Kenntnis zu nehmen. Diese Angewohnheit durchbrach ich gelegentlich, wie man später sehen wird, doch ich kehrte immer wieder zu ihr zurück; zum Schluß endgültig. Die Deutschen hatten Interesse für meine Arbeit gezeigt, hatten einiges sogar veröffentlicht, und große deutsche Musiker hatten mir freundschaftlich die Hand gereicht. Hier in meiner Heimat gab mir nicht nur kein einziger englischer Musiker hilfreich die Hand (man vergesse nicht, daß Manns und Henschel, meine ersten Freunde, Ausländer waren) – der englischen Presse nach zu urteilen war diese Gleichgültigkeit auch noch vollkommen gerechtfertigt.

In seinem bemerkenswerten Buch ›Disraeli‹ beschreibt Maurois*, wie sein Held zu Beginn seines langen Kampfes um den Platz, der ihm gerechterweise zustand, ahnte, er würde *nicht dank, sondern trotz* der

---

* ›La vie de Disraeli‹ (1927) von André Maurois.

Vertreter des politischen Lebens in England dorthin gelangen, auch wenn einige davon seine Freunde waren. Und er lag sicherlich nicht falsch in der Annahme, seine Fehler seien in deren Augen größer als seine Vorzüge. So war es auch bei dem weißen Raben, der sich ans hohe Haus wandte – ein englischer Komponist, der dem falschen Geschlecht angehörte und der sein Leben in verstohlenen Hüpfern am Rande eines Schwarmes schwarzer, stolzer Krähen verbrachte, gelegentlich ganz schnell versuchte, eine Krume zu erwischen, und rücksichtslos wieder verscheucht wurde. Bald wurde dem frechen Eindringling ein für allemal der Kopf zurechtgerückt, indem man ein neutral aussehendes Etikett schuf, es mit dem besten Kleber, der zur Verfügung stand, anbrachte und mit dem Siegel der Regierung versah. Ich war nicht mehr Komponistin unter Komponisten, sondern ein »weiblicher Komponist«; in Augenblicken äußerster Großherzigkeit nach einem guten Abendessen auch »unser bester weiblicher Komponist«! Frei nach dem französischen Sprichwort »dans le royaume des aveugles le borgne est roi« (Unter Blinden ist der Einäugige König).

Dieses Etikett, das die Aufgabe der ratlosen jungen Burschen sehr erleichtert haben muß, die herbeigerufen worden waren, um damenhafte Musik wie ›Hey Nonny No‹ oder, sagen wir, die Liebesszene in ›The Wreckers‹ zu beurteilen, dieses Etikett funktionierte hervorragend. Der Rest kam mit der Zeit, und jahrelang wurde meine Musik nie ohne Bezug auf manche plagiierten Opfer erwähnt – wobei ihnen da offenbar jeder recht war, von Haydn bis Scriabin. Jeder andere Komponist hatte eine kleine Schar von Bewunderern, die bereit waren, mit wilden Verteidigungsreden jeder Äußerung offizieller Mißbilligung entgegenzutreten und erst Ruhe gaben, als sie ihre Meinung in dieser oder jener musikalischen Fachzeitschrift kundgetan hatten. Nur ich allein hatte keine Anhänger, da Frauen, die sich wahrscheinlich gern um mich geschart hätten, keinen Zugang zur Oligarchie oder der Presse haben; im Gegenteil, bei jedem Versuch, meinen Kopf aus dem Wasser zu halten, wurde er wieder fest eingetaucht, da das fatale Etikett mich in die Rubrik derer einordnete, die man getrost vernachlässigen und vergessen kann. Rutland Boughton hat recht: »Ihr Leben war ein einziger langer Kampf gegen unerträgliche, beinahe überwältigend schlechte Chancen.« Genau so war es! ...

Ich weiß nicht, ob von den Beamten, welche die Pressegerechtigkeit in jenen schlimmen Jahren einschränkten, noch einige im Amt sind.

Doch wenn ich sage, daß ich mir der Macht der Vorurteile selbst nur allzu bewußt bin, daß ich mir sehr gut vorstellen kann, mit welchen Schrecken und Schwierigkeiten der Beruf des Kritikers verbunden sein kann – und vielleicht auch meiner selbst zu sicher bin, um nachtragend zu sein –, wird man mir das glauben? Sicherlich können die schwarzen Raben nicht von aller Schuld freigesprochen werden, doch ich glaube nicht, daß bei ihnen sonderlich viel zu bemängeln ist, abgesehen von grauem Star und zunehmender Schwerhörigkeit – traurige, doch unvermeidliche Resultate chronischer, wenn auch unbewußter männlicher Arroganz!

IV

Doch was immer auch die englische Presse sagte, was immer englische Dirigenten und Konzertorganisatoren taten oder *nicht* taten – Ausländer nahmen da eine überraschend andere Haltung ein.

Im Jahre 1908 – den Elgar-Boom gab es wohlgemerkt schon einige Jahre – begab ich mich an die einzige französische Unternehmung meines Lebens und gab ein Kammermusik-Konzert in Paris. Zu den aufgeführten Werken gehörten meine kammermusikalischen Lieder und mein Streichquartett in e-Moll – beide fast unbekannt in England und überhaupt erst in einem von mir selbst organisierten Konzert uraufgeführt.

Hier sind die wichtigsten Kommentare zweier der angesehensten französischen Musikkritiker; die Hervorhebungen sind von mir:

»Diese Offenbarung einer *wirklich musikalischen Persönlichkeit* des englischen Volkes ist um so bemerkenswerter, als *bis heute die Mitbürger Purcells nichts weiter hervorgebracht haben als die außergewöhnliche Begabung der Assimilation;* diese Lieder oder Gedichte zeugen dagegen von einer zauberhaften melodiösen Phantasie sowie einem stark akzentuierten, aber freien Rhythmus; sie sind intensiv in ihrer Farbigkeit und voll schönster Poesie. ›La Danse‹, eine der Zugaben, illustriert eine der kostbarsten Qualitäten der Komponistin, eine unfehlbare Bildersprache, ob in der Behandlung fröhlicher Dinge, oder, wie in ›Odelette‹*, des Auf und Ab der Liebe – all diese Stimmungen werden von

---

* ›Odelette‹ und ›The Dance‹ (Text: H. de Régnier), aus ihren ›Liedern für Mezzosopran oder Bariton mit Kammermusikbegleitung‹ (1907).

ihr mit gleicher Intensität dargestellt. Es wäre keine Überraschung, wenn die *Originalität ihres Werkes* der Kunst ihres Landes eine neue Richtung verliehe.« – Robert Brüssel in: ›Figaro‹, 6. Juni 1908.

»Diese englische Nation, so stark, so lebendig, so originell sie auch ist, bringt doch die farbloseste, ›fadeste‹ Musik der Welt hervor; kurz, die Musik, die für ihr Volk am untypischsten ist. Das meiste davon stammt von Anhängern Mendelssohns, Gounods oder Brahms'; manche haben sich in letzter Zeit an Debussy oder unserer jüngeren Schule orientiert; doch bis heute *ist es nicht möglich, über englische Komponisten zu behaupten, sie hätten Musik hervorgebracht, in der sie einem echten Gefühl Ausdruck verliehen; mit einer einzigen Ausnahme: Ethel Smyth!*

Ich meine damit nicht, daß ihre Musik frei wäre von allen ausländischen Einflüssen; in den kostbaren, verführerisch vitalen Werken, interpretiert mit poetischer Grazie, wie wir sie soeben gehört haben, scheint die melodiöse Phantasie beinahe südländisch, ja ›mediterran‹, um einen Ausdruck von Nietzsche zu verwenden; wir finden in ihr sogar eine zarte hellenistische Färbung – ein neuerlicher Beweis dafür, wie kosmopolitisch die englische Hochkultur in Dichtung und Malerei zu charakterisieren ist. Doch diese Elemente vermischen sich zu *einer Persönlichkeit, die so intensiv und so individuell ist*, daß sie all dies vereint und überformt; und das Ergebnis ist eine Musik, die *nur ein englischer Komponist geschrieben haben könnte* und die einen *neuen Abschnitt im musikalischen Leben Englands* markiert.« – Pierre Lalo in: ›Le Temps‹, 20. Juni 1908.

Oder ein Auszug aus Richard Batkas ›Kritiken und Skizzen‹, in denen eine Besprechung des Klavierauszuges von ›The Wreckers‹ so endet:

»Der Eindruck, den diese Musik hinterläßt, kann so zusammengefaßt werden: Das England, das zu Zeiten Purcells eines der großen musikalischen Völker war, ist einmal mehr dazu ausersehen, einen ›Obligato‹-Teil in der Welt-Symphonie zu übernehmen.«

Oder das hier zum Beispiel: Im Herbst 1911 war ich in Wien, wo ich endlich einen Verleger fand[*], der trotz meines negativen Etiketts bereit war, meine Musik zu verlegen, und bei dem zwei meiner Chorwerke er-

---

[*] Die Universal Edition, Wien.

schienen. Das eine, auf das hier Bezug genommen wird, ist ›Hey Nonny No‹:

»In seiner *ungeheuren Größe, seiner überwältigenden Kraft, faßt dieses erstaunliche Werk* sowohl in Text wie Komposition all den Lebenshunger und Liebesrausch, all das verächtliche Trotzen des Todes zusammen, wie sie für das Elisabethanische Zeitalter charakteristisch waren. *Jede Faser im Wesen dieser Komponistin ist Musik – Musik, die durch die tiefsten seelischen Abgründe ihres Landes geströmt* und dabei all seine eigentümliche Atmosphäre und Faszination aufgesogen hat; das Meer mit seinem salzigen Atem, der steife Wind, der über weiße Kreidefelsen hinwegstürmt, die samtweichen Dünen, der eiserne Charakter jener seltsamen Inselbewohner – die so aufrichtig sind und doch so erfüllt mit heimlichen Leidenschaften – *all das ist in ihrer Musik*, die durchdrungen ist von der eigenartigen Sanftheit und Sensibilität ihres Volkes.« – ›Neue Freie Presse‹, 6. April 1911.

Und Bruno Walter schrieb schließlich in der österreichischen Musikzeitschrift ›Der Merker‹ im Dezember 1912 einen Artikel über meine Arbeit, von dem ein Auszug in der ›Times‹ nachgedruckt wurde. Wir sehen darin, wie sich sein tief philosophischer Geist mit der Geschlechterfrage beschäftigt; doch mit welcher Intelligenz er sie abwägt und sie als derzeit irrelevant beiseiteschiebt!

»Ich betrachte Ethel Smyth als eine besonders bedeutende Komponistin, der *ein dauerhafter Platz in der Musikgeschichte sicher ist. Echte musikalische Produktivität* ist so selten, daß wir zurecht fragen können, ob der Eindruck von *Originalität*, den diese Kompositionen hervorrufen, nicht ihrer Weiblichkeit zuzuschreiben ist? Doch während unsere Ohren zwar darin geschult sind, nationale Musikunterschiede sofort zu entdecken, sind wir zu unerfahren, um Merkmale herauszuhören, die auf die Geschlechtszugehörigkeit des Komponisten schließen lassen. Hätten wir an die hundert Komponistinnen, dann wären wir vielleicht in der Lage, eine Unterscheidung zwischen männlicher und weiblicher Musik zu treffen. Obzwar ihre Musik aber vor allem durch und durch *englisch* ist, bin ich persönlich davon überzeugt, daß ihr thematischer Charme wesentlich aus der Weiblichkeit der Komponistin entsteht. Die Geschlechterfrage ist jedoch vergleichsweise unbedeutend *angesichts eines so großen Talentes, einer so originellen thematischen Erfindungsgabe, eines so tiefen und warmherzigen Temperamentes.* Dies, so habe ich erfreut festgestellt, hat auch das Wiener Publikum erkannt, und ich glaube, daß ihre Arbeit *auf Dauer erfolgreich* sein wird, obwohl ihre Anerkennung – wie es immer bei *wahrer Originalität* der Fall ist – nur nach und nach und *ungeachtet allen Widerstandes* erfolgen wird.« – ›The Times‹, 23. Dezember 1912.

All dies liest sich heute seltsam. »Ungeachtet allen Widerstandes« sagt Walter; doch ... mit einem Etikett versehen läßt sich schlecht gegen Widerstände ankämpfen. Und dann die rührende Überzeugung zweier dieser absurder Ausländer, meine Musik werde sicherlich die Kunst meines Landes beeinflussen! Nun, eine in ihrem Kloster lebendig eingemauerte Nonne hätte bessere Chancen, einen gesellschaftlichen Einfluß auszuüben, als musikalische Manuskripte, die in einem Schrank verschlossen sind. Doch da ich mich an meine eigene Bemerkung erinnert habe, daß Frauen nicht davor zurückschrecken, sich zur Melodie zu bekennen, begeistert es mich, noch einmal das nachzulesen, was Walter und auch Lalo zu diesem Punkt zu sagen haben.

Ich habe schon bemerkt, daß dieses Kapitel vor allem für Frauen geschrieben wird, und während ich es schreibe, denke ich an Sie, liebe Komponistin, die ich hier nicht erwähnen will, um ihnen keine Feinde zu machen – und an eines Ihrer Werke, das kürzlich jeden anderen Teil eines bestimmten neuen Musikprogrammes in den Schatten stellte und das am nächsten Tag von einem bekannten Kritiker hochgelobt wurde, es qualifiziere Sie für »einen exponierten Platz unter unseren weiblichen Komponisten«! Erinnern Sie sich bitte daran, daß mir von englischen Kritikern eine ähnlich herablassende Würdigung zuteil wurde, während Kritiker im Ausland mich wie oben zitiert beurteilten; allerdings: ob sie (mit Ausnahme von Walter) das auch geschrieben hätten, wäre ich ihre eigene Landsmännin gewesen, wer weiß? Wir Frauen sind uns der männlichen Schwächen nur zu bewußt!

Ich darf nicht vergessen zu erwähnen, daß ich 1908, in derselben Woche, als mein Pariser Unternehmen stattfand, ein ›Wreckers‹-Konzert in der Queen's Hall* gab, das Nikisch dirigierte und das, so glaube ich, beim Publikum einen tiefen Eindruck hinterließ. Doch meine Erinnerung an diese Zeit und die folgenden Monate sind verwischt, denn zehn

---

* Eine konzertante Aufführung des 1. und 2. Akts fand am 30. 5. 1908 statt. Die englische Uraufführung der Oper fand ein Jahr darauf unter der Leitung Sir Thomas Beechams statt.

Tage nach jenem Konzert starb mein Freund »H. B.«*. Er war aus Italien angereist, um das Ereignis mitzuerleben, doch es war für alle, die ihn an jenem Abend sahen, offensichtlich, daß das Ende nicht weit war. Ich bin auf ewig froh, daß er wahrscheinlich davon überzeugt war, jetzt sei ich endlich über den Berg. Ich dachte damals genauso. Doch wir irrten uns. Was greifbare Resultate angeht, ich meine das Ziel, mich ein für allemal in den Mainstream englischer Musik hineinzuschwemmen – in dieser Hinsicht hätte das Konzert genausogut nie stattfinden können.

Doch es gab eine Unterbrechung des schlechten Wetters, oder anders ausgedrückt: Es gab ein falsches Morgenrot. Anfang 1911, ich war immer noch ohne einen Verleger (denn wer wird schon drittrangige Musik veröffentlichen, die nie gespielt wird?) forderte ich das Schicksal heraus und gab ein Konzert mit eigenen Chor- und Orchesterwerken, das ein solcher Erfolg wurde, daß es einen Monat später wiederholt wurde. Mr. Thomas Beecham, wie er damals hieß, hatte freundlicherweise versprochen, für mich zu dirigieren, doch als es soweit war, stellte sich heraus, daß er es vergessen hatte und in Italien weilte. Da weder genug Zeit noch genug Geld vorhanden war, um jemand anderen zu beauftragen (Henry Wood hatte ich noch nicht kennengelernt)... begann auf diese Weise meine Karriere als Dirigentin – sozusagen mit der Pistole auf der Brust.

Diesmal schien ich endlich Anerkennung zu finden, denn die Presse überschlug sich förmlich. Nicht einmal über ihren geliebten Elgar haben sie jemals Schöneres gesagt, Begriffe angehäuft wie »stark«, »großartig«, »genial«, »originell« und so weiter; so daß ich schließlich Zitate zusammenstellte und sie an die alten Adressen schickte. In den Jahren zuvor muß ich ein kleines Vermögen ausgegeben haben, um kreuz und quer durch das Vereinigte Königreich zu reisen und meine Manuskripte herumzureichen, in der vergeblichen Hoffnung, irgend jemandes Interesse zu wecken, doch diesmal hatte ich wirklich ein begeistertes Echo in der Presse... und gab die Hoffnung nicht auf!

Leider hatte das keinerlei Nachspiel in den Konzerthallen von Albion**, und ich möchte gern einmal wissen, ob etwas Derartiges hätte

---

* Ihr Geliebter, Henry Brewster.
** »Albion«: alter Name für England.

geschehen können, wenn ich ein Mann gewesen wäre? Der Pharao verschloß sein Herz, vielleicht unbewußt, gegen den ganzen weiblichen Stamm, wie er durch meine Wenigkeit repräsentiert wurde, die der ›Daily Telegraph‹ (am 30. Juni) als »einen der stärksten und kreativsten derzeit lebenden Musiker« bezeichnete und die, glaubt man der ›Morning Post‹ (vom 3. April), »die Tiefe ihrer Gedanken auf eine höhere Stufe stellt als alle ihrer Zeitgenossen«. Wie ich es schon immer vermutet hatte, war nicht die Presse, sondern waren die Kollegen, mit einem Wort die Dirigenten das eigentliche Problem; ich konnte sie unter beträchtlichem Aufwand zum Wasser führen, doch trinken wollten sie nicht. Es überrascht also ungemein, daß die Presse, als ob sie ihre Vorwitzigkeit wiedergutmachen wollte, wieder ins alte Fahrwasser geriet – genau nach der Art, wie ich es bei Levi – wenn erst einmal die Partitur der Messe aus seinen Händen sein würde – vorausgesehen hatte! Mrs. Poyser hat einmal bemerkt, ein Hund werde immer eine Weile Männchen machen, doch nach kurzer Zeit wieder auf alle vier Pfoten zurückfallen. Und es dauerte nur äußerst kurze Zeit, bis sich die Presse wieder auf alle vier patriarchalische Füße gestellt hatte und das Etikett, das sich einige wenige glückliche Momente lang gelöst zu haben schien, wieder fest aufgeklebt wurde.

Doch nach diesem Konzert betrat der beste musikalische Kollege, den ich je hatte, Henry Wood, die Szene, und begann auf eigene Faust, sich um mich zu kümmern. Nicht ohne Hindernisse, denn ich erinnere mich, daß Sir Edgar Speyer mit eleganter Direktheit bemerkte, die Tatsache, daß mein Name auf einem Programm erschiene, verschlechtere dessen Zugkraft, also hoffe er, alle meine Freunde würden Eintrittskarten kaufen. Mit der Zeit folgte Dan Godfrey der Spur Henry Woods, und später sogar Thomas Beecham, der als erster Dirigent meine Musik im Ausland spielte – eine Sache, die ich nie vergessen werde. Doch der Rest der Musikwelt, einschließlich des Londoner Symphonie Orchesters (L.S.O.), *das ich für alle meine Konzerte engagiert hatte*, schien sich geschworen zu haben, »unseren führenden weiblichen Komponisten«, zu dem man mich nun endgültig rundum stilisierte, zu isolieren. In späteren Jahren hat das L.S.O. einmal, gerührt durch meine Appelle an sein besseres Ich, ein Werk von mir in eines seiner Programme aufgenommen (von dem ich *auf Anforderung hin* die Partitur und Stimme für seine Bibliothek überlassen hatte), unter der Voraussetzung, sein Dirigent, der sich damals gerade im Ausland befand, stimme dem zu.

Nun gibt es eine bestimmte Sorte Mann, die meine Mutter, definitiv eines Mannes Frau, in bestimmten Augenblicken der Irritation mit dem Begriff »der große Männer-Mann« zu bezeichnen pflegte – einen Ausdruck, den ich inzwischen äußerst lustig finde, der mich aber damals etwas schockierte. Ein solcher Mann mag vielleicht glauben, der angemessene Platz für eine Frau sei das Knie eines Mannes, und er wird sie sicherlich nur äußerst ungern in der Position einer Komponistin sehen. Zu dieser Sorte gehörte der fragliche Dirigent; mein Name wurde aus dem Programm gestrichen, und das L.S.O. hat sich seither in entsprechender Enthaltung geübt. Die Philharmonische Gesellschaft ignorierte meine Existenz auf ähnliche Weise, mit Ausnahme einer Gelegenheit, als sie von einer reichen Sponsorin bedroht wurde. Nach dem Krieg drängten sie mich in einem sehr hübschen Brief zur Mitgliedschaft und waren sich gut genug, meine acht Guineen einzustecken, fühlten sich jedoch in keiner weiteren Weise mir gegenüber verpflichtet. Für Landon Ronald und Albert Coates habe ich musikalisch nie existiert, doch beide sind sehr großzügig darin, »den Damen« ihre Referenz zu erweisen – eine liebenswerte Eigenschaft, die selbst gegenüber jenen zu beobachten ist, die das entsprechende Alter bereits hinter sich haben. Und das wiederum beweist einen äußerst zivilisierten und liebenswerten Zug an diesen Herren. Was das Londoner Streichquartett angeht (dem ich mein bestes kammermusikalisches Werk widmete), die Drei Chöre*... Leeds... – hätte ich genausogut die Mitgliedschaft im Königlichen Yacht-Geschwader aufgrund einer Kanufahrt auf dem Basingstoke-Kanal beantragen können. Ich war schachmatt.

V

Im Herbst des Jahres 1911 wurde mir zum ersten Male bewußt, was »Frauenwahlrecht« bedeutet, und es schien mir, daß alle Frauen, die etwas auf sich hielten – besonders diejenigen, die irgendeine öffentliche Position bekleideten, und sei sie noch so bescheiden – aufgerufen waren, etwas zu tun. Nichts ist mit musikalischer Kreativität weniger ver-

---

* Gemeint ist wahrscheinlich das Three Choirs Festival in Gloucester, wo zahlreiche neue Werke aufgeführt wurden.

einbar als Politik in jeder Form, und der besonders verheerende Effekt eines Kampfes, wie ihn die Militanten führten – und dies war selbstverständlich die Fraktion, der ich mich anschloß –, muß nicht besonders betont werden. Es gab nur eines für mich zu tun; es würde zwar die sorgfältig gesäten musikalischen Pflänzchen ruinieren, doch andere Frauen gaben schließlich ihr Leben hin ... Ich beschloß, der Sache zwei Jahre meines Lebens zu widmen, und danach in meinen Beruf zurückzukehren; und genauso geschah es.

Die Geschichte dieser beiden Jahre ist eine so ganz andere Geschichte, daß ich sie hier nicht erwähnen werde, sondern direkt übergehe zum Winter 1913/14, den ich in Ägypten verbrachte. Dort schrieb ich ›The Boatswain's Mate‹ und hörte zufällig, daß Henry Wood zwei Chorwerke von mir für das Norwich Festival 1914 einstudierte – genau die beiden, die er im Herbst zuvor aufgeführt hatte! Dies war ein großer Schritt nach vorn. Während meiner Heimfahrt wurden zwei wichtige Daten festgelegt: die Premiere von ›The Boatswain's Mate‹ in Frankfurt, und die langersehnte ideale Aufführung von ›The Wreckers‹ unter Walters Leitung in München. Ich hoffte sehr, daß diese beiden Ereignisse (die für Februar und März 1915 geplant waren) in meinem Heimatland doch wenigstens einen kleinen Eindruck hinterlassen würden, doch ... einen Monat nach Abschluß jener Verträge brach der Krieg aus.

Bis jetzt handelten diese Aufzeichnungen ausschließlich von den Konzerthallen-Erfahrungen, die ein englischer »weiblicher Komponist« in seinem Heimatland über dreißig Jahre hinweg machte. Nur um die Geschichte abzurunden, werde ich von der Oper sprechen, allerdings nur en passant, wie es schon an anderer Stelle in diesem Buch geschehen ist.

Ich glaube, eines Tages werde ich einen Aufsatz unter dem Titel »The Wreck of the Wreckers« (Schiffbruch der Strandräuber) schreiben müssen. An diesem Wortspiel mag seltsamerweise etwas Richtiges sein. Nikisch hatte die Oper 1905 zunächst sofort akzeptiert, die Premiere sollte also in Leipzig stattfinden; zwei Monate später wurde er von einem neuen, auf Sparsamkeit ausgerichteten Stadtrat entlassen. Genau dasselbe geschah ein Jahr später in Wien, als Mahler davongejagt wurde. Der Krieg zerschlug Walters vorgesehene Aufführung in München. Und in Covent Garden wurde sie schließlich in zwei Schlägen durch fehlende Proben, eine grausame Unterbrechung von vier Wochen und einen Dirigentenwechsel getötet.

Ich halte einen Artikel des berühmten Kunstkritikers Richard Specht aus Wien in Händen, der mit der vorgesehenen Aufführung in München zu tun hat. Ich glaube, eines Tages werde ich diesen Artikel veröffentlichen lassen. Beim Lesen denke ich mit Verblüffung darüber nach, daß niemand außer der großen Sängerin Fassbender, Mottls Witwe – die von Kindesbeinen an ihr Leben der Oper gewidmet hat –, überhaupt zu bemerken schien, was für ein Werk da eigentlich verhindert wurde ... oder sind diese Deutschen verrückt? Nun ja, wie die Dinge jetzt stehen, kann die Oper nie in England aufgeführt werden. Soviel zu den ›Wreckers‹.

In Anbetracht des Krieges fiel die Premiere von ›The Boatswain's Mate‹ in Frankfurt natürlich aus, doch Thomas Beecham hat sie in einer seiner Spielzeiten in London aufgeführt. Dank der laienhaften Unfähigkeit seines Regisseurs kam das Werk jedoch nicht zur Geltung, bis es in einem angemessenen einfachen Stil am Old Vic aufgeführt wurde. Es ist einfach nicht möglich, das zur Aufführung zu bringen, was die Deutschen eine »Konversations-Oper« nennen, wenn die »Konversation«, mit anderen Worten der Dialog, auf einem aufgehängten Tablett im äußersten hinteren Winkel der Bühne stattfindet. Sehr schick und pittoresk, keine Frage, doch äußerst unpraktisch; denn in Werken dieser Art sollte kein Wort des Dialoges, kein Schatten einer Mimik ausgelassen werden.

Wenn man sich nicht in einer bestimmten Clique befindet, muß man die Dinge selbst vorantreiben, damit überhaupt etwas geschieht. Und da ich es leid bin, genau das zu tun, wird aller Wahrscheinlichkeit nach kein einziges dieser Werke je wieder aufgeführt.

Nach dem Krieg kam eine neue Komponisten-Generation hoch (Männer setzen sich in diesem Land etwa in ihrem vierzigsten Lebensjahr durch, doch wenn sie einmal da sind, bleiben sie auch!). Und es wuchs auch eine neue Kritiker-Generation heran; außerdem waren Frauen zu einer Konkurrenz auf dem Arbeitssektor geworden und mußten unten gehalten werden. Dank dieser und anderer Einflüsse bezweifle ich, obwohl ich das Rezept eingehalten habe, das die Rote Königin Alice* erteilt hat; am selben Ort zu bleiben, und obwohl ich die ganze Zeit

---

* Gemeint ist die Szene zwischen der Roten Königin und Alice, vgl. Lewis Caroll, ›Through the Looking Glass‹ (1871), Harmondsworth 1960, S. 210.

schnell gelaufen bin, bezweifle ich, ob die Höhepunkte in der Anerkennung durch die Presse, die 1911 erreicht wurden, jemals in meinem Leben wieder erreicht werden können! Dennoch wandelte sich 1919 mein Schicksal, denn in jenem Jahr veröffentlichte ich meine Autobiographie ›Impressions that Remained‹ (Bleibende Eindrücke), mit dem Effekt, daß die Menschen sich nach der Musik der Autorin zu erkundigen begannen. Immer stärker drängte mich Henry Wood, meine eigenen Werke zu dirigieren, ungeachtet einer Presse, die das natürlich mißbilligte. Er meinte, manche Komponisten könnten auf diese Weise ihre Absichten noch genauer verwirklichen, als es ein ›wirklicher‹ Dirigent vermöge, und zu diesen zählte er mich, und ich nahm ihn beim Wort. Doch sein wichtigster Punkt war der, das Publikum sei neugierig auf Musikschaffende und ich würde dann sicherlich hier und dort eingeladen werden, ein Werk von mir zu dirigieren. Seine Verheißung traf ein, und der Boykott kam langsam zum Stillstand. Ich möchte nicht vergessen zu erwähnen, daß die Orchestermusiker, gleich ob zu Hause oder im Ausland, immer hinreißend zu mir waren, ganz besonders, seit ich dirigiere. In der ersten Zeit machte ich einige Fehler, doch wie sie mir über die Klippen hinweghalfen! Die Guten, sie geben immer ihr Bestes für mich, obwohl sie zweifellos im Bilde sind über meine Ansichten, was Orchestermusikerinnen angeht. Auch als Komponist ist man froh und glücklich über diese Experten, deren Pulte die ganze Musikgeschichte kennengelernt haben, und die uns alle durchschauen. Oh ja! Wer immer dafür gesorgt hat, daß ich in meinem Leben nicht gerade auf Rosen gebettet war – Orchester und Chöre waren es jedenfalls nicht.

Das große Ereignis war die Wiederaufführung der Messe im Jahre 1924. Ich hatte ihre Existenz schon beinahe vergessen, doch als ich meine Memoiren schrieb, sah ich sie mir noch einmal an, und zu meinem Erstaunen stellte ich fest, daß ich wahrscheinlich nichts Besseres mehr schreiben würde. Dann wandte ich mich an das Verlagshaus Messrs. Novello in dieser Angelegenheit, und ihre erbarmungslose Erwiderung: »Wir fürchten, Ihre Messe ist praktisch tot«, war das Tonikum, das mir gefehlt hatte. Henry Wood überredete das Festival Chor-Komitee in Birmingham, sie wieder einzustudieren, und als er aufgrund von Arbeitsüberlastung gezwungen war, den Posten eines Dirigenten in Birmingham zurückzugeben, schulterte sein Nachfolger, Mr. Adrian Boult, willig das Bündel und brachte eine glänzende Aufführung zustande. Seither ist sie verschiedentlich aufgeführt worden; und dank Sir Herbert Brewer – und indirekt dank Sir Hugh Allen, ein neuer, mächtiger Freund aus jüngeren Tagen – wird sich in diesem Jahr, wenn ich es noch erlebe, ein Lebenstraum erfüllen, und ich werde sie *in Gänze* an dem Ort hören, für den sie geschrieben wurde, einer anglikanischen Kirche.

Im Zusammenhang mit dieser Wiederaufführung bekam ich einen bemerkenswerten Brief, aus dem ich im folgenden zitieren werde. Nicht, daß ich davon träumte, die Widerspenstigen zu erwischen, die bereit sind, die Tatsache zu verteidigen, daß die Messe über dreißig Jahre lang lebendig begraben war. Es nützt bekanntlich wenig, jemanden gegen seinen Willen überzeugen zu wollen, und manche Bekehrung ist einfach undenkbar. Glaubt zum Beispiel irgend jemand, daß alle Ninon de Lenclos'*-Liebhaber, von den Toten auferstanden und von einem Erzengel in Mr. Gladstones** Büro geleitet, jenen toternsten Moralisten davon hätten überzeugen können, daß Ninon so sicher im Himmel war wie jeder Heilige im Kalender? Natürlich nicht! Wenn ich also diesen äußerst freundlichen und großzügigen Brief zitieren möchte, dann deswegen, weil ich noch einige Bemerkungen über den NATÜRLICHEN ANTAGONISMUS DER GESCHLECHTER machen will, die so überraschend sind, daß Männer möglicherweise versucht sein werden, sie lächelnd, wenn nicht gar mit einem Hauch von Entrüstung, beiseitezuschieben. Nun, jene Männer sollten diesen Brief eines der kühnsten und durchdringendsten lebenden Denker lesen und zugeben, daß kein Kontrahent eine vollständigere Bestätigung der Ansichten wünschen kann, die ich im folgenden entwickeln werde.

»Sie haben vollkommen unrecht, wenn Sie glauben, daß Sie unter einem Vorurteil gegen weibliche Musik zu leiden haben. Im Gegenteil: Sie wurden beinahe vernichtet durch die Ängste *maskuliner* Musik ... Ihre Musik war es, die mich für immer von dem alten Irrglauben kurierte, Frauen könnten in der Kunst und allen anderen Dingen nicht die Arbeit eines Mannes tun. Erst durch Sie habe ich mich mit der Heiligen

---

* Ninon de Lenclos (ca. 1620–1705), französische Schönheit, berühmt für ihre vielen Liebhaber.

** William E. Gladstone (1809–1898), britischer Staatsmann, war für seine festen religiösen und moralischen Prinzipien bekannt.

Johanna beschäftigen können, die früher jeden Dramatiker scheitern
ließ ... Ihre Messe wird in bester Gesellschaft sein! Hervorragend!
Es grüßt Sie, Ihr lieber großer Bruder,
G. Bernard Shaw.«

Und das von einem Iren! Ich frage mich, wie viele Engländer, selbst
wenn sie so empfänden, ihre Gefühle derart schwarz auf weiß äußern
würden? Doch dann denke ich – und dieser Gedanke hat aufkom-
mende Bitterkeit immer beschwichtigen können –, daß der durch-
schnittliche englische Bürger gar nicht in der Lage ist, etwas Derartiges
zu empfinden! Wie eine bestimmte *Grande Dame* der alten Schule, deren aristokratische Abwandlungen gewöhnlicher Sprichwörter stets
ihre Freunde entzückte, häufig zu bemerken pflegte: »Ich sage immer,
niemand ist so taub wie diejenigen, die *nicht hören können.*« Sehr
wahr.

Und nun, da die musikalischen Konturen dieser Skizze eines Lebens-
laufes mehr oder weniger auf den neuesten Stand gebracht sind, folgt
die eine oder andere Seite, die ich lieber ungeschrieben lassen würde.
Andererseits: Sollte eine bestimmte Sorte Mann, die sich bestimmte
Schwächen erlaubt, weiterhin denken können, daß wir sie nicht sehen?
Wie eine besonders entzückende Dame neulich zu mir gesagt hat: »Es
hat ja doch keinen Zweck, wenn die Kerle sich wie die letzten Henker
aufführen und uns Frauen dann auffordern, *das doch bitteschön nicht
zur Kenntnis zu nehmen.*« Es ist eine Form persönlicher Schwäche, die
wir von der Frauenwahlrechtsbewegung nur zu gut kennen, und gegen
die ich mich persönlich schon mein ganzes musikalisches Leben lang
zur Wehr gesetzt habe; doch es ist recht traurig festzustellen, daß sie,
vollkommen unbemerkt von normalen, gutwilligen Männern, bis
heute blüht und gedeiht. Man kann die Dinge drehen und wenden, wie
man will, doch die folgenden Ereignisse, an die ich mich zufällig erinnere, weil sie sich erst kürzlich abspielten, sprechen für sich.
   1923. E. S. wurde gerade zur D.B.E.* *für Komposition* ernannt, und
das Leeds Festival-Komitee, das die Messe vor dreißig Jahren abgewie-
sen hatte (»Wer, wenn Sie gestatten, sind Sie schon, junges Fräulein?«)
schien bereit, sich mit dem Gedanken auseinanderzusetzen, sie nun

---

* Dame of the British Empire

doch noch aufzuführen. Da sie Albert Coates kennt, schlägt E. S. statt dessen zwei kurze Chorwerke vor. A.C. scheint durchaus davon angetan (»Selbstverständlich unterstütze ich das, Schätzchen«). In den folgenden zehn Monaten werden die Chorwerke insgeheim alle sechs Wochen wieder aus dem Probenplan genommen. E. S., von Beobachtern der Szene informiert, umgeht die Feindseligkeit immer wieder aufs Neue. Das Komitee ist verwirrt, beunruhigt, doch machtlos; ein Festival läßt sich nicht durchführen, wenn dem Dirigenten nicht freie Hand gelassen wird.

Schließlich wird *ein* Chorwerk durchgezogen, das E. S. selbst dirigieren muß; eine schwierige Aufführung, denn dies *ist der einzige Programmpunkt*, der nie zuvor eine Gesamt-Chorprobe hatte. Die Sänger sind begeistert; das Publikum dito. Kosten für E. S. und ihre zehnmonatige Kampagne, einschließlich Briefen, Telegrammen, Bahnfahrkarten, Hotelzimmern etc. zwischen 10 und 15 Pfund. *Frage:* Warum diese Opposition gegen sechs Minuten in einem riesigen Programm, gewidmet »unserer führenden Komponistin«, *die kürzlich erst einer gewissen Würdigung wertbefunden wurde?*

1925. Uraufführung der neuen Oper ›Entente Cordiale‹ am Royal College of Music. Furchtbare Anstengung, hervorragendes Resultat. Am nächsten Monat im ›R.C.M. Journal‹* nur die kommentarlose Erwähnung des Ereignisses, sonst nichts. E. S. schreibt an Sir Hugh Allen, mit dem sie einen ironischen Umgangston pflegt: »Dies ist wirklich des Guten zuviel, selbst in Eurem männerbeherrschten Establishment.« Sir H. äußerst beunruhigt.

Der Herausgeber, Mr. Herbert Howells, erklärt ihm, es sei ein *Prinzip der Zeitschrift*, niemals Kommentare zu veröffentlichen. Sir H. äußerst erleichtert. Mit der nächsten Post erhält er von E. S. eine zurückliegende Nummer der Zeitschrift, die zehn Seiten einer ekstatischen Eloge auf »unseres Dr. Vaughan Williams' Oper« enthält! Welche Szene!! E. S. grübelt bitter darüber nach, daß sie einmal jenem jungen Herausgeber auf seine charmant geäußerte Bitte einen Artikel geschenkt hat, für den sie jede Tageszeitung gut bezahlt hätte.

1926. Erste *öffentliche* Aufführung, während einer Opernsaison in Bristol, der ›Entente Cordiale‹, einem Werk, das immerhin von einer englischen Musikerin geschrieben, komponiert, dirigiert und praktisch

---

* Royal College of Music Journal

produziert wurde. Großer Erfolg. Da E. S. den Herausgeber des ›British Musician‹ kennt, ein wirklich geschätzter Freund, wirft sie ausnahmsweise einen Blick in die Ausgabe, in der ein Bericht über die Opernsaison steht, der jedoch nicht vom Herausgeber verfaßt wurde. Jedes aufgeführte Werk wird freundlich und fair besprochen; nur ein einziges wird lediglich erwähnt, *ohne jeglichen Kommentar*: ›Entente Cordiale‹.

Meine letzte Anekdote, die unverständlichste von allen, werde ich in der ersten Person schildern.

Eine musikalische Autorität schrieb kürzlich ein Buch über die englische Oper, und da sein Bruder ein guter Freund von mir ist, war ich überrascht, keine Kopie davon zu erhalten. Diese Überraschung legte sich jedoch, als ich hörte, daß es in diesem Buch nicht die leiseste Erwähnung meiner Person und der fünf Opern gibt, die seit 1900 in England aufgeführt wurden. Eine solche Auslassung ist schon eine bemerkenswerte Leistung! Nun bin ich schon so an Derartiges gewöhnt (wie ich schon zuvor angemerkt habe), daß ich dem Autor zwar nur mein Beileid bezüglich seines Erinnerungsvermögens aussprechen konnte, doch der Anlaß konnte meine freundschaftlichen Empfindungen für jenen Herrn nur kurz trüben, denn seine Ansichten erscheinen mir, soweit ich sie kenne, recht vernünftig, und er verfügt nicht nur über Voraussicht, sondern auch über eine mir recht sympathische Begeisterungsfähigkeit. Bislang besitzt er außerdem etwas, das den meisten Männern seltsamerweise fehlt: moralischen Mut, und er wird einen positiven Einfluß auf unser Musikleben ausüben, wenn er nur in seiner moralischen Unabhängigkeit integer bleibt. Und in diesen Tagen kunstmordender Betriebsamkeit tut es gut, einen Blick auf die folgende Bemerkung über die Brahms-Clara Schumann-Korrespondenz zu werfen: »Ihre Einstellung zur Musik war wundervoll, sehr liebenswert, und man wünscht sich, ein wenig mehr von diesem Geist ließe sich in unserem musikalischen Leben entdecken; diese tiefe Überzeugung, dieser vorzügliche Enthusiasmus.«

Man kann einem Mann, der so über Musik denkt, viel vergeben. Dennoch, was jene sehr seltsame Auslassung in seinem Buch über die englische Oper betrifft, kann man sich nur fragen – wie übrigens auch im Falle der Messe: Wo ist die riesige Pyramide an Opernpartituren, bei der die meinen einen Augenblick lang aus dem Blickwinkel geraten konnten?...

Doch genug davon. Diese Versuchung vorzugeben, daß Frauen musikalisch gar nicht existieren, unsere armseligen kleinen Triumphe zu ignorieren oder herunterzuspielen, ist eine Mikrobe, die sich bequem, wenn auch vielleicht heimlich, im männlichen Organismus breit macht, bis es eines Tages genug Komponistinnen gibt, um diese Mikrobe eines natürlichen Todes sterben zu lassen. Woraufhin die Männer vergessen werden, daß sie je existierte. Haben sie nicht schon ihre leidenschaftliche Opposition gegen das Frauenwahlrecht vergessen?...

VI

Ich will mich nun von diesem unattraktiven Teil meines Themas abwenden, und bevor ich versuche, die ganze Frage des wechselseitigen Blickwinkels der Geschlechter in diesen unseren neuen Zeiten zusammenzufassen, will ich das angenehme Thema der Ehrungen streifen; und da normalerweise jeder Mann, jede Frau und jedes Kind es liebt, sich feinzumachen, glaube ich, daß wir zugestehen müssen: einen Grad oder eine Auszeichnung verliehen zu bekommen, ist nicht nur ein erhebendes, sondern auch ein erfreuliches Erlebnis.

Meine erste Ehrung wurde mir via Rasentennis zuteil. In den neunziger Jahren spielte ich im Innenhof des Schlosses von Durham Tennis mit dem Neffen eines schüchternen Priesters, der unsere Spiele heimlich, hinter der Gardine seines Studierzimmers hervor beobachtete. Als die Universität von Durham 1910 beschloß, auch Frauen akademische Ehrengrade zu verleihen, schlug dieser Priester, der musikalisch war und meine Karriere, wenn man sie denn so nennen kann, mit freundlichem Interesse verfolgt hatte, meinen Namen vor – so erfuhr ich später; und zur Feier trug ich Dr. Walford Davies' Talar; eine bedenkenswerte Tatsache, die mir ein ganz besonderes Vergnügen bereitete!

Die zweite Ehrung verdanke ich dem Golfspiel. 1922 gab es einen ziemlichen Krach im Woking Golf Club, einem richtigen Männerclub, bei dem Frauen als »Mitglieder auf Widerruf« aufgenommen, allerdings mit ausgesuchter Freundlichkeit behandelt wurden. Gewisse Damen hatten nicht nur bestimmte Regelverletzungen begangen, bezüglich unserer Spielzeit samstags und sonntags, sondern benutzten dauernd eine Abkürzung von den allgemeinen Clubräumen zu den Umkleideräumen, die wir ausdrücklich *nicht* benutzen sollten, da sie an den Umkleideräumen der Herren vorbeiführte. Ein- oder zweimal hatte der Geschäftsführer sich bei unserer Mannschaftsführerin beschwert, doch die Delinquentinnen setzten ihr schockierendes Benehmen fort, und eines Tages hörte ich von einem golfspielenden Freund, daß man überlegte, uns das Spielen am Wochenende ganz zu untersagen. Ein schrecklicher Gedanke. Da ich Wind davon bekommen hatte, daß sich die Damenabteilung des Clubs unmittelbar darauf treffen sollte, trat ich, die ich etwas Derartiges noch nie getan hatte, dort auf und hielt eine Rede, in der ich besonders auf die Abkürzungs-Geschichte einging. Obwohl, wie ich meinen Mitspielerinnen gestand, Menschen, die viel im Ausland gelebt haben, selten kleinlich sind in solchen Angelegenheiten, könne wohl niemand bei der Prüderie der britischen Männer daran zweifeln, daß wir ein Verbrechen begangen hatten. Die Versammlung brach in Gelächter aus, doch ich brachte meine Resolution durch (nur drei tapfere Neinstimmen signalisierten, zumindest theoretisch, das leidenschaftliche Bedürfnis nach der weiteren Benutzung der Abkürzung), und die Krise war überstanden.

Nun waren viele Teilnehmerinnen der Versammlung verheiratet, und zweifellos kam der Tenor meiner Bemerkungen den Ehemännern zu Ohren. Wie dem auch sei, als Lord Riddell, ein hochrangiges Mitglied aus London mit starken literarischen Neigungen, anreiste, um ein Wochenende bei seinem Freund zu verbringen – Mr. Stuart Paton, bekannt als der Mussolini des Woking Golf Clubs –, brachte er den erfreulichen Wunsch zum Ausdruck, die Bekanntschaft der Autorin von ›Impressions that Remained‹ zu machen. Und das Augenzwinkern, mit dem der Besucher sich auf einen Tumult im Damenumkleideraum bezog, zeigt, daß er in die Einzelheiten des Disputes eingeweiht war.

Dies geschah kurz vor dem Jahreswechsel. Zu dieser Zeit waren Lord Riddell und unser damaliger Premierminister, Mr. Lloyd George, unzertrennlich, und als die Rede auf Ehrungen kam (»Wir müssen etwas für die Frauen tun!«) und mein Name Seiner Majestät als geeignet für den Zusatz »D.B.E.« genannt wurde, bin ich sicher, daß ich dies moralisch der Szene im Woking Golf Club verdanke.

Was die letzte Ehrung betrifft, die mir von der Oxford-Universität bei der Gründungsfeier am 23. Juni 1926 verliehen wurde, so bin ich der Überzeugung, daß der derzeitige Kanzler der Universität eher literarisch als musikalisch orientiert ist. Und da ich erfuhr, daß es seine spontane Idee war, mich auf die Liste zu setzen, kann ich nur hoffen –

und damit meine Schilderung beschließen: wenn es jetzt mein Privileg ist, den vornehmsten aller Doktortalare Oxfords zu tragen, daß dazu meine Bücher wesentlich dazu beigetragen haben. Doktorin für Komposition zu werden via Tennis, Golf und Literatur ist ein glänzendes und recht gewöhnliches Beispiel für Zuschreibungen: So ist es wirklich, auch wenn es vielleicht nicht so sein sollte!

Ich wünschte, ich könnte auf dieser fröhlichen und frivolen Note enden, denn in der Symphonie des Lebens sind Frivolität und Fröhlichkeit so unverzichtbare Elemente wie in jeder anderen. Doch der Kern meines Themas ist ernst genug, denn ich versuche auf einen gefährlichen Punkt hinzuweisen, einen Virus, der unter Beobachtung gehalten werden muß, wenn er nicht eine Epidemie auslösen soll, obwohl er sich für die Autorin persönlich bislang nur auf der musikalischen Szene manifestiert hat – wo er vielleicht auch aktiver ist als irgendwo sonst.

Ein Vorteil der Tatsache, daß die Jahre vergehen, ist, daß andere Menschen Zeit gehabt haben, mehr über einen selbst herauszubekommen, besonders dann, wenn man mindestens auf einem Gebiet öffentlich bekannt ist. Eine Frau, deren Freundschaften mit Männern so zahlreich und so herzlich sind wie meine, wird wahrscheinlich nicht als fanatische Feministin oder verschworene Männerhasserin abgetan. Auch muß ich nicht mehr das Messer wetzen, denn heute ist mein Lebenskampf praktisch schon vorüber, und weder weiß ich, noch kümmert es mich, ob er gewonnen oder verloren wurde. Andererseits glaube ich durch die musikalische Grundausrüstung und die Portion Verstand, die mir mitgegeben wurden, das Recht zu haben, die Männer direkt anzusprechen, in deren Macht es liegt, die heutigen und zukünftigen Frauen in der Musik zu fördern oder zu behindern – glücklicherweise jedoch nicht, sie dauernd aufzuhalten.

Durch den Krieg hat es unser Geschlecht zu einem bis dahin undenkbaren Aufstieg gebracht. Als die neuen Möglichkeiten ins Blickfeld rückten, maßen Frauen ihre Kräfte und begannen, neuen Geschmack am Leben zu finden. Wenn andererseits der Krieg in den Männern, selbst in jenen, die nicht gekämpft haben, eine gewisse geistige Trägheit hervorgerufen hat (ich spreche nicht von den führenden Köpfen, von den Männern, die neue Erfolge in der Forschung und der angewandten Wissenschaft errungen haben, sondern von der breiten Masse) – wenn das, wie wir Frauen manchmal vermuten, der Fall ist, dann haben Sie hier eine mögliche Erklärung für die seltsame Kluft, die sich zwischen den Geschlechtern aufgetan zu haben scheint. Manchmal ist es schwer für uns, einander zu verstehen, und neulich habe ich mich schon einmal gefragt, ob ich und der Mann, mit dem ich korrespondierte, wohl demselben Planeten angehören.

Obwohl er ein herausragender Musiker ist, sind wir uns nie begegnet, doch seine Briefe, so glasklar in ihrer Aufrichtigkeit, so rührend in ihrer Betroffenheit, waren eine Freude. Er hatte begonnen, daß es dem natürlichen Instinkt eines Mannes entspräche, einzelne Frauen leidenschaftlich zu lieben und dabei das andere Geschlecht als solches kollektiv zu hassen; während eine Frau, ob sie Männer kollektiv hasse oder nicht, offensichtlich nur einen einzigen Mann lieben soll (!). An dieser Stelle protestierte ich und meinte, das Ideal vieler Frauen bestünde darin, alle paar Jahre einen neuen Mann zu haben, doch diese Häresie wischte er sehr richtig als einen Witz beiseite und fuhr fort, nichts schrecke ihn mehr als der Anblick tausender von junger Frauen, die täglich in Zügen und Bussen zu »ihrem Geschäft eilen, um mit Männern zu konkurrieren«. Wie entwürdigend für die Weiblichkeit, wie zerstörerisch für den Respekt und die Ritterlichkeit, die immer noch im männlichen Herzen ruhe!

Meine Erwiderung unterstrich selbstverständlich die Tatsachen, daß 1. Frauen an Arbeit glauben, ob als Medium zur Selbstverwirklichung oder zur Erlangung einer Kompetenz; 2. daß, wenn sie dadurch den Respekt der Männer verlieren, dies um so schlimmer für Männer ist, da umgekehrt durch die Arbeit ihr eigenes Selbstbewußtsein steigt; und 3. daß dank des durch männlichen Stolz und ihr produziertes Chaos ausgelösten Krieges, ob sie es nun billigen oder nicht, Frauen jetzt zahlenmäßig die Männer überrundet haben und *gezwungen* sind, berufstätig zu sein!

Und damit komme ich zum entscheidenden Punkt dieser Geschichte. Verblüfft, erstaunt, unglücklich schrieb mein Briefpartner schließlich zurück: Alles, was er vorschlagen könne, sei die Bildung einer Art staatlichen Stiftung, die alle weiblichen Babies mit einer gewissen Summe Geldes versorge, so daß Frauen von der Notwendigkeit »dieser entwürdigenden Konkurrenz zu Männern« bewahrt würden. Er schien auf unserer Seite keinerlei Einwand bezüglich dieses Arrangements zu erwarten (vielleicht sollten wir dazu gar nicht gehört werden?), gab jedoch immerhin zu, die Idee könne sich als unrealisierbar herausstellen. Wenn das jedoch der Fall sei, wünsche er, Gott würde eine bessere ersinnen.

Nun habe ich diese Ansichten einigen meiner männlichen Freunde weitererzählt, und einige haben zwar gelacht, doch es war ganz offensichtlich, daß sie insgeheim mehr oder weniger genauso empfanden. Einer oder zwei äußerten offen ihre Sympathie – ihre liebevolle, mitleidsvolle Sympathie – für die Vorstellungen meines Briefpartners, und mein alter Freund Lord Ernle, der nicht davor zurückscheut, die Wahrheit laut auszusprechen, wie immer er sie auch empfindet, rief: »Oh, welch ein *hervorragender* Mann!«

Scherz beiseite, ich glaube ernsthaft, obwohl die Zeit auf die Stirn der Männer einige Sorgenfalten gräbt, mit anderen Worten: obwohl die Männer sich vielleicht um ihre Position sorgen, hängen viele immer noch an der Vorstellung John Milton-cum-Turveydrops* über »wooman, lovely wooman«. Andererseits steht ihnen eine immer größer werdende Masse englischer Frauen gegenüber, die eher im Graben sterben als in einer Nische verehrt werden möchten (das Couplet war unfreiwillig, doch es mag zutreffen). Dies ist die JUNGE GARDE, deren Sprachrohr zu sein mir durch mein Alter und meine Lebensgeschichte zugefallen ist, und in keinem europäischen Land gibt es eine solche Gruppe von Frauen, die entschlossener ist, beim Aufräumen der Welt Hand anzulegen und ihre Seele auf jede erdenkliche Weise zum Ausdruck zu bringen, ob durch Aktionen in des Wortes üblicher Bedeutung oder geistig-kreative Arbeit und Abenteuer, als diese Engländerinnen.

Was also ist zu tun?

VII

Überlegt man eine Antwort auf diese Frage, so wird offensichtlich, daß der schwierigste Teil der vereinten Aufgabe den Männern zufallen wird, denn diese müssen mit einer ankommenden Flut fertigwerden, die sich

---

* »John Milton-cum-Turveydrop«: eine Anspielung auf Charles Dickens' Roman ›Bleak House‹, in dem der misogyne Turveydrop ständig das Lob der Frau auf den Lippen führt. »But woman, lovely woman«, said Mr. Turveydrop with very disagreeable gallantry, »what a sex you are!« Vgl. Charles Dickens, Bleak House, New York 1964, S. 207.

nicht mehr eindämmen läßt (außer natürlich durch Männer), genausowenig, wie sich die Lebenskraft des neuen Frühlings wieder in die Erde zurückdrängen läßt. Und wenn Sie mir glauben (ich wende mich jetzt an Männer), daß meine Worte weder ironisch noch herablassend gemeint sind und mir erlauben, frei zu sprechen, versichere ich Ihnen, daß ich eine ehrliche Sympathie für Ihre Sache empfinde. Doch ich wünsche wirklich, Sie würden in Ihrem eigenen Interesse die nutzlose Politik aufgeben, Barrieren gegen die Junge Garde zu errichten. Sie wird trotzdem durchkommen, und da sie nicht in dem Alter ist, großzügig über rückschrittliche Ansichten hinwegzusehen, wird sie Sie mehr verachten, als Sie verdienen. Was ebenso unnötig wie schade ist.

Auf den meisten anderen Gebieten haben alle, mit Ausnahme der Ewiggestrigen, dies erkannt; doch leider ist bei der musikalischen Vergangenheit, die wir haben, die Musikwelt auf Ewiggestrigkeit eingeschworen. So erscheint es nur natürlich, daß bis heute Dirigenten, Organisten, Chorleiter und ähnliche Menschen Männer sein sollten; allerdings würde ich mich an Ihrer Stelle nicht darauf verlassen, daß es für immer bei diesem Zustand bleibt! Insofern, als die Zahl der Frauen, die Friedensrichter, Landtagsabgeordnete, Bürgermeister und was nicht alles werden, täglich wächst, hoffe ich, sie bald einen wichtigen Part in Musikkomitees, Ausschüssen und anderen Gremien spielen zu sehen, wo sich bislang der rein männliche Geist ungehindert verbreiten konnte – zum Nachteil des Publikums, in dem beide Geschlechter vertreten sind, und zum Nachteil von Künstlerinnen.

Doch wo sich dieser Geist besonders verheerend ausgewirkt hat, das ist in der Presse.

Eine Kanzel ist immer ein demoralisierender Ort, und der Papst des Musikkritikers, sein Herausgeber, hat wahrscheinlich weniger Ahnung von Musik als ersterer von dem Vatikan der Theologie; was teilweise das notorisch niedrige Niveau der Musikkritik überall auf der Welt im Vergleich zur allgemeinen Musikkultur erklären mag. Doch ich glaube, der Hauptgrund besteht darin, daß sie, als rein männliche Bastion, notwendigerweise steril ist. Und wenn die literarische Kritik sich auf einem höheren Niveau befindet (was der Fall ist), dann schreibe ich das der Tatsache zu, daß Frauen genauso frei wie Männer Bücher verfassen und rezensieren; auf diese Weise kommt das blaue und das weiße Papier zusammen und man erhält eine lebendige Mischung. Selbstverständlich sind die Seelen aller großen kreativen Künstler aus männlichen und weiblichen Strängen gewebt. Doch Kritiker sind nicht kreativ; sie sind nur gewöhnliche nette Burschen, die hübsch die Worte zu setzen wissen und einen bestimmten – oder manchmal auch einen unbestimmten – Musikgeschmack haben. Ich denke an einen Bekannten, der jetzt bei einer Zeitschrift im Norden arbeitet. Aus der Messe hat er sich mit einem Finger bestimmte Noten herausgesucht und damit herumimprovisiert, auf eine Weise, die meine Freundin, Miss E. A. Oe. Somerville »den 3-Akkord-Trick« nennt. Doch er beherrschte jenen Kniff nicht besonders gut, und die drei Akkorde machten einiges mit. Kurz nach dem Krieg traf ich ihn wieder, und als er mir von seiner neuen Tätigkeit erzählte, konnte ich nicht umhin, ihm direkt ins Gesicht zu lachen. Worauf er recht beleidigt zurückgab: »Nun, ich muß schließlich irgendwie meinen Lebensunterhalt verdienen.« Ich bin davon überzeugt, daß er inzwischen ganz groß herausgekommen ist, und vielleicht hat er sogar bereits Rache genommen.

Was das Thema allgemeiner Kritik angeht, so hat ein berühmter französischer Kritiker, der mit einer großartigen ironischen Einsichtsfähigkeit ausgestattet ist, einmal bemerkt (ich zitiere aus dem Gedächtnis, aber, wie ich glaube, korrekt): »Wenn wir ein neues Stück besprechen, dann sind wir von der Zunft es uns schuldig, es zunächst an unserer eigenen Theorie zu messen, unabhängig davon, welches Ziel der Autor verfolgte, und dann beklagen wir uns, weil dieses Stück *kein ganz anderes Stück* ist.«

Ob sich unsere Musikkritiker, die ja angeblich so ehrlich und so zutiefst um Fairness bemüht sein sollen, durch die Bemerkung dieses Franzosen bis ins Mark getroffen sind, kann ich nicht sagen. Denn ich lese jenen Teil der Zeitungen nicht, aus einer eingefleischten und stets wachsenden Abneigung gegen Diskussionen über mir heilige Themen, seien es nun Musik oder Religion; nur manchmal diskutiere ich hier mit einem engen Freund, dessen Seele mit meiner in Einklang steht, auch wenn unsere Vorstellungen sich vielleicht im einzelnen unterscheiden. Auch stimme ich Dr. Johnson zu, der gesagt hat, es sei die Meinung des Mannes auf der Straße (die Menschen, die ich die Ignorantia nenne), die am Ende zähle – nicht die der Experten. Und obwohl ich tatsächlich selbst »Expertin« bin, besuche ich selten ein Konzert, ohne Hinweise aus dem Publikum aufzunehmen.

So geschieht es also, daß ich wenig oder nichts über unsere Presse weiß; doch kürzlich stieß ich auf einen äußerst amüsanten Leserbrief in einer Provinzzeitung, unterzeichnet mit »Musikliebhaber«, in dem der Schreiber sich beschwerte, Kritiker seien »auf morbide Weise mit den jeweiligen Ansichten der Kollegen beschäftigt« (ich dachte natürlich sofort an Sir Walter Raleighs Universitätsdozenten) und stünden »des weiteren unter der mysteriösen Verpflichtung, in respektvollen Anspielungen auf Mr. Ernest Newman zu schwelgen!« Wenn dies stimmt, bedauere ich es sehr; denn nach dem Hörensagen zu urteilen läßt der ehemals so witzige Mann, jener frühere Meister der Kunst des Schreibens, heutzutage an niemandem mehr ein gutes Haar. Und wenn man an die Millionen Konzerte denkt, die er in seinem Leben schon ausgesessen hat, wer will ihn da verurteilen? Doch leider resultiert seine Motten-artige Angewohnheit, überall die Schwachstellen zu finden und Löcher aufzureißen, in dem Verlust der Fähigkeit, ein Werk rückhaltlos genießen und bewundern zu können, und das ist das Schlimmste, was uns allen geschehen kann. Ich hoffe also, daß Mr. Newman seine Bewunderer nicht zu weit mit sich fortziehen wird.

Es gibt jedoch einen Kritiker, dessen Artikel ich immer verschlinge, ob es sich nun um Musik, Literatur oder Kino handelt, und es ist wirklich nicht meine Schuld, daß es sich um eine Frau handelt. Christopher St. John hegt keinen ehrerbietigen Respekt für ihre Kollegen, – nicht einmal für Mr. Newman! Sie peilt das Objekt ihrer Aufmerksamkeit ganz direkt an, versucht herauszufinden, was dessen Erfinder damit sagen will, und zeichnet ihre Eindrücke mit jener starken, sensiblen, originären Sprache auf, die ein solcher Geist hervorbringt. Ich kenne keinen typischeren Fall vorzüglicher weiblicher Intelligenz. Alle Musiker, die ihre Arbeiten kennen, sind zornig, daß sie nicht bei der Tagespresse arbeitet ... doch ich bin da nicht so sicher ... ich fände es scheußlich, wenn jenes scharfe Schwert stumpf würde! Christopher St. John ist natürlich ein weiterer Fall eines »weißen Raben«; ansonsten ist die hermetische Allmännlichkeit unserer Musikpresse ungebrochen. Weshalb die folgenden Beobachtungen wahrscheinlich nicht ungerechtfertigt sind*.

Ich begann diese Schilderung damit, Ihre Aufmerksamkeit auf die äußerste Energieanstrengung zu lenken, die außergewöhnliche Frauen immer charakterisiert hat und die heutzutage »dank« des Krieges in den Adern einer ganzen Frauengeneration fließt. Wo diese Flut der Vitalität in das Werk einer Frau einfließt – das von Mrs. Swynnerton

---

* Christopher St. John wurde die erste Biographin Ethel Smyths.

zum Beispiel –, wird sie mit ziemlicher Wahrscheinlichkeit die Nerven bestimmter Männer angreifen, und ganz sicherlich die der Musischen Fakultät. Denn von jener Trägheit, die uns Frauen beim anderen Geschlecht auffällt, müssen besonders jene Männer mit »Bleibe im Lande ...«-Mentalität belastet sein, deren Beruf sie von intellektueller Kameradschaft mit Frauen abgeschnitten hat. Als George Bernard Shaw sagte, man habe mich deshalb beinahe vernichtet, weil meine Arbeiten für die Fakultät zu ›viril‹ seien, meinte er genau das – es fehlt in ihnen ein bestimmter schenkelklopfender Humor, den Männer, wie ich glaube, aneinander tröstlich finden. Ich finde ihn gelegentlich durchaus auch tröstlich, doch nicht immer und nicht nur in dieser Form. Jedenfalls, soviel ist sicher, ist das nicht unbedingt Sache der Frauen.

Möglicherweise wollen Männer so etwas wie eine Banane, und die Seele einer Frau gleicht mehr einer Grapefruit oder einer Orange, die für männliche Zähne unangenehm ist. Doch ist das der Fehler dieser Früchte oder der Zähne? Da jedenfalls die weibliche Seele nicht länger ignoriert oder zerquetscht werden kann, sie im Gegenteil eine wichtige Zutat bei jedem Lebens-Bankett darstellt und ihre Bedeutung ständig steigt, würde ich Männern gern in aller Freundschaft folgendes vermitteln.

Wenn Mrs. Doktor Fell und all ihre Arbeiten Ihnen so zuwider sind, wenn ihre Energie und Direktheit Ihnen auf die Nerven geht, mag die Schuld da nicht bei Ihnen liegen? Ein mir fremder Mann platzte neulich – in Unkenntnis meiner Ansichten über Presse-Meldungen – heraus, irgendein Gentleman habe sich darüber beklagt, daß sich irgendein ›Fehler‹ durch mein gesamtes Werk ziehe. Was, wenn der Fehler in ihm liegt? Was, wenn die ganze Widerspenstigkeit gegen den Geist der Frau auf ein bestimmtes Defizit in Männern hinweist – eines jener Defizite, für die es bislang noch nie Anlaß gab, sich damit zu brüsten oder sich ihretwegen überlegen zu fühlen? Ich meine eine bestimmte geistige Impotenz, die diese Männer von einem gesunden Verkehr mit dem anderen Geschlecht abschneidet und sie auf das einsame Vergnügen beschränkt, mit ihrem eigenen Geist zu kommunizieren.

Ich erwarte nicht, daß Männer diese Idee, die ihnen vielleicht neu ist und wenig schmeckt, sofort begeistert aufnehmen, doch in der Zwischenzeit bitte ich Sie zu versuchen, eine bestimmte patriarchalische Grundhaltung gegenüber Frauen auf dem künstlerischen Gebiet abzulegen, die doch schon in anderen Bereichen längst aufgegeben wurde und nicht mehr zu den Realitäten des modernen Lebens paßt. Und wenn Sie fragen: »Was, bitte, ist mit Komponistinnen? ...«. Nun, ich habe schon weiter oben erklärt, daß es bis in jüngste Zeit aufgrund unseres totalen Ausschlusses aus dem Musikleben beinahe genauso unmöglich war, einen großen weiblichen Komponisten heranzubilden, wie einen weiblichen Lord Nelson – ich hätte hinzufügen können – »der im Herzen Zentralafrikas aufwachsen müßte«. Da Frauen jedoch trotz aller Behinderungen – und zudem in einer erstaunlich kurzen Zeitspanne – in Wissenschaft, Literatur, Verwaltung, Forschung, Wirtschaft, beim Aufbau des Empires und so weiter in die vorderen Ränge vorgestoßen sind, scheint es unwahrscheinlich, nicht wahr, daß es ihnen ausgerechnet mißlingen sollte, als Musikschaffende gute Leistungen zu erbringen? Ich behaupte, es kommen Massen von jungen Frauen; unsichtbar, unerkannt hinter dem Schleier des Vorurteils, des Patriarchentums und entzogener Möglichkeiten, die Männer immer noch zwischen uns und einem Platz an der Sonne heraufbeschwören können. Doch wenn ihre Stunde kommt, wird es, bei dem Geist, der in ihnen steckt und den sie in all die Bereiche mitnehmen, in die sie vordringen, eine wundervolle Stunde sein.

Warum sollten Sie, die Männer also weiterhin annehmen, wie Sie es noch vor dreißig oder vierzig Jahren zu Recht annehmen konnten, wo es um die Musik einer Frau gehe, genüge es, mit einem Klebepinsel und einem Päckchen »weiblicher Komponist«- Etiketten zu arbeiten, um mit der Sache fertigzuwerden? Ist dies nicht eher »armselig«, wie eine Krankenschwester meinte, als sie hörte, daß das französische Wort für »Ja« – »Wie« laute? Und wenn Sie sagen: »Oh, wenn uns eine wirklich gute Arbeit begegnet, werden wir sie sofort erkennen«, möchte ich Sie, liebe Landsmänner, daran erinnern – und Ihr, Landsmänninnen, vergeßt die Tatsache nie –: Zu derselben Zeit, als deutsche und französische Kritiker wie oben zitiert reagierten, zur selben Zeit, als ein österreichischer Kritiker meinte, die ›Wreckers‹ seien der leidenschaftlichste Ausdruck der englischen Seele – abgesehen von Shakespeares ›König Lear‹ –, dem er je begegnet sei; zur selben Zeit, als Walter und Nikisch dieses Werk zur Aufführung vorbereiteten; zur selben Zeit, als George Bernard Shaw die Gedanken hegte, die zwanzig Jahre später zur Kernaussage seines Briefes über die Messe werden sollten – zur selben Zeit galt es unter *Euch* als ausgemacht, daß eine Frau lediglich ein nachahmendes Wesen ist, unfähig zu starker, originärer Arbeit und daher ungeeignet, in Eure Kreise Eingang zu finden und an Eurer Seite zu sitzen.

Warum gibt es zum Beispiel im neuen ›Grove‹* nicht einmal eine Erwähnung von Dorothy Howell, Komponistin und Professorin an der Königlichen Musikakademie? Weil sie ihrem Namen kein ›s‹ hinzufügen kann? (Mein Freund Howells vom *R.M.C. Journal*-Vorfall hat, wie ich sehe, zwei Spalten bekommen.) Wenn es zu einer neuen Auflage des Lexikons kommen wird, wird man – um mit den Worten von Mr. Flurry Knox zu sprechen – eine ganze Weile ein Huhn betrachten, bevor man an Dorothy Howell denkt. Ist das ein weiterer Swynnerton-Fall? Zählen Frauen erst dann, wenn sie das Klimakterium weit hinter sich gelassen haben?

Da ich außerhalb des turbulenten Musiklebens lebe, weiß ich nicht genau, welche Götter im Olymp sein Schicksal lenken (obwohl ich weiß, daß dort sehr viel gelenkt wird), oder welche verschiedenen Verzweigungen es hat, welche Provinz-Organisationen, welche Presseorgane und so weiter. Doch all diesen möchte ich folgendes vorschlagen: Wenn die Arbeit einer Frau gut genug ist, sollte sie gelegentlich den Platz einer jener überaus mittelmäßigen Kompositionen von männlichen Komponisten einnehmen, die so oft in Programmen auftauchen. Und um zur globaleren Frage von Musik im allgemeinen überzugehen: Wie kommt es, daß nur so wenige einflußreiche Männer *alle* gute Musik, die in diesem Lande entsteht, zu ihrer Angelegenheit machen, wie es das gesunde Prinzip von Henry Wood und einem oder zwei anderen Kollegen ist, statt sich nur auf die zu stürzen, die von einigen wenigen Auserwählten stammt? Das System des »pocket borough« (vor 1832 Wahlbezirk, der sich in den Händen einer Person, oft des Großgrundbesitzers befand, A.d.Ü.) wurde vor Jahrzehnten schon abgeschafft, doch derselbe Geist herrscht noch in unserem Musikleben; und obwohl die Flüche gegen die ›Gang‹ nicht laut geäußert werden – denn wer streitet schon offen mit dem eigenen Brötchengeber –, tauchen sie immer wieder auf. Und das ist auch kein Wunder. Intensive Kultivierung (die Wildblumen werden dabei automatisch vernichtet) ist natürlich ein Bestandteil des modernen Lebens, doch meiner Ansicht nach enthält sie eine Note geistiger Kommerzialisierung, die sich mit der Kunst nicht verträgt. Vor zwei oder drei Jahren erklärten einige unserer Ehemänner: »Das Radio muß gehen.« Nun ja, sie haben geschafft, daß es jetzt ständig läuft! »Es gibt da einen großartigen Komponisten na-

---

* das umfangreichste englischsprachige Musiklexikon.

mens X«, sagte meine Zugehfrau vor kurzem. »Woher um alles in der Welt wissen Sie das?«, fragte ich, aufs Äußerste erstaunt. »Oh«, gab sie zur Antwort, »sie haben das im Funk gesagt, also hörten wir ihn uns gestern abend an, und es war *sehr hübsch.*«

Ich wünschte, ich wagte zu sagen, wer »X« ist, denn diese Anekdote würde ihn sicherlich erfreuen – ein äußerst netter Bursche, dessen Musik ich zum großen Teil sehr schätze. Doch da sind noch andere Komponisten – Y, zum Beispiel, und Z; doch nur die intensiv Kultivierten kommen hinein, und infolgedessen werden die Verleger die Musik von Außenseitern sich nicht einmal ansehen (hier spreche ich aus bitterer Erfahrung), da sie sehr wohl wissen, daß sie nicht gefördert werden wird. Und manche dieser Unglücklichen können nicht einmal die Kosten für die Kopien bezahlen! All dies würde in Deutschland oder Österreich, wo Musik als lebensnotwendig begriffen und billig ist, keine Rolle spielen, denn dort ist der Strom so breit, daß er auch Außenseitern Platz bietet. Hier jedoch ist er leider nur ein armseliges kleines Rinnsal und nicht im mindesten ein allgemeines Lebensbedürfnis. Es gibt so äußerst wenig Platz für neue Musik in den Programmen ... was, wenn all dies von den Mitgliedern des inneren Zirkels abgesprochen wurde? Das meine ich mit dem Vernichten der Wildblumen: wenn das einmal geschehen ist, dann ist der Charme des Landlebens dahin. Und als letztes Wort, bevor ich den Faden, aus dem der größte Teil dieses Diskurses gewebt ist, hoffentlich endgültig beiseitelege, möchte ich dies allen denjenigen sagen, welche die Möglichkeit haben zu geben oder vorzuenthalten: Wenn das eine oder andere junge Mädchen ein besserer Repetitor, Begleiter, Chorleiter, Orchesterchef, Inspizient oder Bühnenbildner ist als Eurer weißhaariger Junge, der den Job in früheren Zeiten selbstverständlich bekommen hätte, dann gebt ihn nicht ihm, sondern dem Mädchen.[1]

---

[1] Hier einige Schlaglichter, während dieses Buch in Satz ist:
(a) *Bemerkung* von Sir Henry Wood: »Männer neigen dazu, zu tief zu singen, Frauen zu hoch«;
(b) *Dialog:* Sprecher: *E. S.* und ein *Junger Dirigent.* Thema Holzblasinstrumente.
E. S. »Ich war sehr erfreut zu hören, daß Sie zu B. gesagt haben, nach Mr. S. sei der beste ...-Spieler in England Miss J.«
J. D. *(äußerst beunruhigt)* »Ich hoffe doch sehr, Sie werden nicht weiterverbreiten, daß ich das gesagt habe, denn sonst *wird kein Mann mehr bei mir spielen.*«
E. S. »Nun, ich hoffe, eines Tages werden die Ohren der Männer den Schock vertragen zu hören, daß eine Frau besser spielt als sie , *wenn sie besser spielt*; vielleicht kommt dann endlich die Kunst zuerst, nicht das Geschlecht!«

Und jetzt, da ich zum Ende komme, ist ein Wunder geschehen! Es ist Sonntag, der 6. November, und als ich bis zu diesem Punkt gelangt war, öffnete ich die ›Sunday Times‹ – Heimat der Artikel von Edmund Gosse über Literatur, weshalb ich sie mir halte. Und diesmal schaute ich ausnahmsweise in die Musikkritik, um nachzuschauen, ob ich über Mr. Newmans Pessimismus richtig unterrichtet sei. Und was finde ich? Dieser alte Freund (denn einst waren wir Freunde) muß über telepathische Fähigkeiten verfügen und meine Bemerkungen über die Auswirkungen der leidenschaftlichen Energien von Frauen auf müde oder verschlissene Männer-Nerven gehört haben; jedenfalls lieferte er mir für meine Schleuder den glattesten, rundesten Stein, den Englands Küste zu bieten hat. Hier ist er (die Hervorhebungen sind natürlich von mir): »Madame Suggia legte so *schrecklich viel Energie* in ihr Spiel, daß es kaum überraschte, wenn die Saiten gelegentlich unter der Behandlung, die sie erfuhren, aufstöhnten, und wir für unseren Teil, wehmütig an die *sanfte Männlichkeit* von Casals dachten. Doch wenn die Tigerin mit ›Samtpfoten‹ vorging, war der Effekt bezaubernd.«

Da ist es, sehen Sie! Er wollte eine Banane – und ich glaube, eine *frische* Banane ist etwas so Köstliches wie die Kunst von Casals. Doch Suggia ist weder Casals noch sonst irgend jemand, sondern eine leidenschaftliche, unvergleichbare Musikerin. ... Und plötzlich denke ich an das ekstatische Lob, das vor Jahren ein bestimmter junger Violinist bekam, der einen süßlichen, seifigen Ton hatte (ich habe schon gesagt, ich hatte selten das Glück, mit der Fakultät einer Meinung zu sein), der heute äußerst unfair als »Enttäuschung« bezeichnet wird. Das war eine Banane, wenn Sie so wollen – eine der importierten, grünen Sorte! ... Und ich erinnere mich auch daran, daß das Bohemian Quartett einst aus England verjagt wurde, weil es »kratzte« ...! Ach ja.

(J. D. fügt hastig hinzu, Männer hätten mehr *Erfahrung* als Frauen mit dem Orchesterspiel; und
E. S. erwidert *nicht*: »Selbstverständlich – da die Männer sich zusammenschließen, um sie daran zu hindern!«)

Aufbruch

Während ich die Aufzeichnungen über das heutige Musikleben zu einem Ende bringe, erinnere ich mich an eine Bemerkung, die ein alter Freund von mir in den frühen, unvorsichtigen Tagen meiner Jugend häufiger zu mir machte: »Vous n'êtes donc jamais lasse de vous faire des ennemis?« (Werden Sie nie müde, sich Feinde zu schaffen?) ... Werde ich mir mit dem, was ich hier geschrieben habe, Feinde schaffen? ... Auch wenn das der Fall sein sollte, das Risiko mußte ich eingehen, die Brücken hinter mir abbrechen. Denn wozu sollte ich nütze sein – ich, die ich so viel über die Direktheit von Frauen gesagt habe, so viel darüber, daß sie sich auf ihren moralischen Mut verlassen –, wenn ich selbst aus Furcht vor persönlichen Konsequenzen davor zurückschrecke, das zu sagen, was einmal gesagt werden muß?

Nun, wer weiß? Vielleicht hat all das gar keine Konsequenzen. Tief im Herzen haben unsere Landsleute viel Sinn für Fairplay und auch, wie ich glaube, einen bestimmten Respekt für diejenigen, die etwas beim Namen nennen, auch wenn sie damit ein persönliches Risiko eingehen – solange es ohne Bösartigkeit geschieht. Daß dies bei mir der Fall ist, kann ich jedenfalls vorbringen, und dabei muß man es belassen.

Beiläufig scheine ich die Frage beantwortet zu haben, die mir manchmal Freunde stellten: Ob ich einen weiteren Band von ›Impressions that Remained‹ schreiben wolle. Jene Memoiren, die mit dem Jahre 1889 enden, sind beinahe eine Tagebuchaufzeichnung; und obwohl es zulässig und recht amüsant ist, das zu tun, was ich in diesem Buch und anderswo getan habe – Episoden auszuwählen, die mir achtunddreißig Jahre später bedeutsam oder vergnüglich erschienen – wäre es doch eine traurige und beinahe pathologisch zu nennende Aufgabe, jeden einzelnen Knochen des hier abgebildeten Skeletts mit lebendigem Fleisch ausstatten zu wollen. Solche Erweiterungen mögen der Sympathie der Leser überlassen – oder noch besser ganz unterlassen werden. Doch da ich auf diesen Seiten so häufig auf meine eigene Musik angespielt habe – was natürlich unvermeidbar war, auch wenn es die Musik anderer Frauen ist, die mir in Wirklichkeit die meiste Zeit durch den Kopf gegangen ist – möchte ich jenen, die bis hierher geduldig gelesen haben, sagen, was ich über dieses Thema denke.

Zwar gibt mir das Vergnügen, das einige gute Freunde von mir an meiner Musik haben – viele davon alles andere als Experten; das Vergnügen, das einige große Künstler daran haben – die meisten von ihnen Ausländer, auch wenn eine der größten unter ihnen, Violet Woodhouse, Engländerin ist; oder das Vergnügen, das ganz einfache, nicht intellektuell gebildete Menschen daran haben, wie das Publikum im Old Vic – zwar gibt mir das alles unaussprechlich viel Freude, doch tief in meinem Herzen grenze ich mich von Lob ebenso ab wie von der Verachtung, die das Etikett zum Ausdruck bringt, das ich mein ganzes Leben lang getragen habe. Dies einfach deshalb, weil ich ohne das Lob auskommen und mit der Verachtung fertig werden mußte. Es ist die Jagd, nicht die Beute, die den Glanz und die Qual unserer Tage ausmacht; und so wie ein Jagdhund ohne Rudel selbst etwas erlegen wird, weil er Freude an der Jagd hat, so bin ich mein Leben lang einem einzigen Traum gefolgt, der mich von zu Hause fortlockte, als ich noch ein junges Mädchen war – der Traum, dem jeder Künstler nachjagt, wenn auch, wie ich glaube, selten in solch äußerster Einsamkeit wie sie mir widerfuhr; die flüchtige Vision, dem Henri de Régnier's Tanzendes Mädchen mit ausgebreiteten Armen durch den herbstlichen Wald hinterhertanzte: »Cherchant sa bouche amère ou douce en fuite dans le vent« (Dessen bittern oder süßen Mund sie vergeblich im Wind suchte). Und unsere einzigen absolut glücklichen Augenblicke sind die, in denen wir eine Falte jenes unberührbaren Gewandes zu ertasten scheinen.

Was die Qualität des Werkes eines jeweiligen Künstlers angeht, so besteht selbstverständlich die geheime Hoffnung, die aufrechterhaltende Überzeugung jedes englischen Kunstschaffenden darin, etwas »auf ewig Englisches« zu hinterlassen, doch wenn sich dies als eine Illusion herausstellen sollte, was spielt das schon für eine Rolle? Zeitgenössische Werke sind immer schwer in ihrem Wert zu ermessen, und in meinem Fall ist es besonders schwer. Der genaue Wert meiner Musik wird wahrscheinlich erst dann erkannt werden können, wenn nichts mehr von der Komponistin übrig geblieben ist als geschlechtslose Punkte und Striche auf liniertem Papier. Ich weiß es selbst nicht und muß es auch nicht wissen.

Doch wenn etwas von einer ungeheuren Lebensfreude, die eine aufgeschobene Hoffnung nicht zu trüben vermochte; wenn die Empfindung von Freiheit, Gelöstheit, Ernsthaftigkeit, die das Herz durchflutet, wenn plötzlich auf geheimnisvolle Weise das kümmerliche Rinnsal eines persönlichen Schicksals mit dem Strom menschlicher Erfahrungen davongetragen wird; wenn auch nur ein Quentchen von alledem ins Werk eines Künstlers einfließt, lohnte es sich, dieses Werk verfaßt zu haben. Und sollten die Ohren anderer jetzt oder nach meinem Tod auch nur ein schwaches Echo eines solchen Geistes in meiner Musik erfassen, dann ist alles gut ... und mehr als gut.

Januar 1928

Schlagworte und die geliebte Ignorantia

Obwohl dieser Essay die autobiographische Ebene nur streift, schreibt sich Ethel Smyth den ganzen Ärger über die Kritikerzunft von der Seele. Zugleich zeigt sich ihr künstlerisches Credo: das Eintreten für Qualität und die Ablehnung des Modischen nur um der Neuheit willen; ihre Überzeugung, daß das Gehörte – und weniger die Analyse der Partitur oder der Grad des Innovativen – den Maßstab einer Bewertung bilden sollte, und ihr Vertrauen auf die Urteilsfähigkeit des Konzertpublikums.

I

Es gibt gewisse dumme Schlußfolgerungen, zu denen Menschen mit einer ausgeprägten Halbbildung gern greifen und mit denen man Geduld haben muß, eingedenk der Tatsache, daß man selbst vor noch nicht allzu langer Zeit vielleicht zu idiotischen Gedankensprüngen neigte. So kam es mir erst relativ spät in meinem Leben in den Sinn, wenn das Sitzgeflecht eines Stuhles in der Mitte nachgibt, daß dies dann nicht am Dienstmädchen liegt, das – taub gegenüber Bitten und Ermahnungen – ihren Fuß mitten auf den Stuhl setzt, wenn etwas heruntergereicht werden soll; es ist einfach die Tatsache, daß das Gewicht des Sitzenden sich in der Mitte besonders bemerkbar macht und der Geist des Stuhles an dieser Stelle zuerst schwach wird. (Am selben Tag verschwindet die langgehegte Illusion für immer, daß die Bespannung des Tennisraquets am ehesten in der Mitte kaputtgeht, weil man den Ball besonders gut und richtig getroffen hat.)

Ja, so nach und nach lernen wir etwas über das Leben, und mit Hilfe der Erinnerung an all unsere vergangenen Begrenzungen, Fehlleistungen, übereilten Schlüsse und halbgaren Urteile wird uns bewußt, wieso so vieles Widersprüchliche überlebt. Doch eine Sache überrascht mich jedesmal aufs neue: Wie kommt es, daß diejenigen, deren Geschäft es ist, sich in der Kunstgeschichte etwas auszukennen, derart leichtfertig mit dem Schimpfwort »altmodisch« um sich werfen?

In der Welt der Industrie spielt dieses Wort die sympathische Rolle ultravioletter Strahlung, welche die nachlassende Wirkung des großen Gottes Kommerz anregt. Wenn uns eine Modistin versichert, unser Hut sei altmodisch, versteht jedes Kind, warum sie das sagt. Die neue Hutmode mag – soweit man das beurteilen kann – häßlich sein, der alte Stil dagegen ausgesprochen schön; doch Ästhetik ist offensichtlich nur ein unbedeutender Nebenaspekt des Hutkaufes. Das Geschäft muß weitergehen, und die Modistin – jene Meisterin der menschlichen Natur – weiß, daß nichts einer Kundin mehr Mut verleiht, die unschudige Kreation des letzten Jahres wegzuwerfen, als das Wort »altmodisch«.

All dies ist verständlich. Doch was haben diese Hin- und Herschwenks des Geschmacks, was hat dieser Kult der Veränderung um der Veränderung willen mit der Welt der Kunst zu tun, wo das einzig Wichtige doch nur ist, ob ein bestimmtes Werk lebendig oder tot ist? Nichts sonst zählt auf lange Sicht, und wie Clemence Dane irgendwo sehr schön gesagt hat, bestehen die Blutsbande zwischen den größten und den kleinsten Göttern darin, daß sie Leben Spendende, Leben Schaffende sind. Doch dieser Punkt wird von dieser Art Kritiker kaum je vorgebracht, die wiederum Seeleuten gleichen, welche sich vor dem offenen Meer fürchten und lieber im geschützten Hafen herumpaddeln, wo nichts Gefährlicheres auf sie einstürmen kann als herumfliegende Schlagworte und Parolen.

Am liebsten würde ich jedes im Kunstbetrieb benutzte Schlagwort festnageln. Nehmen wir den Ausdruck »up to date«. Giotto ist derzeit »up to date«; jeder kann sehen, daß er ein Naiver ist; doch ist er deswegen weniger unsterblich? Oder denken Sie an all die zahlreichen sich wälzenden, von den Zeitgenossen Michelangelos gemalten Nackten, von denen es im Bargello* nur so wimmelt. Auch diese waren »up to date«; die Bildhauer, die sie schufen, gingen einige Schritte weiter als ihr Meister, und wahrscheinlich blickten sie auf ihn herab und betrachteten ihn als »altmodisch«, genauso wie Bachs Zeitgenossen ihn »alter Zopf« nannten. Ändert das etwas daran, daß diese Statuen scheußlich sind? Und hat der Spott von Bachs Gegnern ihre eigenen Kompositionen davor bewahrt, in Vergessenheit zu geraten? »Up to date«? Ein sol-

---

* »Bargello«: das Nationalmuseum in Florenz, das eine umfangreiche Sammlung italienischer Skulpturen beherbergt.

cher Ausdruck führt zu Absurditäten aller Art. Was ist mit dem unsterblichen ›Barbier‹, geschrieben von einem Mann der Wagnerschen Epoche, doch nicht eine Zeile seiner Musik verrät diese Tatsache! Und Sullivan, der, wie ich mir erlauben möchte zu sagen, nur dann unsterblich gut ist, wenn er an Gilbert gebunden ist, befindet sich in derselben Situation. Alles, was Rossini, Sullivan und viele andere taten, die uns Engländern bekannt sind, das war: Musik zu schreiben, die so lebendig, so individuell ist, daß sie in jeder Zeitepoche, die in der Lage ist, zwischen Original und Fälschung zu unterscheiden, bestehen kann – oder, könnte man hinzufügen, in jedem anderen Land, das einen Maßstab entwickelt hat. Denn ich kann zwar nicht sagen, wie die Experten seiner Zeit Rossini beurteilten, doch es besteht gar kein Zweifel daran, daß unsere Experten Sullivan unterschätzt haben. Die erste Ausgabe des Groves Lexikon wird für alle Zeiten gegen sie Zeugnis ablegen.

Oder nehmen wir ein anderes Wort, das sich gegenwärtig unter Intellektuellen und Journalisten großer Beliebtheit erfreut: »Stil«. Wir wissen alle, was diejenigen, die das Wort verwenden, damit meinen: gewöhnlich etwas recht Respektables und Zulässiges. Doch dieser Begriff läßt mich immer an jenen Zweizeiler aus ›Wallenstein‹ denken:

»Wie er sich räuspert und wie er spuckt
Habt ihr euch glücklich abgeguckt!«

Wenn Schiller darauf hinweist, wie sehr kleine Leute es lieben, dabei zu verweilen, wie eine große Persönlichkeit »sich räuspert und spuckt« – mit anderen Worten, ihre ganze Aufmerksamkeit auf unwesentliche Details richten und sie nachzuahmen trachten –, beschrieb er auf drastische Weise die Geburt eines bestimmten Stils. Und wenn die Eigenarten der künstlerischen Ausstrahlung eines Menschen vergrößert, in ein System gepreßt, als Enthüllung verkündet und akzeptiert werden, beginnen viele Menschen, wieder freier zu atmen. Ein neues Schlagwort ist geboren, eine Formel, die konkret ist und doch im Intrigenspiel beliebig gewendet werden kann. In meiner eigenen Kunst erinnert mich die dauernde Beschäftigung mancher Menschen mit etwas, das ein schlichtes Gemüt unter meinen Freunden einmal »falsche Noten« genannt hat, immer an die Besessenheit, mit der manche Schuljungen an unanständige Dinge denken müssen. Möglicherweise stellt diese Tendenz nur eine Phase im Kunstleben eines Landes dar, das, was den kritisch-musikalischen Scharfsinn angeht, noch in der Pubertät steckt.

Nun ist der Punkt, auf den ich hinaus will, folgender: Ein großer Kunstschaffender mag vielleicht zufällig oder auch absichtsvoll etwas erfinden, das man einen neuen handwerklichen Trick nennen könnte: eine neue Art, Marmor zu behandeln; eine neue Pinselführung; ein ungewöhnlicher Rhythmus; eine neue Harmoniekonzeption (»falsche Noten«); kurz etwas, auf das sich die Experten sofort stürzen und es als »So und So's ›Stil‹« bezeichnen. Doch ich bleibe dabei, daß dies nicht kennzeichnend ist für ein Genie. Eine einzigartige Gestalt wie Wagner – und ich bin sicher, dasselbe muß für Napoleon gegolten haben – drang bestimmt auf allen Ebenen in Neuland vor. Heutzutage klingen Wagners Harmonien in manchen Ohren »altmodisch«, doch wir sollten nicht vergessen, daß das Orchester, das zum ersten Mal das Vorspiel zu ›Tristan und Isolde‹ intonierte, die Instrumente niederlegte und in Gelächter ausbrach. Und wir von der älteren Generation erinnern uns nur zu gut daran, wie uns jener Wagner-Stil von jedem drittklassigen deutschen Schreiberling aufgetischt wurde. Heute wissen wir, es ist Wagners kolossaler musikalischer Umgang mit den Leidenschaften – seine *dramatische Kunst* (wahrhaft ein Spiegel seiner Seele) – und nicht ein »Stil«, der nur einen kleinen Teil seiner Äußerungsformen ausmachte, die ihn zu dem Granitfelsen machte, an den sich, wenn es auch zweifellos Höhen und Tiefen geben wird, die Wellen der Moden brechen werden.

Doch nehmen wir Mozart. Dieser Nachfolger Haydns brachte in gewisser Hinsicht der Musik nichts Neues, weder rhythmisch noch harmonisch; im letzteren Bereich hatte Bach bereits revolutionäre Pfade beschritten, denen Mozart nicht einmal das Naturell hatte zu folgen. In mancher Hinsicht war er ostentativ konventionell, doch ... millionenfach *musikalischer* als gewöhnliche Menschen. Und Genie bedeutet genau das – eine phänomenale Fülle all der Qualitäten, die ein Kunstschaffender benötigt: Einfühlungsvermögen, seelische Tiefe, Kritikfähigkeit, Erfindungsgabe und so weiter. Technisch betrachtet gab er uns einen oder zwei unvermeidbare neue Partitur-Effekte, etwa die sanften Posaunen in der ›Zauberflöte‹, doch keinen neuen »Stil«; die Offenbarungen seiner Kunst hingegen rauben uns vor Staunen immer wieder den Atem. Er treibt seine Instrumente niemals in extreme Regionen, wie etwa Strauss es macht, er läßt sie nie irgendwelche Tricks vollführen; eher behandelt er sie mit auserlesenen Manieren, so daß die Phantasie der Zuhörer angeregt wird. Eine Klarinette ist nicht länger ein in seinen Ausdrucksmöglichkeiten begrenzter Gegenstand aus Holz und Metall, sondern ein ungezügelter Geist – ein außerirdisches Wesen, das nahe genug an uns vorbeikommt, so daß wir sein Lied verstehen können. Und wenn ein Kunstschaffender in der Lage ist, durch sein Werk die Vorstellungskraft der Zuhörer in seine Richtung zu zwingen, haben wir, wie ich glaube, die höchste Kunst von allen vor uns.

Oder betrachten wir Schubert, der im Alter von 31 Jahren, als der Tod ihn von der Bühne stieß, noch gehofft hatte, »etwas Besseres« schaffen zu können als die Wunder, die er schon vollbracht hatte. Wo also ist sein »Stil«? Natürlich können wir jeden großen Schriftsteller, Maler oder Komponisten wiedererkennen, doch von einem »Schubertschen Stil« im gegenwärtigen Wortsinn zu sprechen, wäre reiner Unsinn; oder, um ein anderes Beispiel zu wählen, von einem Brahmsschen Stil. Ich kann mir die Wut und Verachtung vorstellen, die letzterer empfunden hätte, wäre jemand auf die Idee gekommen, ihm etwas Derartiges zu unterstellen. Einmal hat ihm eine Person, die es zwar gut meinte, aber noch jung und unerfahren war, ihn den »Sexten-König« genannt, worauf er sie anstarrte, herumwirbelte und davonstapfte, auf eine Weise, wie nur Brahms es vermochte. Und die arme Möchtegern-Verehrerin wünschte, die Erde möge sich auftun und sie verschlingen. Dafür kann ich mich verbürgen, denn ich war jene Person; und obwohl dies schon vor über vierzig Jahren geschah, läßt mich der Vorfall immer noch vor Scham erröten.

Und was ist mit Bizet? ›Carmen‹ war und ist die Lieblingsoper recht wichtiger Kritiker, angefangen bei Nietzsche, doch auch darin ist kein neuer Stil erkennbar. Die Oper ist schlicht eine Explosion, die sorgfältig kontrollierte Explosion eines Genies (wenn man eine solch wilde Sprache dafür benutzen will). Oder, um etwa 250 Jahre zurückzuschreiten: Ich habe einmal, dank Philip Spitta, Stunden über Stunden damit zugebracht, den Kompositionen von Bachs Zeitgenossen zu lauschen – denselben Menschen, die ihn »alter Zopf« nannten –, und ich schwöre, selbst für einen Musiker (denn Experten sehen Dinge, die das normale Auge nicht entdecken kann) scheint es noch weniger Unterschied zwischen ihnen und Bach zu geben als zwischen Haydn und Mozart. Der Unterschied liegt im Kaliber – wie zwischen den Alpen und Snowdon; und in der Qualität – wie zwischen dem Evangelium und jenen apokryphen Schriften aus dem zweiten Jahrhundert, die schließlich von den Kirchenvätern abgelehnt wurden. Für uns, deren Augen nicht länger durch zweitgenössische Eigenheiten geblendet sind, scheint es unglaubhaft, daß diese Pseudo-Evangelien jemals ernsthafte Kandidaten für die Zulassung zum Kanon waren, doch sie waren zu ihrer Zeit en vogue. Ebenso wie die mechanischen Kontrapunktisten des siebzehnten Jahrhunderts und die schwülstigen Epigonen der Wagnerschen »Diktion«, wobei die letzteren natürlich die geistigen Erben jener waren, die einmal behauptet hatten, Wagner sei kein Musiker, und die Bizet bald darauf jede Melodiosität absprachen (!). Wer aus Versehen Tand mit Gold verwechselt, wird es zu kompensieren versuchen, indem er behauptet, der Tand *sei* Gold. Damit wäre dann alles, wie es sein sollte, und jeder hat eine Chance.

Um zu erklären, welche Überlegungen mich dazu gebracht haben, diese Frage der Schlagworte und der Einstellung überlegener und erleuchteter Persönlichkeiten im allgemeinen zur Musik zu diskutieren, muß ich einen Schritt näher auf Autobiografisches zugehen, als es mir in diesem Zusammenhang lieb ist.

Ich lese selten Zeitung, da ich Bücher bevorzuge (und nicht Zeit für beides habe) und die Kunstbesprechungen, die ich lese, handeln selten von Musik. Doch da ich eine Art Hansdampf in zwei Gassen bin und kürzlich ein Reisebuch veröffentlicht habe*, bestellte ich bei einem Ausschnittdienst eine Handvoll literarischer Besprechungen und forderte, daß die Schere nur auf diesem Gebiet operieren sollte. Dabei bin ich zu der Schlußfolgerung gekommen – da ich vermute, daß diese Beispiele typisch waren –, daß das Niveau literarischer Kritik in diesem Lande sehr hoch sein muß.

Wenn man etwas schreibt, hat man definitive Ziele vor Augen; man hofft, diesen oder jenen Eindruck zu erwecken, sich der Begleitung der Leser auf diesem oder jenem Pfade zu versichern. Nun, ich kann mich nicht in einem einzigen Fall beklagen, mir falsche Vorstellungen gemacht zu haben. Wenn das Bild erlaubt ist: Alle diese Kritiker wußten, wohin man unterwegs war, und begegneten einem auf halben Wege.

Abgesehen davon war ich beeindruckt von der Nachdenklichkeit und der Vielschichtigkeit ihrer Bemerkungen; und vor allem stellte ich

---

* ›A Three-Legged Tour in Greece‹ (1927).

fest, daß sie dauernd eine Qualität erwähnten, die offensichtlich für diejenigen, die über Musik sprechen, von keinerlei Bedeutung zu sein scheint, die jene literarischen Kritiker jedoch als recht wesentlich betrachteten; man könnte es Fröhlichkeit nennen, Kraft, Temperament, Leidenschaft, was immer Sie wollen; die Qualität, die Clemence Dane »lebensspendend« nennt – über die Puccinis Musik verfügt und die eines der Geheimnisse seiner ungeheuren Popularität darstellt. Es ist eine Qualität, die das Gegenteil darstellt von jenem vagen, traurigen, unwillkürlichen Dahintreiben, das heutzutage, wie mir scheint, als eine so poetische Atmosphäre geschätzt wird. Und dieselben Anzeichen lassen mich vermuten, daß Energie, Wille und plastische Gestaltung in der Musik als vulgär oder bestenfalls als »altmodisch« betrachtet werden; genauso, wie es zu Beginn des neunzehnten Jahrhunderts als »nicht damenhaft« bei einer Frau galt, wenn sie nicht in Ohnmacht fiel oder schwermütig wurde.

Nun, ich werde die Angelegenheit nicht weiter verfolgen, um herauszufinden, wie es kommt, daß diese vitale Kraft, die man eigentlich als notwendiges Element jeder Kreativität betrachten sollte, nie in den musikalischen Kontroversen erwähnt wird, und warum sie, ganz im Gegensatz dazu, auf dem Gebiet der Literatur so hoch geschätzt wird. Doch hier ist, in aller Kürze, meine eigene Erklärung dieses Phänomens.

Wie ich schon in einem früheren Kapitel ausgeführt habe, stellt die Produktivität den wirklichen Beweis für die Vitalität eines Landes auf allen Gebieten dar; und während der Strom guter Literatur in England nie versiegt ist, waren wir, musikalisch betrachtet, 200 Jahre lang ausgestorben. Ich erinnere mich entfernt, daß Coleridge irgendwo einmal gesagt hat, wenn Dichter in Schweigen verfallen, verliere das Volk seine Fähigkeit, zu lesen und Poesie zu verstehen; »es ist Chinesisch für sie«, ist ein Satz, der mir im Gedächtnis geblieben ist. Nun, als unsere Komponisten in Schweigen verfielen, hat zusätzlich zu den anderen Muskeln im musikalischen Körper dieses Volkes, die aus Mangel an Bewegung atrophierten, auch die Fähigkeit zur fundierten Musikkritik gelitten. Als sich wieder neues Leben zu regen begann, fanden sich die armen kleinen Geschöpfe in der Hand von alten Jungfern und Junggesellen, die drei Generationen älter waren als sie – Menschen, die alle Fähigkeiten zu einer guten Pflege und Erziehung verloren hatten und vielleicht deshalb jede vitale Regung unterdrückten, weil sie ihnen auf die

Nerven ging (selbst wenn sie noch so viel Krach machen, schätzen die heutigen Schriftsteller, zumindest theoretisch, auch die lebhaftesten Kinder).

Ich erwähne das Beispiel der Literaturkritik, die ich in letzter Zeit zur Kenntnis genommen habe, nur im Vorübergehen und möchte einen weiteren Bezug zu einem anderen, sprich nicht-musikalischen Gebiet herstellen. Als ich eines Tages die ›Morning Post‹ öffnete, blieb mein Blick – ich weiß nicht, weshalb, denn Malerei ist nun ganz und gar nicht meine Sache – an dem folgenden Satz hängen: »Die gute *altmodische* Kunst von Steer und Sickert ist bei weitem neuer als der *dernier cri* aus Paris.« Dann folgte ein Verweis auf »die Tendenz jüngerer Tage, gelegentlich mit einem Aufschrei zu beginnen und in einem schlaffen Schweigen ohne jeden Reifungsprozeß zu enden«. Schließlich wird die Kunst dieser »altmodischen« englischen Maler verteidigt, sie zeuge für »Sehen, Einsicht und Aufrichtigkeit« und sei »voller Überraschungen, mehr als die Post-Cézannes und Gauguins«, mit denen sie Seite an Seite in jener besprochenen Ausstellung hingen.

»Sehen, Einsicht, Aufrichtigkeit«!! Die ironischen Anführungsstriche, mit denen das Wort ›altmodisch‹ eingerahmt war, die unterschwellige Verachtung der Modernität um jeden Preis ... wäre es doch nur so, daß geflügelte Worte wie diese sich auch im Bereich der musikalischen Diskussion fänden! Und wieder einmal flog meine Erinnerung zurück zur Literaturkritik, und ich erinnerte mich daran, daß gute Malerei, ebenso wie gute Literatur, in diesem Land nie unterrepräsentiert waren. Und so komme ich seufzend wieder zurück auf meine Theorie über das zweihundertjährige Schweigen in der Musik und die Aufpasser mit den schwachen Nerven, deren Geist wahrscheinlich noch sehr lange das Geschehen im Kinderzimmer beherrschen wird.

II

Dann kam eines jener Ereignisse, die dazu bestimmt sind, auf der Landkarte des eigenen Lebens als Meilenstein zu dienen. Innerhalb von drei kurzen Wochen hörte ich zwei Opern: ›Fidelio‹ und ›Der Troubadour‹; hörte sie nach vielen Jahren noch einmal mit jener Geistesfrische, die von vibrierenden Echos der alten Begeisterung durchdrungen war und die jeden dieser Abende zu einem unvergeßlichen Erlebnis machten. Danach hatte ich das Gefühl, ich müßte meine Überzeugung laut proklamieren, bevor ich sterbe – und, mehr noch, sofort damit beginnen. Denn über Musik zu schreiben, ist, als schriebe man einen Leserbrief an die Zeitung über das Telefon; wenn man den Widerwillen nicht bekämpft und es sofort tut, wird es nie getan werden.

Lassen Sie mich damit beginnen, daß ich meine Eindrücke von ›Fidelio‹ schildere. Nach fünfzehnjähriger Enthaltung waren sie so überwältigend, daß es schwerfiel, nicht in die üble und lächerliche Situation zu geraten, öffentlich sichtbar – sogar hörbar – zu weinen, und zwar beinahe von Anfang bis Ende. Und die Aufführung ... ! Bruno Walter dirigierte*, das Orchester spielte so, wie es manchmal spielt, wenn er dirigiert. Ich erinnere mich an Levi, Mahler und andere große ›Fidelio‹-Dirigenten, doch niemand kann jemals das Werk tiefer verstanden und es himmlischer dirigiert haben als Walter. Das Ensemble bestand aus Mitgliedern seiner eigenen Kompagnie aus Potsdam** – sie alle waren bis ins Mark von jener heilig-schönen Musik durchdrungen; die Leonore war nicht mehr sehr jung, doch ihre Stimme klang immer noch rund, resonant und faszinierend, ihr darstellerisches Spiel war rührend, wirklich zu Herzen gehend, immer jedoch harmonisch. So war es auch beim Rest des Ensembles. Florestan war ein würdevoller, großartiger Gentleman, nicht der pathologische Fall, den manche Tenöre aus ihm machen; Marzelline absolut perfekt. Hier hatten wir endlich, was nur natürlich war, ein wirkliches Zusammenspiel. Nur eine Figur fiel heraus – ein einzelner Engländer, nicht vertraut mit dem Bühnengeschehen, hilflos, in schlechter Verfassung, seine gute Stimme nutzlos in dieser Situation, wie es immer der Fall sein wird, wenn Sänger ohne Berufung oder Ausbildung auf die Bühne stolpern. Doch ich will nicht auf diesem einen Makel verweilen. Was mich im Herzen tief berührte, war die Hingebung, mit der die Darsteller sich der Musik widmeten, eine Mischung aus Leidenschaft und Respekt für die Kunst, die in diesem Land undenkbar wäre – eine innere Einstellung, von der wir uns, mit

---

* Bruno Walter leitete von 1924–1931 deutsche Opernaufführungen an der Londoner Covent Garden Opera.

** Hier irrt E.S.; es waren Mitglieder der Städtischen Oper Berlin, an der Walter von 1925–1929 dirigierte.

unseren Orchestern, die zu wenig proben, unserer zwanghaften Fixierung auf Kassenmagneten und unserem hoffnungslosen Mangel an Vergleichsmöglichkeiten, jedes Jahr weiter und weiter entfernen.

Als die Oper zu Ende war und weil ich einem Blutsbruder die Hände schütteln wollte, kämpfte ich mich an vielen Hindernissen vorbei zu Professor Donald Tovey, den ich im Parkett gesichtet hatte, und bat ihn, mich bald zu einem ausführlichen Geplauder über ›Fidelio‹ zu empfangen. Am nächsten Tag nahm ich, wie üblich, davon Abstand, irgendwelche Bemerkungen über die Aufführung zu lesen, doch allmählich sickerte es bis zu mir durch, daß mehrere jener Schafe, deren Berufung darin besteht, das Echo dessen zu sein, was sie für die Empfindungen der »hohen Leute« halten – daß diese Schafe in London herumblökten, ›Fidelio‹ sei eine »miserable Oper«! Und schließlich mußte ich sogar, zu meiner unaussprechlichen Verblüffung, vom Professor hören, daß einige unserer Neunmalklugen tatsächlich den Eindruck hätten, die Oper sei ein Fehlschlag in Deutschland!

Was?! ... ›Fidelio‹, für Deutschland das, was der ›Messias‹ für England ist – ein integraler Bestandteil jeder deutschen Opern-Spielzeit, ebenso wie der ›Figaro‹ oder die ›Walküre‹ (Walter sagt, er spielt sie etwa fünfzehnmal im Jahr) – ›Fidelio‹ ein Fehlschlag? Man mochte kaum seinen Ohren trauen, und plötzlich packte mich die entsetzliche Vorstellung, das Syndikat könne sich entmutigen lassen und das Werk in der nächsten Spielzeit nicht mehr zur Aufführung vorsehen. Dann erinnerte mich Professor Tovey daran, daß die Oper in ihrer früheren Fassung, als ›Leonore‹, wirklich ein Fehlschlag gewesen war, und man fragte sich, ob irgend jemand unter den Verantwortlichen das Schicksal der beiden Versionen miteinander verwechselt hatte. Oder hatten die Schafe unglücklicherweise die Anordnung des Schäfers nur bis zur Hälfte ihres Rudels weitergegeben und zu früh angefangen zu blöken?

Tatsache ist: Nach dem anfänglichen Fehlschlag von ›Leonore‹, an dem auch einige hastige Ausbesserungen am Libretto nichts ändern konnten, wurde das Werk beiseitegelegt.* Wenige Jahre später hat ein gewisser Treitschke das Libretto drastisch bearbeitet; Beethoven überarbeitete die Musik, und im Jahre 1814 wurde die Oper, dank seiner bis dahin bereits einmaligen Position, als ›Fidelio‹ wiederbelebt und löste

---

* Die erste Fassung wurde 1805 in Wien aufgeführt.

den seither immer wiederholten Eindruck aus. Auch wenn im übrigen, wie Professor Tovey es ausdrückte, »man es im Kopf nicht aushält«, wie schrecklich jene Aufführung gewesen sein müsse. So hielt man damals die Ouvertüre für zu schwierig und ersetzte sie durch die der ›Ruinen von Athen‹ (!). Auch befanden sich die Vorstellungen, die sich manche Leute von der Liebe machten, damals noch auf dem Niveau des achtzehnten Jahrhunderts, und diese fanden, dem Untertitel der Oper, ›L'amour Conjugale‹, und sogar dem ganzen Thema, fehle entschieden das Salz. Dennoch war es ganz offensichtlich, daß ›Fidelio‹ gekommen war, um zu bleiben.

Seit jenem Tag hat die Oper nichts von ihrer Faszination auf das Publikum eingebüßt – und das wird sie auch nie, selbst wenn Professor Tovey mir erklärt hat, es habe immer eine Schule von Kritikern gegeben, die den Erfolg des ›Fidelio‹ gar nicht gern sahen. Denn wie frühe Wagnerianer (glücklicherweise in diesem Punkt nicht unterstützt vom Meister selbst) des öfteren erklärten, sei dies »symphonische« Musik und für die »Bühne« ungeeignet. Was wieder einmal beweist, wie weit Steckenpferde ihre Reiter vom rechten Weg abbringen können, denn etwas Dramatischeres als Beethovens Musik läßt sich kaum vorstellen. Glücklicherweise ist das deutsche Publikum viel zu musikalisch, um diese akademischen Weisheiten ernst zu nehmen; es strömt herbei, um ›Fidelio‹ zu hören, so wie unser Volk herbeiströmt, um Gilbert und Sullivan zu hören, ungeachtet der immer wiederkehrenden Versuche von Besserwissern, jene himmlischen Zwillinge zu »zermalmen«.

Ich erinnere mich auch, daß eingefleischte Wagnerianer in meinen Leipziger Tagen in eine Glorifizierung sinnlicher Liebe ausbrachen (einschließlich der zwischen dem Geschwisterpaar Siegmund und Sieglinde), und begeistert einen Ausspruch jener frühen ›Fidelio‹-Gegner übernahmen, wonach eine Empfindung wie Leonores Liebe für ihren Ehemann, der schon vor zwei langen Jahren eingekerkert war, »spießbürgerlich« sei – ein Begriff, der den Duft von Sauerkraut, Würstchen und Bier verströmt.

Welche Verirrung! ... Wie fatal vorherbestimmt, im Vergleich zu ernsthafter Kritik nichts als Gekläffe zu sein! Natürlich hatten solch höhnische Bemerkungen keine Chance gegen ein himmlisches Werk wie ›Fidelio‹; dennoch sprießen solche irrigen Behauptungen immer wieder aus dem Boden, denn alle Epochen sind »dekadent«, wenn man sich die eigene Gesellschaft nur sorgfältig genug aussucht. Zu Beginn dieses Jahrhunderts hörte ich in Paris eine amüsante Schilderung einer »Conférence« einiger junger Nachwuchskräfte der literarischen Linken. Es ging um das Thema »Liebe«, und jeder Teilnehmer an der Diskussion wurde gebeten, vor Beginn seines Referates anzuzeigen, welchen Teilaspekt dieses weiten Feldes er beackern wollte. Einer verkündete, er habe das Thema »L'amour sadique« (sadistische Liebe) ausgewählt; ein zweiter versprach, sich dem Thema Homosexualität zu widmen. »Tiens«, sagte ein Dritter, »moi j'ai pris l'amour lesbien« (Sieh' an! Ich habe die lesbische Liebe gewählt). Dann wandte sich der Präsident an ein neues Mitglied, einen ganz jungen Mann, der bescheiden im Hintergrund stehen geblieben war: »Et vous, Monsieur?«, fragte er. »Moi, Monsieur«, antwortete der Neuling schüchtern und mit leichter Mißbilligung in der Stimme – »Moi j'avais simplement préparé l'inceste« (Ich habe mich nur auf den Inzest vorbereitet).

Nun gehe ich nicht soweit, die Wagnerianer der achtziger Jahre mit diesen komischen Konferenzteilnehmern des Jahres 1904 gleichzusetzen, doch die Luft ist noch genug von jenem Geist erfüllt, so daß es sich lohnt, das Folgende zu sagen.

Wir wissen alle entweder durch eigene Erfahrung oder vom Hörensagen etwas über die Art von Liebe, die Racine in dem unsterblichen Zwölfsilber zusammenfaßte: »C'est Vénus toute entière à sa proie attachée« (Es ist Venus mit ihrer gefesselten Beute). Doch was ist mit der anderen Art von Liebe – der Liebe, die aus der Einheit der Seele und des Körpers entsteht, um die, wenn wir glücklich genug sind, sie zu besitzen, unser Leben sich dreht? Nicht alle haben das Glück, jemals die vollkommene Einheit kennenzulernen, dennoch gibt es so etwas wie Liebe, die so stark ist wie der Tod, wenn auch frei von Leidenschaft im engeren Sinne des Wortes. Und es gibt andere Qualitäten, ohne deren Einfluß auf unsere Existenz unser Leben nicht mehr als eine müde Pilgerreise durch einen unausgemisteten Schweinestall wäre. Die Art von Leidenschaft, von der ›Fidelio‹ handelt, kommt aus tiefstem Herzen – umfaßt all diese Qualitäten; und als ich während jener Aufführung im Covent Garden um mich blickte, sah ich auf den Gesichtern der Menschen, was ich sehen wollte.

Wie hätte es auch anders sein können? Denken Sie an den Krieg: Gibt es einen einzigen Erwachsenen in diesem Land, der nicht all diese Dinge weiß? – eine Liebe so ergreifend wie Leonoras, ob für Mann, Liebhaber, Schwester, Bruder oder Kind; Angst um das Schicksal der so geliebten Person; die langsame Qual der Gefangenschaft (ich habe das Pathos des Gefangenen-Chores nie so recht verstanden, bis ich selbst hinter Gittern war, wenn es auch recht freundliche Gitter waren); die Qual, daran gehindert zu sein, mit dem geliebten Menschen zu kommunizieren; Hoffnung, die immer wieder hinausgeschoben wird; der beinahe unerträgliche Freudenschmerz, wenn die Anstrengung sich gelohnt hat und man wieder an das Glück zu glauben beginnt ... Wer ›Fidelio‹ lauschte und solche Empfindungen kennt, muß – wenn auch unbewußt – etwas gespürt haben, auf das die eigene Seele ansprach. Beethovens Genie ist zu klar, zu unwiderstehlich in dieser besonderen Ausprägung, um die Seele nicht irgendwie zu erreichen. Doch leider ist die große Masse unserer Operngänger musikalisch nicht geschult, und es fehlt ihr an Selbstvertrauen. Es genügt, daß jemand ihr erzählt, dies sei eine »schlechte« Oper oder sie sei »hoffnungslos altmodisch« oder was nicht alles, und schon wendet sie ihrem wahren Instinkt den Rücken und weist einen Balsam zurück, der einen heimlichen, unsterblichen Schmerz hätte besänftigen können. Beethoven hat seinem Publikum Brot gegeben, und irgendein Zwischenhändler hat ihnen einen Stein weitergereicht! Es tut einem das Herz weh, wenn man daran denkt ...

Um zu einer kühlen, leidenschaftslosen Einschätzung des ›Fidelio‹ als Kunstwerk zu kommen: Ich habe gehört, daß nach jenen Aufführungen in Covent Garden die Bemerkung herumgereicht wurde, wie viel besser wohl Mozart doch mit dem Thema umgegangen wäre. Mir scheint dies keine sonderlich interessante Spekulation zu sein; jedenfalls können wir davon ausgehen, daß er mit all seinen genialen Fähigkeiten nicht das daraus gemacht haben könnte, was Beethoven gelungen ist. Im Libretto gibt es, selbst nach Ansicht von Professor Tovey, zahlreiche wunde Punkte, deren Existenz ich, nachdem sie mir einmal offenbart wurden, zugeben muß. So wird uns mit keinem Wort erklärt, was Leonores Anliegen wirklich ist, noch, daß sie eine verkleidete Frau ist (wie unnötig diese Information sehr häufig auch sein mag!), und ich bemerkte auch hier und dort so manche verpaßte Gelegenheit, besonders im ersten Akt. Der Professor erklärte mir, es sei sehr bezeichnend, daß ich offensichtlich niemals festgestellt habe, wie schlecht die Geschichte eigentlich erzählt ist. Das beweise (sagt er) erstens die Macht, die Musik »über eine Person hat, die der Musik als solcher lauscht«; zweitens »den immensen moralischen Wert der Geschichte, wie Beethoven sie auffaßte«; drittens, daß große Opernmusik auf eigenen Beinen nach Hause geht, um es einmal so auszudrücken; – selbst, möchte ich hinzufügen, wenn es das falsche Bein ist, wie eine Anekdote, die er von Dr. Vaughan Williams erzählte, glänzend beweist.

Ich glaube, diese drei Punkte rechtfertigen meine Antwort an Sir Henry Hadow oder irgend jemand anderen, der erklärt, das Libretto sei schlecht: »Ich wage zu widersprechen«. Es scheint mir, wenn eine Geschichte so zutiefst bewegend ist und sich aus ihr solch dramatische Situationen ergeben, spielen hier und dort vorkommende Ungeschicklichkeiten keine Rolle. Zumindest nicht für das Publikum, denn – um einmal mehr den Professor zu zitieren: »die kolossale Provokation, daß diese *symphonische* Musik ihr Ziel erreicht, trotz verpfuschter Passagen im Libretto, das ist eine Sache, die kein Kritiker-Büro verzeihen kann.« Mit diesen Unversöhnlichen zu hadern ist nutzlos, doch lassen Sie mich Menschen mit durchschnittlicher Sensibilität fragen, ob es irgend etwas in der Opernwelt gibt, das mit jener schrecklichen Totengräber-Situation im Gefängnis vergleichbar ist, deren Höhepunkt darin besteht, daß Pizarro ein Strich durch die Rechnung gemacht wird? Wie eine junge Frau in meiner Verwandtschaft einmal bemerkte: »Um dieser Faszination zu widerstehen, muß man kein Herz im Leib haben.« Sie hatte sich vor kurzem den ›Ring‹ zum ersten Mal angesehen, und es hatte sie schier von den Füßen geholt; doch als ich sie fragte, ob irgend etwas an Wagners Musik ihr ein derart tiefes und klares Gefühl vermittelt habe, war ihre Antwort: »*Mein Gott, nein!*«

Ich zitiere diese ungekünstelte Äußerung einer Person, die, musikalisch gesprochen, noch ein Säugling ist, weil ich davon überzeugt bin, daß neun von zehn Menschen so empfinden, wenn man sie sich selbst überläßt. Neun von zehn Menschen *einfachen Gemütes*, das heißt von durchschnittlicher Intelligenz. Und lange bevor ich jene bereits zitierte Bemerkung von Dr. Johnson kennenlernte, dahingehend, daß von deren Verdikt (*nicht* von dem der Intellektuellen) wirklich unsere Unsterblichkeit abhängt, interessierte mich bereits die Meinung jener Klasse von Menschen weit mehr als die sogenannte gebildete Meinung.

Was die Mischung aus Dialog und Musik anbetrifft, die nach Meinung der Wagnerianer ein Verbrechen ist oder war – da kann man sich genausogut über irgend eine andere künstlerische Gepflogenheit beschweren; beispielsweise darüber, wie unangemessen es ist, einen mit Juwelen übersäten venezianischen Edelmann, seine Frau, seine Kinder und ein paar Kardinäle mitten in die Heilige Familie oder unter die entsetzten Betrachter der Kreuzigung zu setzen. Doch diese Gepflogenheit der Renaissance-Maler sollte einen kultivierten Geist weder in die eine noch in die andere Richtung beeinflussen. Wagner, das große Genie, das darauf versessen war, eine neue Konzeption des Musikdramas zu schaffen und seinen Landsleuten etwas zu geben, das er eine neue, absolut deutsche Kunst nannte, wütete natürlich gegen die italienischen Konventionen, die er abzulösen hoffte, und betrachtete sie als reif für den Müllhaufen. So empfinden Neuerer immer. Doch wir, die vorurteilsfreien Betrachter der Kultur, hatten Zeit und Gelegenheit genug zu lernen, daß es im Haus der Kunst Raum genug für jeden gibt; daß es keine überlegenen oder unterlegenen Systeme gibt, nur mehr oder weniger vollständige Manifestationen des Heiligen Geistes.

»Altmodisch!« dieses fatale Wort tauchte zu Beginn dieses Artikels auf; und es macht mich traurig, daß ich der Leidenschaft des Staunens und (wie ich zugebe) dem Zorn freien Lauf ließ, als ich kürzlich sah, wie es auf eine Weise angewandt wurde, die ich pervers finde. Ich weiß, daß ich damit einen Mann herausfordere, dessen Urteil ich respektiere und mit dem ich oft übereinstimme, dessen Umgang mit der englischen Sprache mir Freude bereitet und gegen den ich nur eines auszusetzen habe – nämlich daß ich ihn, da er gewöhnlich über Musik schreibt, selten lese. Ach wie weise ist diese Weigerung, die Äußerungen anderer Menschen über meine eigene Kunst zu studieren, da auch nur eine einzige Ausnahme von dieser Abstinenz diesen Gala-Ausbruch erzeugt – der darüber hinaus sicherlich zu nichts Gutem führen wird!

Diesmal stand eine andere Oper zur Diskussion, die ich seit langem nicht mehr gehört hatte – und wahrscheinlich noch nie so gut gespielt wurde wie letztes Jahr in London, nämlich ›Il Trovatore‹. Ihre Genialität verschlug mir schier den Atem. Diesmal las ich die äußerst komplizierte Geschichte sorgfältig durch – etwas, das ich noch nie zuvor getan hatte, wahrscheinlich, weil ich instinktiv empfand, die Handlung spiele in einer so großartigen Abfolge von Szenenbildern ebensowenig eine Rolle wie in einer Revue. Und hier möchte ich jetzt die vorhin erwähnte Anekdote über Dr. Vaughan Williams einfügen. Er nahm einen Schüler mit in eine Aufführung der ›Götterdämmerung‹, die dieser zum ersten Mal sah. Der junge Mann zeigte anschließend höchste Wertschätzung für die Musik und das Bühnenbild, doch dann fragte er: »Wer war der Bursche, der gegen Ende des ersten Aktes durch das

Feuer kam und mit Brünnhilde sprach?« Ich bin recht davon überzeugt, daß dies die geistige Einstellung der meisten Opernbesucher darstellt, und wahrscheinlich ist es sogar eine gesunde. Jedenfalls konnte man bei ›Il Trovatore‹ beinahe ohne jede Kenntnis der Geschichte auskommen, so großartig wurde der ethische Gehalt durch Szene und Musik übermittelt. Die ausgelassenen Möglichkeiten der musikalischen Ausarbeitung sind mir gleichgültig angesichts der mächtigen emotionalen Kraft jeder Szene; und warum daran herumkritteln, daß man nicht alles bekommen hat, wenn man doch so viel bekommt! Denn welch berauschende Melodieführung, welche rhythmische Punktierung, welche Antriebskräfte ... mit einem Wort, welch erstklassiges, großartiges Entzücken! Und, dem Himmel sei Dank, all dies erreichte in Covent Garden ein Publikum, das offensichtlich genauso fasziniert war wie von ›Fidelio‹, nur mit einer anderen emotionalen Färbung.

Diesmal dachte ich, nach all dem, was an Gerüchten über die andere Oper die Runde gemacht hatte, sollte ich doch einmal nachsehen, was Mr. Ernest Newman über die Verdi-Oper zu sagen hatte. In meiner Unbedarftheit hatte ich es mir in etwa folgendermaßen gedacht: »Sehen Sie, welch ein großer Ort die Welt der Kunst ist! Lernen Sie, daß zwar, mit den Worten der Pedanten ausgedrückt, jedes Zeitalter seinen ›Stil‹ hat« (selbstverständlich würde dieser Begriff irgendwo auftauchen müssen), »doch das einzige, was zählt, ist die Schaffenskraft. Geben Sie zu, daß Sie von diesem Werk, das oberflächliche Wagnerianer schon vor vierzig Jahren der Lächerlichkeit preisgegeben zu haben glaubten, genauso begeistert sind, *wenn auch auf andere Weise*, wie vom ›Ring‹, den Sie erst letzten Monat hörten, oder vom ›Rosenkavalier‹!« So dachte ich, würde ein Mann mit einem großen Herzen für die Musik, ein kultivierter Mensch im besten Sinne des Wortes, sicherlich sprechen, nachdem er eine wirklich ausgezeichnete Aufführung des Werkes gesehen hatte, das seine Vorgänger, aufgrund früherer inadäquater Darbietungen, vielleicht unterschätzt hatten.

Doch was fand ich? Hier sind einige Auszüge aus seiner Kritik, die Hervorhebungen stammen von mir. »Die respektlose Ausgelassenheit, die das *alte Werk* gelegentlich hervorbrachte«, war *teilweise* zweifellos auf die beiden männlichen Hauptdarsteller zurückzuführen. »Niemand dachte daran zu lachen, wenn die beiden Frauen sangen, auch wenn manches an Leonoras Musik so *komisch altmodisch* klingt wie all das, was die Männer vorzutragen haben.« Dann folgt ein Kommentar über »diesen antiquierten italienischen Dramen-Stil« und weiter unten spricht der Autor von Anflügen zu starker Betonung auf seiten der weiblichen Hauptdarsteller und führt sie darauf zurück, daß »sie das Beste aus einer Sache machen mußten, *die aus sich selbst heraus nicht allzu gut ist*«. (Dies sagt er über zwei der dankbarsten Rollen der ganzen Opernliteratur!) Ja, es stimmt, gibt Mr. Newman zu, die Ausstrahlung der Oper läßt sich nicht leugnen. Nur daß diese Konzession wieder abgewertet wird, indem er den Verdi jener frühen Epoche »einen unbeständigen grünen Jungen« nennt, »dem man die Unbeholfenheit und Dummheit als Teil seiner Größe vergeben muß«. Und in seiner Schlußfolgerung betont der Autor: »der allgemeine Stil jener Tage *steckt uns nicht mehr im Blut*«, und nur die Intensität und Überzeugungskraft der beiden angeführten Sängerinnen »macht sie *für Augenblicke zur Realität.*«

Nun möchte ich noch einmal die Frage nach dem »Stil« von Giotto stellen oder von Massaccio oder Holbein. Nach ihnen hatten wir Velasquez, Goya, Ingres, und in der Gegenwart den sehr modernen »Stil« von Manet, Sargent und John. Was sollen wir von einem Kunstkritiker halten, der von Alten Meistern auf eine Weise spricht, die ich nur als ungehörige Bevormundung bezeichnen kann – nur deshalb, weil die Maler heutzutage in einem anderen Stil malen; oder der auf die Idee käme zu erklären, diese Bilder der alten Knaben seien für unser erlauchtes Kunstverständnis überhaupt nur zu ertragen, wenn man sie in einem besonderen Licht ausstellt? Es ist wahr: Kürzlich hörte ich von einem jungen Maler, der an einer Jungenschule unterrichtete und eine Gruppe seiner Schüler durch die Nationalgalerie führte, dabei gelegentlich vor einem Alten Meister gerade lange genug stehen blieb, um »erbärmlich, ganz erbärmlich!« murmeln zu können und weiterzugehen. Die Jungen waren selbstverständlich tief beeindruckt, auch wenn wir, die diesen Typ des »Connoisseurs« kennen, ihn nicht im mindesten ernst nehmen. Doch um unseren Weg in höhere Regionen einzuschlagen: Was sollen wir von einem Autor halten, dessen Einschätzung des Paulus-Oratoriums* im ›Times Literary Supplement‹ sich so liest: »Natürlich ist seine Grammatik beklagenswert und sein Stil so schrecklich schwülstig und umständlich, daß er unvermeidlich zum Lachen reizt; tatsächlich kann man das Ganze nur ernstnehmen und in erträglicher Weise zu

---

* von Mendelssohn-Bartholdy (1836)

Gehör bringen, wenn es von einem genialen Sprecher deklamiert wird. Dennoch war er ein großer Mann, und wir müssen ihm die Geschmacksverirrungen nachsehen, die das unglückliche Resultat der Vehemenz seines Wesens darstellen.« (Ich denke nicht, daß dies eine unfaire Gleichsetzung mit der Passage über den »grünen Jungen« darstellt; denn nichts liegt mir ferner, als unfair zu sein.)

Nun wird es Mr. Newman überraschen zu hören, daß ich zwar mit Verblüffung der Entwicklung des Verdischen Genies folge, die zu Ergebnissen wie ›Aida‹ und ›Othello‹ (und einer Oper, die ich noch nicht gehört habe, ›Falstaff‹) geführt hat, doch viele, viele Musiker, auch ich, schätzen den ›Troubadour‹ noch höher ein und sind der Überzeugung, daß die Welt letztlich dasselbe über den frühen Verdi empfinden wird wie heute über ›Poems and Ballads‹ im Gegensatz zu Swinburnes späterem Werk, oder über ›Maud‹ und das jüngste ›Idylls of the King‹*.

An dieser Stelle höre ich förmlich, wie Mr. Newmann oder irgend ein anderer Gesprächspartner einwirft: »Warum regen Sie sich so darüber auf, es handelt sich schließlich doch nur um eine andere Meinung?« Nun, ich denke, es ist mehr als das. Der große Bildhauer Hildebrand pflegte zu sagen – und schrieb ein später klassisch gewordenes Pamphlet über das Thema –, es sei von allergrößter Bedeutung, den Publikumsgeschmack dahingehend zu beeinflussen, daß er in der Lage ist, ein Kunstwerk zu beurteilen; dies sei nicht nur bedeutsam für das Publikum, sondern genauso in seinen Auswirkungen auf künftige Kunstschaffende. So geht es mir auf dem Gebiet der Musik, und ich glaube, es gibt einige sehr gute Gründe, diese Angewohnheit zu beklagen, die möglicherweise aus der Angst davor entstanden ist, selbst als rückständig zu gelten – die Angewohnheit, jedem modernen Werk, das nicht im Stil der jüngsten Kunst verfaßt wurde, oder wie in den oben genannten Fällen sogar Opern-Meisterwerken, die Zeiten überdauert haben, das Etikett »altmodisch« aufzukleben, nur weil Wagner oder Debussy oder Strauss anders konzipiert sind und andere Bewunderung genießen als die Werke von Verdi oder Beethoven. Wenn ich solch ein Geschwätz höre, komme ich mir vor, als säße ich in einem durch Woking fahrenden Bus und hörte Bemerkungen darüber, »was man neuer-

---

* Der englische Dichter Algernon Swinburne (1837–1909) schrieb 1866 seine ›Poems and Ballads‹, in denen sich seine sprachliche Meisterschaft ankündigte.

dings trägt« ... und vor meinen Augen erscheint ein Satz aus einem bestimmten Brief: »dieses musikalisch so provinzielle Nest London« ...
Lassen Sie uns zunächst die Auswirkungen auf das Publikum betrachten. Ich habe ausgeführt, warum ich es ganz besonders bedauert habe, daß ›Fidelio‹ so klein gemacht wurde. Doch schmerzlich ist es auch, daß viele von denen, die noch vor kurzem von dem warmen Lebensstrom hinweggetragen wurden, der aus jedem Takt des ›Troubadour‹ erklingt, am nächsten Tage glauben sollen, ihre Emotion sei Beweis einer fehlenden Kritikfähigkeit. Wir vergeben den kleinen Jungen, die mit einem Stock in einer Wasserpfütze herumstochern, nur weil es ihnen gerade Spaß macht, doch ich möchte nicht sehen, daß Erwachsene es tun. Es gibt viele, viele, die das Beste zu schätzen wüßten, ließe man sie nur unbehelligt; keine Experten, sondern, wie ich schon vorhin sagte, recht einfache Individuen, die Musik lieben, ohne genau zu wissen, warum; mit einem Wort, das gemeine Volk (ach, wie ich es liebe, mir diesen Begriff wieder ins Gedächtnis zu rufen), das Christi Botschaft hörte. Es widerstrebt mir zutiefst, daß diese Menschen dazu veranlaßt werden, ihrem eigenen Instinkt zu mißtrauen und ihn zu verachten – von Exponenten jenes Modernismus, den ich als unzivilisiert, modern im schlechtesten Sinne, ruhelos, fieberhaft suchend, oberflächlich und für ein Produkt des Geistes des Journalismus und des Kinos halte, einen gedanklichen Bezugsrahmen, der sowohl der Sache unwürdig wie ahistorisch ist.
Besonders beklage ich diese Angewohnheit in musikalischer Hinsicht, denn in der Kunst ist es aus naheliegenden Gründen besonders hart, die Dinge nach einem derartigen Schlag wieder ins rechte Lot zu bringen. Das Stück, das zu mögen ein Irrtum war, wird vielleicht monate- oder gar jahrelang nicht mehr gespielt; und selbst wenn die Partitur veröffentlicht wird, kommt man damit vielleicht zu Hause allein gar nicht zurecht, so daß man nicht herausfinden kann, ob – wenn wir an die Jungen mit den Stöcken denken – vielleicht doch etwas Kostbares in der Pfütze zu finden ist. In der Malerei wirkt sich das weniger verhängnisvoll aus: Man kann noch einmal in die Galerie zurückgehen und das Bild daraufhin betrachten, ob es tatsächlich so scheußlich ist, wie behauptet wird; man mag sogar zu der mutigen Schlußfolgerung kommen, es weiterhin zu bewundern, trotz der Meinung der anderen!
Doch von allen Künsten befindet sich die Literatur in der besten Position. Nehmen wir an, jemand hat Sie überredet: Das Leben weniger

grau in grau zu betrachten als die Autorin von ›The Heart and the Hambone‹, bedeute nichts weiter als »den billigen Optimismus eines Dikkens« zur Schau zu stellen – mit anderen Worten: Sie sind hoffnungslos rückständig. Wenn Sie zudem nicht in der Lage sind, den roten Faden in ihrer »netten Unordnung der Epitaphe« zu entdecken und ihre exakte Bedeutung zu erfassen (was bei mir unglücklicherweise der Fall zu sein scheint), beweist das nur, daß Sie entweder geistig minderbemittelt oder das Opfer intellektueller Verkalkung sind. Nun, Sie können das Buch kaufen, es in Ruhe studieren und sich den Luxus gönnen, sich selbst eine Meinung zu bilden, im Gegensatz zu dem, was mancher Kritiker oder Freund darüber gesagt hat. Heutzutage ist dies mehr als je zuvor ein glücklicher Umstand für Literaturschaffende, da manche Poeten erfolgreich von der Presse hochgejubelt werden und das Publikum zu Meinungen gedrängt wird, die es ehrlicherweise gar nicht teilt. Die Leute sind so autoritätsgläubig! In einer jüngst ausgetragenen Debatte über Literatur zwischen Mr. Osbert Sitwell und Mr. Osborn meinte letzterer: »Es gibt neuen Wein für uns, doch diejenigen, die ihn ausschenken, brauchen dazu neue Flaschen, *das heißt, eine neue Technik.*« Nun sind »neue Flaschen« nicht automatisch mit einer »neuen Technik« gleichzusetzen; ich kann mir ein halbes Dutzend anderer Interpretationen dieses Ausdrucks vorstellen. Außerdem wagt man zu bezweifeln, ob eine gute neue Dichtung tatsächlich so sehr von einer neuen Technik abhängt.

Wie dem auch sei, mitten in diesen Theorien und Gärungsprozessen taucht plötzlich ein neuer Künstler auf, in großartiger Weise überlegen, mit seltsam leiser Stimme trotz innerlich großer Leidenschaft. Nicht originell in dem Sinne wie ein Hundebastard einzigartig sein kann (die einzige Originalität, die manche Menschen zu entdecken in der Lage sind), denn ein Rassehund verrät seinen Stammbaum, und dieser neue Poet entstammt offenbar der Ahnenreihe Hesiod, Virgil, Shakespeare, Milton, Herrick und anderer großer Künstler, doch er unterscheidet sich von ihnen allen, wie jeder von ihnen sich vom anderen unterscheidet. Und siehe da! So unfehlbar reagiert ein hunderte von Jahre lang trainiertes Publikum auf gute Literatur, daß lange, bevor ›Das Land‹ von Vita Sackville-West mit dem Hawthornden-Preis ausgezeichnet wurde, lange bevor ein anderer Dichter ihm den Tribut zollte, es vorzuschlagen, man unter Freunden und Bekannten merkte, wie die Liebe für dieses Werk wie ein untergründiges Lauffeuer von einem Herzen zum anderen übersprang. Und man stellte fest, daß die meisten Menschen, die das Buch gelesen hatten – gebildete oder einfache Menschen – ihm dasselbe Gefühl entgegenbrachten.

Ich hoffe, ich habe deutlich gemacht, daß ich hauptsächlich wegen der verheerenden Auswirkungen auf das Publikum protestiert habe gegen den Mangel an Perspektive, der manche frühere Kunstereignisse vollkommen in Vergessenheit geraten ließ – eine Haltung, die von Menschen an den Tag gelegt wird, die behaupten, nachdenkliche Gemüter zu sein. Doch ist diese moderne, unwürdige Angst davor, als *vieux jeu* betrachtet zu werden, gesund für den Kunstschaffenden? Führt es zur Schaffung liebenswerter und niveauvoller Werke, wenn man dauernd darüber informiert wird, daß es zu den eigenen vornehmsten Aufgaben gehören sollte, aufzufallen und die Menschen in Erregung zu versetzen? Auf musikalischem Gebiet kenne ich mehr als einen Komponisten, der ebenso von seinem Naturell her tonal ausgerichtet ist, wie ich es für mich selbst eingestehe. Nichtsdestoweniger werden sie, bis sie dessen überdrüssig werden (was glücklicherweise gelegentlich vorkommt) eine einfache Volkslied-Melodie nehmen und sie mit jeder nur erdenklichen harmonischen Verzerrung, jedem rhythmischen Krampf aufputzen. Vergleichbar wäre diesem Vorgehen (das man, glaube ich, etwas »in den Schmutz ziehen« nennt), wenn man einen unglücklichen Säugling mit Rouge, Schminke, Puder und einer Perücke ausstattete – nicht aus Scherz, sondern um es auf diese Weise in ein selbstbewußtes, modernes Baby zu verwandeln.

Doch wenn Kunstschaffende erst einmal groß genug sind, können sie selbst auf sich acht geben. Entweder haben sie die Stärke, der Versuchung zu widerstehen und sich die Integrität nicht abkaufen zu lassen; oder sie können auf jeden Fall, gleichgültig, mit welchem Etikett man sie versehen hat, selbst dann weiter malen oder schreiben, wenn niemand sie mit besonderer Aufmerksamkeit beehrt. Es mag sogar Balsam für ihre Seele sein, sich selbst zu sagen: Wenn das Bedürfnis, etwas Kreatives zu leisten, auch dann noch anhält, wenn ihnen niemand anerkennend auf die Schulter klopft – oder selbst dann, wenn nur ein schwaches Lob kommt –, daß dann die Chance besteht, daß sie wirklich etwas zu sagen haben, das es wert ist, gesagt zu werden. Was wiederum bedeutet, daß es irgendwo Menschen gibt, denen sie aus der Seele sprechen und die eines Tages – gleichgültig wie lange es dauern mag – in ihnen ihre eigenen unausgesprochenen Gedanken und Gefühle entdecken und ihnen dafür danken, ihr Sprachrohr zu sein.

Diese letzten beiden Absätze waren aber in Klammern gesetzt. Ich möchte das letzte Wort an jene richten, die ich im Auge hatte, als ich meine Ausführungen begann – die *Ignorantia,* von der jeder, der sich über Kultur seine Gedanken macht, nur wünschen kann, sie möge in der Lage sein, sich ein unabhängiges Urteil über Kunst zu bilden. Dieser gilt meine Bitte als Musikerin: Verscheuchen Sie die Erinnerung an alle Schlagworte, die Sie wie giftige Bazillen in der Umgebung der *Intelligentia* aufgeschnappt haben, und erlauben Sie jeder Musik, der sie zufällig lauschen, den möglichst freien Zugang zu ihrer Seele. Wenn Sie, ähnlich wie ich, – und ich kenne mein England und weiß, wovon ich spreche – auf der Schwelle zur Anerkennung gestoppt wurden durch den Irrglauben, zu nörgeln und zu kritisieren sei ein Zeichen intellektueller Fähigkeiten, dann möchte ich Ihnen sagen: Wenn ich mir einer Sache im Leben sicher bin, dann daß das genaue Gegenteil richtig ist. Indem er Mephisto sich selbst als »Geist, der stets verneint« schildern läßt, hat Goethe jene besondere Geisteshaltung auf ewig verflucht; und daran tat er wohl. Denn zu verstehen, zu schätzen, wenn möglich zu lieben ist weit seltener, weit schwieriger als zu untergraben und zurückzuweisen: Die Schwelle, an der diese angeblich überlegenen Personen Sie freundlicherweise anhielten, ist meiner Meinung nach die Schwelle zum Haus des Lebens.

Vor allen Dingen trauen Sie Ihrem Instinkt. Wenn Sie etwas nicht mögen, das Sie zum ersten Mal hören, denken Sie daran, daß Sie vielleicht recht haben, aber es ist auch möglich, daß Sie einfach nur dumm sind. Wenn Sie aber andererseits etwas hören und es Sie gefangennimmt, amüsiert, zu Herzen rührt, dann lassen Sie sich nicht durch den Gedanken einschüchtern, daß es sich möglicherweise nicht um hochklassige Musik handeln könnte, sondern um altmodische oder was immer sonst. Seien Sie allen Experten zum Trotz sicher: Wenn es Ihnen gefällt, befinden Sie sich auf der Seite der Engel. Und wenn am nächsten Tag der Mann mit dem Eimer kalten Wassers vorbeikommt, sagen Sie ihm wie Pilatus: »Was ich empfunden habe, das habe ich empfunden«, und fügen Sie hinzu, während Sie ihn hinauswerfen: »Und damit Schluß.«

Anhang

Eva Rieger
»Bleibende Eindrücke«

Wer war Ethel Smyth?

Ein Nachwort auf eine unter Fachleuten wie Laien gleichermaßen Unbekannte zu schreiben, ist eine prekäre Angelegenheit. Nach ihrem Tod hinterließ Ethel Smyth (1858–1944) zehn Bücher, sechs Opern, eine Messe, eine Anzahl Kammermusik- und Orchesterstücke und tausende von Briefen. Aber wer war Ethel Smyth wirklich? Wird der zögernde Aufschwung, den Kompositionen von Frauen derzeit erleben, auch diese britische Komponistin und ihre Musik erfassen, innerhalb einer Renaissance, von der man nicht weiß, ob sie in wenigen Jahren wieder in sich zusammenfällt? Ethel Smyth war zeitlebens von Kontroversen hinsichtlich ihres musikalischen Schaffens umgeben; zuweilen auf der internationalen Bühne umjubelt, dann jahrelang übergangen, inzwischen vergessen. Auch dies erschwert eine wertende Einordnung. Ethel Smyth war aber nicht nur Komponistin. Als Autorin zahlreicher Bücher machte sie sich in England einen Namen und schuf mit ihnen ein spannendes und unterhaltsames Kapitel der Opern- und Zeitgeschichte. Und schließlich wirkte sie als streitbare und energische Suffragette auch politisch. Was ist denn nun an ihr bedeutend – wenn überhaupt –: ihr Leben, ihr künstlerisches oder ihr schriftstellerisches Œuvre?

Allein ihr Leben ist lohnend, es kennenzulernen. Sie sang der Königin Viktoria ebenso unbefangen ihre Messe vor, wie sie in Berlin mit Kaiser Wilhelm II über Politik konversierte; so verschiedene Frauen wie die Suffragetten-Anführerin Emmeline Pankhurst, die Kaiserin Eugénie (Gattin Napoleon III.) und die Nähmaschinen-Erbin Prinzessin Polignac zählten zu ihren Freundinnen. Sie kannte Brahms, Tschaikowsky und Grieg ebenso wie die bedeutendsten Dirigenten ihrer Zeit. Eine enge Freundschaft verband sie mit der Schriftstellerin Virginia Woolf bis zu deren Selbstmord 1941. Wenn ihr Leben somit von der Aureole des Außerordentlichen erhellt wird, bleibt dennoch zu fragen, ob sich daraus bereits ›Bleibende Eindrücke‹ (so der Titel ihrer ersten und umfangreichsten Autobiographie) ergeben. Was hat sie sonst noch vorzuweisen?

Spätestens hier vermehren sich die Fragezeichen, wird die Verwirrung komplett. Fachwissenschaftler rubrizieren sie in einer Spanne von der verfehlten Komponistin, die eigentlich Schriftstellerin hätte werden sollen, bis hin zur bedeutendsten britischen Komponistin des beginnenden 20. Jahrhunderts, ja der bedeutendsten komponierenden Frau überhaupt. Ihr schriftstellerisches Œuvre reicht von ihren Autobiographien ›Impressions that Remained‹ (1919), ›As Time Went On‹ (1936) und ›What Happened Next‹ (1940), in denen sie ihr Leben chronologisch bis zum Jahr 1908 schildert, bis hin zu ihren Essaysammlungen ›Streaks of Life‹ (1921), ›A Final Burning of Boats‹ (1928) und ›Female Pipings in Eden‹ (1933), in denen sich Autobiographisches mit zeitgeschichtlichen Berichten und Reflexionen vermengt. Das zweiteilige Buch ›Beecham and Pharaoh‹ (1935) schildert im ersten Teil ihre Erfahrungen in Ägypten und mündet in eine kritisch-liebevolle Studie des Dirigenten Sir Thomas Beecham. Sie wagte sich sogar an eine Biographie eines Freundes, des Diplomaten und Schriftstellers Maurice Baring, heran (1938). ›A Three-Legged Tour in Greece‹ (1927) beschreibt höchst lebendig und informativ eine Ferienreise in Griechenland, die sie mit ihrer Nichte unternahm. Ihr größtes Wagnis war wohl das Buch ›Inordinate Affection‹ (1936), in dem sich die Hundeliebhaberin mit ihren zahlreichen Hunden befaßt – für Hundefreunde ein Genuß.

Obwohl diese Bücher sie in England bekannt machten, verhehlte sie nicht, daß ihr in erster Linie an einer musikalischen Anerkennung lag. Es fehlt nicht an euphorischen Stimmen prominenter Zeitgenossen – darunter zahlreiche Dirigenten –, die mit ihrer Musik vertraut waren. Bernard Shaw, Arthur Nikisch, Hermann Levi, Henry Wood, Adrian Boult: die Liste derer, die ihre Kompositionen schätzten, ist lang. Thomas Beecham sah in ihnen »eine spezifische Qualität, die sie vor der anderen englischen Musik auszeichnet«. (Beecham, 85) Bruno Walters Prognose, daß ihr ein fester Platz in der Musikgeschichte gebühre, ist ebenso zu nennen wie das vom britischen Musikologen Donald Francis Tovey geäußerte Lob ihrer Messe, die er in seiner Sammlung von Analysen neben Werken von Haydn, Beethoven und anderen Klassikern stellte.

Dennoch: In den Annalen der Musikgeschichte ist sie nicht eingetragen. Wer sich über ihre Musik ein eigenes Bild machen will, sieht sich enttäuscht. Sie ist aus dem Konzertsaal wie aus dem Opernhaus verbannt, allenfalls in abgelegenen Kammermusikkonzerten im kleinen Kreis wiederbelebt, wenn es um ein Thema wie »Frauen und Musik« geht. Die Partituren ihrer Werke lagern in Archiven. Das offizielle Musikleben hat sie fallengelassen.

Eine Annäherung an Ethel Smyth ist nur – bildlich gesprochen – durch das allmähliche Abtragen verschiedener Schichten möglich. Erst wenn deutlich wird, wie sie sich selbst in ihren Lebenserzählungen sah, läßt sich im nächsten Schritt ihr Verhalten an den Zwängen ihrer Zeit messen. Zu fragen ist, ob die psychische Zurichtung der Frau, wie sie im 19. Jahrhundert betrieben wurde, sie beeinflußte – in welche Richtung auch immer. Ein Blick in ihr Musikschaffen wird nur unter Berücksichtigung dieser Faktoren eine sinnvolle Deutung gestatten.

Ethel Smyth (1858–1944)

Ethel Mary Smyth wurde am 23. April 1858 in Kent geboren. Der Vater war ein Generalmajor der Königlichen Artillerie, die Mutter, eine geborene Struth, von aristokratischer Herkunft.

Die männlichen Vorfahren waren in der Beamtenschaft, im klerikalen Stand und beim Militär, aber auch im Richterstand zu finden. Weder die oberflächliche Muße, wie sie der Oberschicht eigen war, noch die geschäftige Jagd nach Geld, eines der Merkmale des gehobenen Bürgertums, bestimmten das Leben der Eltern; dies begünstigte ein Klima zur Förderung geistiger Interessen.

Die Familie Smyth lebte standesgemäß mit Dienstpersonal und Gouvernanten. Man pflegte soziale Kontakte zu angesehenen Personen der Umgebung, organisierte Picnicks und Festessen, betrieb Jagd- und Reitsport sowie andere Sportarten.

Ihr erstes Zuhause war Sidcup, damals ein kleiner Ort in ländlicher Umgebung. Dieses Heim, das ihr und ihren vier Geschwistern viel Raum ließ, blieb ihr zeitlebens in guter Erinnerung. 1867 zog die Familie nach Frimley.

Man sucht vergeblich nach Hinweisen auf eine frühkindliche musikalische Begabung. Als Zwölfjährige hörte sie zum ersten Mal eine

Beethovensche Sonate – ihre Gouvernante hatte am Leipziger Konservatorium studiert und spielte sie ihr vor. Mit der ihr zeitlebens eigenen Entschlußkraft entwickelte sie von da an den festen Plan, ihr Leben der Musik zu widmen und in Leipzig zu studieren, was sie sieben Jahre später auch tat.

1872 wurde sie mit ihrer älteren Schwester Mary in ein Internat geschickt. Hier beginnen ihre »passions«, die leidenschaftliche Verehrung meist älterer Frauen. Frauen-Freundschaften sollten sie ein Leben lang im Bann halten. Dennoch stolperte sie einmal in eine Verlobung hinein. Oscar Wildes Bruder William war der Auserwählte, aber nach drei Wochen löste sie die Verbindung wieder auf.

Eine systematische Ausbildung erhielt sie weder in den Wissenschaften noch in den Künsten. Bedenkt man, daß Ethel Smyth keine weiblichen Vorbilder in der Musik besaß, und zieht man zusätzlich in Betracht, daß ihr keine musikalische Förderung als Kind zuteil wurde, erscheint die Leistung dieser Frau umso erstaunlicher.

Einen ersten Anstoß erhielt ihr musikalisches Talent durch einen Offizier des Army Service Corps namens Ewing. Dieser begabte Dilettant brachte ihr die Grundbegriffe der Musiklehre bei; durch ihn lernte sie Werke von Berlioz, Liszt, Schumann und verschiedene Opern von Wagner kennen, die er auf dem Klavier laut singend vorzuspielen pflegte. Sie begleitete ihn und seine Frau zu Konzerten nach London. Ihr Vater wollte von einem Musikstudium aber nichts hören. Ihre Pläne waren in der Tat für ein Mädchen damaliger Zeit aberwitzig, zumal sie nicht – wie es andere, z. B. Amy Fay, vor ihr getan hatten – im Ausland ihre pianistischen Fähigkeiten vervollkommnen wollte, um Musikpädagogin oder Klaviervirtuosin zu werden, sondern mit dem Kompositionsstudium in ein »männliches Revier« eindrang.

Bald fuhr sie heimlich alleine zu Konzerten nach London. Sie hörte u. a. Clara Schumann spielen und war von Brahms' Musik tief beeindruckt. Der Streit mit dem Vater spitzte sich zu. In einem Wutanfall schrie er, daß er sie lieber unter der Erde sehen würde als in Leipzig. Schließlich verfiel sie auf eine ebenso extreme wie wirksame Strategie. Sie verstummte und verbrachte die größte Zeit in ihrem Schlafzimmer bei verschlossener Tür. Mit Hilfe ihrer Mutter, die sich auf ihre Seite schlug, sowie anderer Freunde der Familie gelang es schließlich, den Vater umzustimmen. Im Juli 1877 verließ die Neunzehnjährige in Begleitung eines Schwagers England, um in Leipzig, dem Ort ihrer Träume, zu studieren.

Ethel Smyth fand raschen Zugang zu den musikalischen Familien Leipzigs. Die gründliche Ausbildung in Harmonielehre und Kontrapunkt, die ihr der Komponist Heinrich von Herzogenberg erteilte, bildete einen Grundpfeiler ihres späteren Könnens. 1884 wurde ein Streichquartett von ihr in Leipzig aufgeführt, und sie schrieb eine Anzahl Kammermusikstücke in spätromantischer Tradition.

Ihre Kontaktfreude führte zu zahlreichen Begegnungen und Freundschaften. 1879 lernte sie den Kunstschriftsteller Conrad Fiedler und seine Frau kennen, die sie zu einem Besuch nach Berlin einluden. Dort traf sie den Geiger Joseph Joachim, den Pianisten und Komponisten Anton Rubinstein, den Bachbiographen Spitta und den Händelbiographen Chrysander. In Leipzig knüpfte sie die Verbindung zu dem bedeutenden Musikforscher und Sänger Max Friedländer an. Freundschaftliche Beziehungen verbanden sie mit Livia Frege, die in ihrer Jugend eine berühmte Konzertsängerin war. Auch Lili Wach, Mendelssohns jüngste Tochter, wurde zu einer treuen Freundin. Aber alle diese Begegnungen erblaßten neben der innig geliebten Elisabeth (»Lisl«) von Herzogenberg, der ehemaligen Brahms-Klavierschülerin und Gattin Heinrich von Herzogenbergs. War Ethel für Lisl ein Ersatz für das ersehnte Kind, genoß Ethel die erotisch vermengte Mutter-Tochterbeziehung.

In Florenz kam es Ende 1882 zu einer schicksalsschweren Begegnung mit dem Ehepaar Henry und Julia Brewster, die Ethels Freundschaft zu Lisl zerstören, zugleich aber die dauerhafteste Bindung ihres Lebens begründen sollte. Der in Frankreich aufgewachsene, wohlhabende amerikanische Literat Henry Brewster hatte 1875 Lisls Schwester Julia von Stockhausen geheiratet, die elf Jahre älter war als er. Er verliebte sich nun in Ethel, die zunächst auf sein Werben nicht einging, ihm aber gestattete, sie zu besuchen. Als Lisl ihre Schwester Julia traf und sah, wie sehr sie litt, kündigte sie Ethel die Freundschaft auf. Ethel versuchte in den folgenden fünf Jahren (1885–1890), die sie als die schlimmsten ihres Lebens bezeichnete, alles, um ihre Freundin zu versöhnen: Sie unterband jeden Kontakt mit Henry (wobei sie selbst seine Briefe ungeöffnet verbrannte) und versuchte, über alle möglichen Umwege eine Verbindung zu ihr herzustellen. Es war vergebens: Lisl verstarb 1892, ohne ihr eine Nachricht zu hinterlassen. Kurz darauf willigte Ethel in eine Beziehung zu Henry Brewster ein, die bis zu seinem Tod dauern sollte.

Nicht zufällig hatte sie in ihm einen Partner, der bereit war, sich ihr unterzuordnen. Ruhig und nachgiebig, besaß er mehr traditionell »weibliche« Eigenschaften als die jovial-energische Ethel; insofern ergänzten sie einander gut. Als seine Frau 1895 starb, wollte er sie heiraten. Für sie war dies undenkbar: Der geistige Bezug zu ihm sowie ihre Freiheit waren ihr wichtiger. Mit entwaffnender Offenheit – freilich mit englischem Humor gewürzt – schildert sie, wie sie 1895 beschloß, sich Brewster endlich körperlich hinzugeben (›What Happened Next‹, S. 12ff.). Zehn Jahre lang hatte er ihr seine Zeit und seine Gedanken gewidmet, ohne daß es ihm gelang, »mein Widerstreben davor, die Grenze zwischen Freundschaft und Liebe zu überschreiten, zu überwinden: etwas, was Männern wohl viel wichtiger ist als Frauen. Die Angelegenheit schien mir unbedeutend verglichen mit dem, was ich an ihm bereits besaß und was er mir bedeutete«, und so kam es zur »erhabenen Kapitulation ... ohne Segen eines Priesters oder Standesbeamten«.

»Ich frage mich manchmal, weswegen es so leicht für mich ist – und wohl auch für zahlreiche andere Engländerinnen –, mein eigenes Geschlecht leidenschaftlicher zu lieben als das Deine?«, fragt sie in einem Brief Henry. »Selbst die Liebe zu meiner Mutter besaß eine intensive Qualität, die man nur als Leidenschaft bezeichnen kann. Wie erklärst du dir das? Ich kann es mir nicht erklären, denn ich halte mich für eine sehr gesunde Person. Es ist ein ewiges Rätsel.« (zit. b. Collis, 54f.) Selbstbewußt ging sie ihren Weg. Im Gegensatz zu den Normen der Zeit, die der Frau eine eigenständige Sexualität absprachen, ließ sie sich ihre Wünsche nie von anderen diktieren. Andere Frauen, die sich prüde körperlicher Nähe verweigerten (so die Schriftstellerin Vernon Lee, die zu einer Umarmung nicht fähig war), ernteten ihren Spott: andererseits verachtete sie die unter Männern gängige Praxis der flüchtigen Beziehungen. Sie begriff sich als eine Person, die sich über moralische Grundsätze hinwegsetzte, aber dennoch ernsthaft und integer handelte.

Als Ethel noch einmal 1887/88 einen Winter in Leipzig verbrachte – die Herzogenbergs hatten die Stadt inzwischen verlassen –, lernte sie Tschaikowsky kennen. Er kritisierte ihre Mängel in der Instrumentationskunst und riet ihr, auf diesem Gebiet viel zu experimentieren, was sie auch tat.

Die wenigen öffentlichen Aufführungen ihrer Kammermusik in Deutschland kamen in der Presse nicht gut an. An ihrer Violinsonate op. 7, gespielt von Brodsky und der Clara Schumann-Schülerin Fanny Davies in Leipzig 1887, wurde der Mangel an weiblichem Charme moniert. Man machte ihr also gerade das zum Vorwurf, dem sie zu entgehen suchte: die Betonung ihrer Person als Frau.

Zuhause häuften sich die Konflikte: die Mutter, innerlich unausgefüllt, war stolz auf sie, aber zugleich eifersüchtig. Ethel konnte dort keine Ruhe zum Arbeiten finden und zog sich nach Deutschland zurück.

Als sie 1890 mit ihrer viersätzigen Serenade ihr kompositorisches Debut in England hatte – das Werk wurde in einem Konzert im Crystal Palace unter der Leitung August Manns' aufgeführt –, war sie in die Reihe professioneller Komponisten aufgenommen. Zwei Bände deutscher Lieder, op. 3 und 4, ein Streichquintett, eine Sonate für Violoncello und Klavier sowie die Violinsonate op. 7 lagen gedruckt vor. Ein halbes Jahr später wurde ihre Ouvertüre ›Antony and Cleopatra‹ aufgeführt. Diese Erfolge ermutigten sie, ein größeres Werk in Angriff zu nehmen. 1889 lernte sie die überzeugte Katholikin Pauline Trevelyan kennen, in die sie sich verliebte. Durch sie fand Ethel einen neuen Zugang zum christlichen Glauben, den sie Jahre zuvor verloren hatte. Sie widmete Pauline ihre Messe in D, eines ihrer wichtigsten Werke. Allerdings ging die Hinwendung zum Christentum nicht über die Komposition der Messe hinaus.

Es waren in erster Linie Frauen, die sie finanziell förderten oder ihre Beziehungen zu einflußreichen Kreisen für sie spielen ließen. Sie war häufig Gast der Kaiserin Eugénie, der Witwe Napoleon III., die in der Nähe des Smythschen Familienbesitzes in Frimley wohnte, oder an Bord ihrer Jacht in Cap Martin. Als die britische Königin Victoria die Kaiserin besuchte, wurde ihr Ethel vorgestellt. Daraus entwickelte sich eine Einladung nach Balmoral, wo Ethel Auszüge aus ihrer Messe sang und spielte. Durch diese Kontakte gelang es, das Werk 1893 von der Royal Choral Society in der Albert Hall aufführen zu lassen.

Die Aufführung war ein Erfolg. Die Presse zeigte sich überrascht, daß eine Frau ein solch kraftvolles und großangelegtes Werk geschrieben hatte. Dennoch sollten über drei Jahrzehnte vergehen, bis es zu einer erneuten Aufführung kam.

Das englische Musikleben, das sich aus historischen Gründen auf London zentrierte, hatte nur ein Opernhaus in Covent Garden aufzuweisen. Kein Wunder, daß Ethel auf das opernbegeisterte Deutschland mit seinen vierzehn Spielstätten auswich. Von 1894 bis 1898 verbrachte sie viel Zeit und Energie darauf, ihre erste Oper ›Fantasio‹, eine Komödie in zwei Aufzügen mit einem Libretto nach Alfred de Musset von Henry Brewster, in Deutschland unterzubringen. In einer schier endlosen Odyssee besuchte sie Dirigenten, Produzenten und Musikdirektoren in Dresden, Leipzig, Köln, Hamburg, Wiesbaden, München und Karlsruhe. Nach vielen Mühen gelang es, den Großherzog von Weimar für die Oper zu interessieren, und sie kam dort zur Uraufführung.

Ethel Smyth stand ihrem Erstling kritisch gegenüber. Es war sowohl ihre als auch Brewsters erste Erfahrung in diesem Genre; Brewster hatte bisher lediglich drei Bücher philosophischen Inhalts geschrieben. Sie stellte nach der Uraufführung eine Diskrepanz zwischen der Musik und dem Libretto fest, und als die gedruckten Partituren in einem Paket aus Deutschland geliefert wurden, verbrannte sie sie in ihrem Garten.

Rückschläge anderer Art erlebte sie mit ihrer zweiten Oper, dem Einakter ›Der Wald‹. Nach einer Zurückweisung in Dresden versuchte sie ihr Glück in Berlin. 1902 wurde das Werk nach vielen Mühen unter Muck aufgeführt, jedoch ausgebuht.

Kurz darauf kam es zu einer Aufführung in Covent Garden. Trotz mancher Intrigen hatte sie die Genugtuung eines strahlenden Erfolges. Aber die Wechselbäder häuften sich. Ein Jahr darauf ließ sie sich gegen den Rat von Brewster auf das Wagnis von Aufführungen in den USA ein. Sie spricht selbst von »zwei mittelmäßigen Aufführungen in New York und einem schändlichen Fiasko in Boston«.

Das Libretto der dritten Oper ›The Wreckers‹ (Strandrecht) stammte von Henry Brewster. Trotz hitziger Kontroversen kamen sie zügig voran, so daß sie das Werk im September 1904 den verschiedenen Opernhäusern Europas vorstellen konnte.

Sie war häufig vom Pech verfolgt. In Leipzig spielte sie Arthur Nikisch alle drei Akte vor, der ihr daraufhin begeistert einen Vertrag gab. Er wollte ›Strandrecht‹ in der nächsten Saison aufführen, doch wurde sein Vertrag als Gastdirigent wegen angeblicher Überschreitung des Etats gelöst. Nikisch warnte sie vor seinem Nachfolger Hagel, der den Vertrag mit ihr erfüllen wollte. Als sie kurz vor der Kostümprobe in

Leipzig ankam, war der dritte Akt bis zur Unkenntlichkeit gekürzt worden. Wütend darüber, daß Hagel dies trotz ihres Protestes nicht revidierte, ging sie in den Orchestergraben, konfiszierte kurzerhand das Notenmaterial und reiste ab. Später fragte sie sich freilich, ob sie besser daran getan hätte, eine gekürzte Fassung zu gestatten.

In Prag, wo ihr durch finanzielle Hilfe von Henry Brewster eine Aufführung ermöglicht wurde, erlebte sie eine schlecht einstudierte Premiere und erhielt eine entsprechend schwache Presse. Aber Ethel gab nicht auf. Sie versuchte in Wien Mahler zu sprechen, um ihn für ihre Werke zu interessieren. Er vermittelte sie an Bruno Walter weiter, der sofort begeistert war:

»Vor mir erschien eine hagere, etwa achtundvierzig Jahre alte Engländerin in farblosem sackartigen Gewand ... Ich sah unserer Zusammenkunft mit peinlichem Vorgefühl entgegen, aber noch hatte sie nicht zehn Minuten gespielt und mit unschöner Stimme dazu gesungen, als ich sie unterbrach, um zu Mahler hinüberzustürzen und ihn zu beschwören, mit mir zu kommen – mir spiele die Engländerin ihr Werk vor und sie sei ein wirklicher Komponist (sic). Leider war er nicht abkömmlich, und ich kehrte allein zurück. Wir verbrachten dann den ganzen Vormittag mit ihrer Oper, und als wir uns trennten, stand ich völlig im Bann des Gehörten und ihrer Person ... Ungünstige Umstände haben mir nicht erlaubt, ihre Oper in Wien oder in München zur Aufführung zu bringen. Doch habe ich das Vorspiel zum zweiten Akt mit seiner See-Atmosphäre öfter in Konzerten aufgeführt ... « (Walter, 200f.)

Walter blieb ein treuer Freund und ein Bewunderer ihrer Musik bis zu ihrem Tod. »Ich betrachte Ethel Smyth als eine Komponistin von besonderer Bedeutung, die mit Sicherheit einen ständigen Platz in der Musikgeschichte erwerben wird«, schrieb er später.

1907 hatte sie ein Kammermusikkonzert in Paris gegeben, u. a. mit ihrem Streichquartett e-moll und ihren Gedichtvertonungen Henri de Régniers. Dort erhielt sie blendende Kritiken. Debussy, der sie in London kennenlernte, gratulierte ihr zu ihren Liedern.

Durch die Erfolge ermutigt, startete sie einen erneuten Versuch mit den ›Wreckers‹. Da sich Covent Garden weiterhin reserviert zeigte, riskierte sie eine konzertante Aufführung der ersten zwei Akte in der Queen's Hall, um die Oper bekannt zu machen. Die Finanzierung gelang ihr wiederum mit Hilfe von Freunden. Arthur Nikisch dirigierte das London Symphony Orchestra.

Die erfolgreiche Presse war ihr zu diesem Zeitpunkt gleichgültig, denn Brewster kam sterbenskrank in London an. Er wußte, daß er nur noch kurz zu leben hatte. Die Ovationen, die sie erhielt, beglückten ihn. Die letzten Tage seines Lebens verbrachte er in dem Haus seiner Tochter Clotilde, einer Architektin. Sie hatte es in der Nähe von Ethels Haus ›One Oak‹ errichtet. Ethel fuhr fast täglich mit dem Fahrrad zu ihm, und sie war dabei, als er 1908 starb.

Nach seinem Tode kam sie sich »wie ein ruderloses Schiff« vor. Es fiel ihr schwer, ihre Arbeit fortzusetzen. Als sie bei ihrer Schwester Mary Hunter in Venedig war, wurden einige ihrer Werke aufgeführt, u. a. ihr Streichquartett e-moll. Plötzlich wurde ihr klar, wie falsch es gewesen war, die Musik nach Brewsters Tod aufzugeben. Sie spürte, daß sie nur durch die Musik von dem Schmerz geheilt werden konnte, und verglich sich mit der Königin Viktoria, die den Tod ihres Gatten dadurch überwand, daß sie in der Pflicht dem Vaterland gegenüber eine neue Sinngebung für ihr Leben fand.

Thomas Beecham verwirklichte 1909 die erste englische Bühnenaufführung der ›Wreckers‹; danach verschwand das Werk für zwanzig Jahre von der Bildfläche. (Als es 1931 bei einer Wiederaufführung unter Barbirolli bejubelt wurde, konnte Ethel Smyth wegen eines fortgeschrittenen Gehörleidens nur noch als Zuschauerin an ihrem Erfolg teilnehmen.)

Die Turbulenzen um das Frauenstimmrecht spitzten sich in England um 1911 zu, so daß Ethel Smyth ihre politische Abstinenz aufgab und sich zwei Jahre lang intensiv der Suffragettenbewegung widmete.

Kurz vor Beginn des Ersten Weltkrieges war ihr Einakter ›The Boatswain's Mate‹ von dem Intendanten des Frankfurter Opernhauses angenommen worden. Er sollte in der 1914–15 Saison aufgeführt werden; zuvor wollte Bruno Walter ›The Wreckers‹ (Strandrecht) in München produzieren. Zwei Aufführungen in erstklassigen Opernhäusern standen bevor: Ethel Smyth war beglückt! Doch die Enttäuschung folgte, wie so oft: wegen des Kriegsausbruchs mußten beide Werke zurückgezogen werden.

Von 1915 bis 1918 arbeitete Ethel Smyth als Radiographin in der Nähe von Vichy. Sie war von Tod und Gewalt umgeben; um sich abzulenken, begann sie ihr erstes von insgesamt zehn Büchern, das sie in England mit einem Schlag bekannt machte. Die Literaturbeilage der ›Times‹ sprach von »einem der bemerkenswertesten Erinnerungsbücher der letzten Zeit«.

Die Aufnahme ihrer neuesten Oper, ›The Boatswain's Mate‹, war 1921 gemischt. Unbeirrt stürzte sie sich in die Arbeit, reiste kreuz und quer durch England und Deutschland, sprach bei Dirigenten und Direktoren vor, organisierte, schrieb Briefe. 1922 bekam sie den Ehrentitel »Dame« verliehen.

Ein Ohrleiden verschlechterte sich. Darüber erfährt man kaum etwas in ihren Büchern, doch zeugen ihre Briefe um 1920 an ihre damals engste Vertraute, der Schriftstellerin Edith Somerville, von dem Schock, den ihre Taubheit ihr verursachte. »Gott sei Dank bin ich eine unersättliche Leserin ... ich fühle eine Art Filzpfropfen zwischen mir und den Stimmen dieser Welt ... Wahrscheinlich werde ich mich daran gewöhnen, in einem Taucherhelm unter dem Meer eingesperrt zu sein ... Aber wer kann sagen, ob es dabei bleibt; ob ich weiterleben möchte?« (zit. b. Collis, 162)

Einen Höhepunkt bildeten für sie die zahlreichen Feiern zu Ehren ihres 75. Geburtstages. Sie begannen mit einem Konzert in der Queen's Hall, einem großen Essen mit dreihundert Gästen, und endeten am 3. März 1933 mit einer Aufführung ihrer Messe in der Albert Hall. Thomas Beecham dirigierte. Ethel Smyth, die so gut wie nichts mehr hören konnte, saß neben der damaligen Königinmutter Mary in der königlichen Loge.

In ihren letzten Lebensjahren widmete sie sich fast ausschließlich dem Schreiben. Heftige emotionale Erschütterung erfuhr sie durch ihre stürmische Liebe zu der um 24 Jahre jüngeren Virginia Woolf, der sie jahrelang fast täglich schrieb. Diese Beziehung war trotz des Altersunterschiedes, und trotz der von Woolf häufig geäußerten Beschwerden über ihr ungestümes Wesen vielschichtig und für beide Teile bereichernd. Mit ihrem Ästhetizismus, ihrer Innengewandtheit und Hypersensibilität war Woolf das Gegenteil von Ethel Smyth, für die das Überwinden von Widerständen, die kämpferische Auseinandersetzung und das Kennenlernen von Menschen zentrale Anliegen ihres Lebens darstellten. Für die von Kopfschmerzen und Depressionen gepeinigte Woolf war das Schreiben zwar ein notwendiges Lebenselixier, aber zugleich auch eine Qual. Ethel vermittelte ihr mit ihrer unbändigen Energie (Woolf an Smyth: »Ich nippe an dir, wenn ich mich schwach fühle.« [Nicolson 1980, Bd. 6, 18]) und ihrer Extrovertiertheit etwas, das sie nicht besaß bzw. das sie nicht besitzen wollte, um das sie sie aber beneidete.

Die restlichen Jahre waren mit wiederholten Versuchen, ihre Werke zur Aufführung zu bringen, mit der Schriftstellerei und mit Vorträgen gefüllt. Sie engagierte sich für den Aufbau eines Frauen-Sinfonie-Orchesters, doch ohne greifbaren Erfolg.

Ethel zog von One Oak nach Coign, wo sie bis an ihr Lebensende blieb. Hier verbrachte sie den größten Teil des Zweiten Weltkrieges im Kampf gegen die völlige Taubheit und das Nachlassen ihrer körperlichen Kräfte. »Ich rechne damit, bald zu sterben, und ich habe vor, im Stehen zu sterben«, sagte sie ihrer Krankenpflegerin (Crichton, 364). So weit kam es nicht; sie verstarb nach kurzer Bettlägerigkeit am 8. Mai 1944, mit 86 Jahren.

Mit den Suffragetten in See stechen

»Ich möchte, daß Frauen sich großen und schwierigen Aufgaben zuwenden. Sie sollen nicht dauernd an der Küste herumlungern, aus Angst davor, in See zu stechen. Ich habe weder Angst noch bin ich hilfsbedürftig; auf meine Art bin ich eine Entdeckerin, die fest an die Vorteile dieser Pionierarbeit glaubt.« (What Happened Next, 210)

Ethel Smyth war patriotisch gesonnen und in vielem konservativ. Durch ihre Herkunft bedingt übernahm sie zuweilen kolonialistisch anmutende Attitüden. Lange glaubte sie an den Sinn von Kriegen. Es spricht allerdings für sie, daß sie sich 1049 zu ihren Fehlern bekannte: »Es ist beschämend für mich, daß ich während drei Viertel meines Lebens mich philosophierend, wohlwollend und zuweilen enthusiastisch über das Grausamste aller Grauen, den Krieg, äußerte ...« (What Happened Next, 91). Ähnlich erging es ihr mit den Suffragetten. Zunächst betrachtete sie deren Arbeit mit Spott und verließ sogar England 1908, um sich dem Kampf um das Frauenstimmrecht zu entziehen: »Als Komponistin wollte ich mich heraushalten. Eine Beteiligung erschien mir mit künstlerischer Kreativität unvereinbar.« (zit. b. St. John, 144) Sie ahnte wohl, daß sie sich bei ihrem Naturell nur mit Haut und Haaren engagieren konnte, oder überhaupt nicht.

Aber die Bewegung holte sie ein und 1911 beschloß sie, sich für zwei Jahre intensiv dem politischen Kampf zu widmen. Je mehr sie sich mit der Sache befaßte, umso stärker entwickelte sie ein Bewußtsein für die Benachteiligung der Frau auf allen Ebenen – ein Thema, das sie bis zu ihrem Lebensende beschäftigte.

Aus ihrem Engagement erwuchs eine enge Freundschaft mit der entschlußfreudigen und redegewandten Anführerin, Emmeline Pankhurst. Immer an der Spitze des Geschehens, komponierte und dirigierte sie Werke für Großveranstaltungen, u. a. ihren ›March for the Women‹.

Bis 1900 hatte sich in der Wahlrechtsfrage trotz wiederholter Kritik der Frauen kaum etwas verändert. Die National Union of Women's Suffrage Societies (NUWSS), die sich als parlamentarische Lobby betätigte, wurde von den Abgeordneten nicht ernst genommen. Erst als Emmeline Pankhurst 1905 die WSPU gründete und sie nach einer politischen Veranstaltung in Manchester wegen versuchter Unruhestiftung angeklagt und zu einer Geldbuße bzw. Haft verurteilt wurde (wobei sie sich der öffentlichen Wirkung wegen für die Haft entschloß), lenkte die Frauenstimmrechtsfrage größere Aufmerksamkeit auf sich.

Emmeline Pankhurst und ihre Töchter Christabel und Sylvia siedelten nach London über, um von dort aus Demonstrationszüge und öffentliche Versammlungen zu organisieren. Während andere Gruppierungen sich von Gewaltanwendungen nichts versprachen, griff die Gruppe um Mrs. Pankhurst auch mal zu Steinen, kettete sich an, klingelte an den Haustüren von Politikern und störte Sitzungen.

1908 erreichten die Demonstrationen einen Höhepunkt. Als die WSPU eine Kundgebung im Hyde Park organisierte, schätzte die ›Times‹ die Anzahl der Teilnehmerinnen auf 500000 – eine selbst für Londoner Verhältnisse unglaubliche Menge.

Ethel Smyth trat zu einem Zeitpunkt der Bewegung bei, als die Situation sich gefährlich verschärft hatte. Der Konflikt griff auf die Allgemeinheit über. Der Name »Suffragette« wurde zum Schimpfwort. Wissenschaftler sahen sich genötigt, Frauen zu pathologisieren und zu kriminalisieren. Ein angesehener Arzt behauptete in einem Leserbrief an die ›Times‹, daß die Hälfte der englischen Frauen z. T. als Folge der Wechseljahre verrückt sei: Streitbarkeit sei ein Symptom für Geisteskrankheit. Der damals vielgelesene italienische Kriminologe Cesare Lombrose bezeichnete selbst die »normale« Frau als ein kriminaloides

Wesen, und die ›Saturday Review‹ hielt gebildete Frauen für »Ungeziefer« (Lloyd, 85).

Neue Demonstrationszüge wurden organisiert; es kam zu Verhaftungen. Am 1. März 1912 schlugen etwa zweihundert Frauen in der vornehmen Einkaufsgegend um die Londoner Oxford Street fast sämtliche Scheiben ein. Es kam zu einer Welle von Verhaftungen – Ethel Smyth gehörte dazu. Während Mrs. Pankhurst im Gefängnis saß, leitete die Tochter Christabel von Paris weiter die Kampagne.

Der Erste Weltkrieg veränderte die Stimmung im Lande schlagartig. Angesichts der Gefahren, die vom Ausland drohten, fand man sich zum solidarischen Bund gegen den Feind von außen. Im patriotischen Eifer unterstützte selbst die Frauenbewegung die Kriegsanstrengungen. Nach dem Weltkrieg hatte sich die Beteiligung von Frauen am gesellschaftspolitischen Leben so etabliert, daß sie nicht mehr übergangen werden konnten. Dennoch wurde ihre Geringschätzung fortgeschrieben: Da es durch die Kriegsverluste und die Geburtsstruktur bedingt mehr Frauen als Männer gab, genehmigten die alarmierten Politiker das allgemeine Wahlrecht für Männer ab 21, für Frauen aber erst ab 30 Jahren. Diese Diskriminierung blieb bis 1928 wirksam.

Einen Eindruck von Ethel Smyths erregtem Zustand in diesen Jahren vermittelt ein Brief von Marie von Thurn und Taxis, die der Komponistin in Wien begegnet war, und im Januar 1913 an Rainer Maria Rilke schrieb: »... eine Miss Ethel Smythe (sic) die nebenbei eine wirklich sehr begabte Componistin ist, und außerordentlich gescheid, temperamentvoll scheußlich garstig und decidirt. Sie hat uns fort über ihre Suffragette-schaft erzählt, hat erklärt, daß sie jeden Tag wenn sie wach wird unserm Herrgott dankt daß sie eine Frau ist, daß sie, wenn sie nach England zurück ginge sofort wieder eine Bombe in ein Theater werfen würde, oder ein Haus anzünden, oder ein(en) Minister am Parapluie auf spießen würde (darum bleibt sie jetzt hübsch in Wien), – hat Alex über die Feigheit der Männer, Dr. K. über ihre Dummheit vorlamentirt – kurz es war zum entrée zahlen – Dabei ist sie wirklich eine exceptionelle, interessante Frau – (nur wie oft Engländerinnen, ganz instinctlos).« (Schmölders, 220)

Der Zwang zur Verzettelung

»Man muß sich darauf einstellen, das Leben immer von neuem zu beginnen, unzählige Male, bis zum Ende.« (zit. b. St. John, 131)

Diese kurze Karriere als politische Agitatorin blieb in Ethel Smyths Leben einmalig. Die Musik war ihr Lebensinhalt. Sie ließ es nach eigener Aussage nicht zu, daß andere Menschen sie in ihrer Arbeit störten (What Happened Next, 267): Dennoch wird ihre Tendenz, sich zu zersplittern, häufig als ein ihr eigener Charakterzug bezeichnet und daraus gefolgert, daß sie selbst schuld sei, wenn sie der Vergessenheit anheimfiele. In der Tat hat sie gemessen an ihrem Alter kein übergroßes Werkverzeichnis vorzuweisen. Bereits zu Lebzeiten warnten sie Lisl von Herzogenberg und Henry Brewster davor, sich durch die Sportausübung, übermäßiges Reisen und die intensive Pflege von Freundschaften vom Komponieren ablenken zu lassen.

Einige Musikhistoriker heben den belehrenden Zeigefinger: »Wir haben uns zu fragen, ob sich ihre Herumreiserei mit ihrem kompositorischen Ehrgeiz vertrug. Es bleibt der Mutmaßung überlassen, ob sie sich in der Musikwelt stärker durchgesetzt hätte, wenn sie sich strenger an das Komponieren gehalten hätte.« (McNaught) »Der Fall Ethel Smyth ist eine Warnung an Komponisten, ihre Energien durch außermusikalische Aktivitäten aufzubrauchen, und wenn ihre Kunst dadurch noch so sehr bereichert wird.« (Howes, 216) »Ihre Neigung, sich von Seitenstraßen und Nebenschauplätzen ablenken zu lassen, die mit ihrer Kunst nichts zu tun hatten, schränkten bedauerlicherweise die musikalische Produktion dieser erstaunlichen Frau ein.« (Beecham 1949, 85)

Eine solche Sichtweise ist schief, denn es gab und gibt unzählige männliche Komponisten, die neben dem Komponieren unterrichten, dirigieren und forschen, Festivals ausrichten und weitschweifige Freundschaften pflegen, denen es aber dennoch gelingt, ihr Schaffen an die erste Stelle zu setzen. Die Neigung, sich »verzetteln« zu müssen, ist auch bei anderen Komponistinnen zu beobachten. Sie ist in vielen Fällen eine Folge der den Frauen versagten Möglichkeit, als Komponistinnen gewürdigt zu werden. Johanna Kinkel (1810–1858), die unterrichtete, komponierte, dirigierte, dichtete und eine Familie großzog, wurde nirgendwo voll anerkannt. Die hochbegabte Französin Nadia

Boulanger (1887–1979) schränkte das Komponieren ein und erwarb sich statt dessen Verdienste im pädagogischen Bereich. Obwohl sie stets betonte, dies freiwillig zu tun, bleiben die wahren Motive im dunkeln. Häufig suchten schöpferische Frauen einen Ausweg, indem sie sich auf Genres beschränkten, die als besonders feminin galten: Cécile Chaminade (1857–1944) oder Teresa Carreño (1853–1917) verschrieben sich der virtuosen Salonmusik und erfüllten somit die gängigen Erwartungen an eine Frau. Die Praxis der »ballad concerts«, einer beliebten Form des Liedkonzerts, ließ minder begabte britische Komponistinnen wie Virginia Gabriel, Liza Lehmann (1862–1918) und Maude Valérie White (1855–1947) mit Liedern zur Geltung kommen. Selten wagte sich eine Frau über die Lied- und Kammermusik hinaus wie Louise Farrenc (1804–1875) mit ihren drei Sinfonien ebenso wie Augusta Holmès (1847–1903), die Opern und sinfonische Dichtungen schrieb, sowie Lili Boulanger (1893–1918) mit einer Kantate und sinfonischen Dichtungen.

Nur wenige Frauen konnten im 19. Jahrhundert dem Komponieren zielgerichtet nachgehen: Louise Adolpha Le Beau (1850–1927) zählt ähnlich wie Lili Boulanger dazu. Beide blieben allerdings im Schoß der Familie: die mangelnde Lebensnähe macht sich vor allem in Le Beaus Schaffen bemerkbar. Louise Farrenc erhielt zwar eine Professur am Pariser Konservatorium, durfte dort allerdings nur Mädchen im Fach Klavier unterrichten.

Bei Ethel Smyth liegen die Dinge anders. Zeitlebens willens, hauptberuflich als Komponistin zu arbeiten, fand sie nie die Möglichkeit einer beruflichen Verankerung. Ihre männlichen Kollegen waren dagegen ausnahmslos in lukrativen Stellen untergebracht, die ihnen ökonomische Sicherheit und viel Zeit für ihre Arbeit boten. Hubert Parry (1848–1918) wurde Nachfolger Arthur Sullivans als Direktor der Royal College of Music, Charles Villiers Stanford (1852–1924) war Musikprofessor in Cambridge, Edward Elgar (1857–1934) Musikprofessor an der Universität Birmingham, und Alexander Mackenzie (1847–1935) war Leiter der Royal Academy of Music.

Sie verweigerte sich dem für Frauen gängigen Ausweg, pädagogisch zu arbeiten. Das einzige Angebot einer sozialen Sicherung, das die Gesellschaft für sie bereithielt, war eine Heirat. Dieser Schritt war zu ihrer Zeit meist mit einem Verzicht auf Berufstätigkeit verbunden und kam für sie nicht in Betracht.

So, wie sie es als ihr Recht ansah, sich professionell zu bilden, schien es ihr folgerichtig, alle Kräfte einzusetzen, um Aufführungen ihrer Werke zu erreichen. Die Pflege ihrer Beziehungen zu den Angehörigen reicher, adliger und einflußreicher Schichten, ein verwobenes Netz weitverzweigter Verbindungen, war für sie ein Mittel, um das »old boys net« ihrer männlichen Kollegen zu kompensieren. Ohne diese Freundinnen – die Kaiserin Eugénie, die Prinzessin Edmond de Polignac und vor allem die Amerikanerin Mary Dodge – wäre Ethel Smyth wohl völlig in Vergessenheit geraten. Letztere stellte ihr nicht nur ihr Londoner Heim für Aufführungen zur Verfügung, bezahlte die Musiker, ermöglichte ihr den Kauf eines Hauses, zahlte 1909 das Defizit der Aufführung der ›Wreckers‹, sondern setzte ihr auch eine lebenslange Pension aus. Sogar Sängerinnen verzichteten zuweilen auf ein Honorar, wie beispielsweise Blanche Marchesi bei der konzertanten Aufführung der ›Wreckers‹ unter Arthur Nikisch 1908, um Ethel Smyths Musik zum Klingen zu bringen.

»Mit Scheuklappen versehener Egoismus konnte kaum schneller die Straße heruntergaloppieren als es Ethel Smyth tat. Lästig war sie oft, aber nie langweilig«, schrieb Vita Sackville-West. Der Spott übersieht ihre Situation. Smyth sah es als die vornehmste Pflicht einer Frau an, innerhalb einer Männerwelt für sich zu kämpfen; dies als nackten Egoismus zu brandmarken, ist unfair. Die Hilfen aus aristokratischen Kreisen konnten niemals der Motor für Aufführungen sein, sondern nur ein Medium. Alles andere mußte von ihr allein geleistet werden.

Anpassung und Exzentrik – zwei Seiten einer Medaille?

In den Berichten der Zeitgenossen werden immer wieder ihre überragenden Fähigkeiten des musikalischen Vortrags und des Dirigierens betont. Sylvia Pankhurst (1882–1960), die Tochter der Suffragetten-Anführerin Mrs. Pankhurst und eine scharfe Beobachterin, erlebte Smyth singend am Klavier.

»Sie hatte keine große Singstimme. Am Klavier vollbrachte sie jedoch singend und spielend Wunder – man hörte schier den Klang eines vollen Chors und eines Sinfonieorchesters! Zumindest hörte man das Wichtigste heraus. Ihre Musik klang nie so schrankenlos offen, wie wenn sie sie selbst darstellte. Irgendwie übertrug sich der Gesamteffekt

– und etwas mehr dazu – auf die Zuhörer: der Geist ihres seltsamen, wilden, leidenden, kämpfenden Herzens, dessen Geheimnisse niemand ergründen konnte. Ihr Chorlied ›Hey Nonny No!‹ klang nie kraftvoller und unheimlicher als damals in ihrem Häuschen, wo sie es einer kleinen Gruppe von Suffragetten vorspielte. Die Stimmen der rauhen, groben und ungehobelten Seeleute, die in wilder und abenteuerlustiger Stimmung in der Kneipe tranken; fröhliche Stimmen, grobes, lautes und abstoßendes Gelächter; die dummen, wütenden, fröhlichen und trauernden Stimmen von Frauen: Stimmen des Todes und des Grausens – all dies umgeben von dem rauhen Sturm, den man in dem Chor hörte, alles von ihr wie durch einen Zauber dargestellt.« (Pankhurst, 377f.)

Ähnlich begeistert reagierte der Schriftsteller Maurice Baring, als sie Lieder von Brahms und Schubert präsentierte:

»Die ganze Vorstellung war so vollendet und absolut perfekt: die Begleitung, die Balance von Wort und Ton, und die innerste und intimste Aussage des jeweiligen Komponisten schien sich zu offenbaren, als sänge er selber das Lied zum ersten mal; die seltene und exquisite Qualität ihrer Stimme, das Schauern und Wehklagen, die deutliche und klare Aussprache, und der Wirbel an Leidenschaft und Emotion, den sie hervorrief ...« (Baring, 140)

Es fehlte aber auch nicht an ironischen Untertönen. Die Schauspielerin Doris Westwood, die im Old Vic Theatre arbeitete, kam eines Tages an dem Übungsraum der Opernabteilung vorbei.

»Auf dem Dirigierstuhl saß eine ältere Dame ohne Hut, die Arme weit ausgestreckt, mit dem Taktstock in der Hand. Sie stand auf, warf ihre Arme in die Luft, als ob ihre Seele zu beengt sei und beim Lärmen und dem Tempo der Musik schier zerplatzen müsse.« (zit. b. Dent, 38) Und Thomas Beecham erzählt genießerisch, wie er Ethel Smyth im Gefängnis erlebte, als sie aus einem Fenster heraus die im Hof marschierenden Suffragetten in »bacchantischer Ekstase« mit einer Zahnbürste dirigierte (Beecham, 85).

Solche Anekdoten, teilweise durch ihr eigenes Verhalten herausgefordert, stellten sie in ein exzentrisches Licht. Ethel Smyth war vor eine Alternative gestellt, die ihren Geschlechtsgenossinnen nicht unbekannt ist, und die sich bei näherem Hinsehen als eine schlechte Wahl entpuppt: entweder sich dem gängigen weiblichen Klischee anzupassen und nicht ernst genommen zu werden, oder in Neuland vorzustoßen, um dann wiederum als verschrobene Außenseiterin zu gelten.

Um der passiv-schüchtern-leidenden Frauenrolle zu entgehen, für die Sexualität und Erotik, das Reisen und viele Sportarten entweder verboten, tabuisiert oder mit Einschränkungen versehen waren, schlug sie häufig ins Gegenteil um. Männern bot dies häufig den Anlaß, sie eher jovial-herablassend als ernsthaft und würdevoll zu behandeln. Eine Episode mag dies verdeutlichen. Der Sänger George Henschel übergab ihr während ihres Studiums in Leipzig ein Empfehlungsschreiben für seinen Freund Johannes Brahms:

»Überbringerin dieses ist eine ebenso talentvolle wie amüsante, lustige Engländerin, Miß Smyth. Sie hat, bevor sie noch irgend Unterricht gehabt, ganz allerliebste Liedchen gemacht und brennt vor Sehnsucht, ein einziges Wort mit Ihnen zu reden oder vielmehr von Ihnen zu hören. Gönnen Sie ihr dies Wort, und wäre es auch nur: ›Machen Sie, daß Sie wieder hinauskommen!‹ Außerdem springt sie über Stühle samt Lehne, reitet, jagt, fischt, schwimmt etc. etc.« (zit. b. Huschke, 191)

Es war ihr sicherlich recht, daß ihre Musik immer wieder als »viril« und »männlich« bezeichnet wurde. Ihre Kleidung war nüchtern und funktional. Meist lief sie im bequemen Tweed-Kostüm (damals mit bodenlangem Rock) herum. Sie trug gerne eine Fahrradkluft, die einem Hosenanzug ähnlich gewesen sein muß: der Dirigent Henry Wood hielt sie für einen Handwerker, als er sie einmal nach einer Radtour von hinten sah (vgl. Wood, 281f.), und die Kaiserin Eugénie, die in ihrer Nachbarschaft wohnte, stellte ihr bei Einladungen ein Zimmer zur Verfügung, damit sie sich nach der Radfahrt nicht mehr im Gartengebüsch umziehen mußte. Smyth hatte eine laute Stimme und ein überschäumendes Temperament. Weit entfernt vom viktorianischen Ideal der prüden Frau, scheut sie sich nicht, in ihren Memoiren von so hochnotpeinlichen Dingen zu erzählen wie Wasserlassen an unziemlichen Orten, von Durchfallerkrankungen, von ihrem Interesse an der körperlichen Beschaffenheit eines Hermaphroditen, von ihren gleichgeschlechtlichen Neigungen, von ihrem Einbrechen in eine Ehe.

In diesem Kontext ist auch ihre obsessive Beschäftigung mit allen möglichen Sportarten zu sehen. Bis heute ist ein Mangel an intensiver Körpererfahrung charakteristisch für die Mädchenerziehung. Ethel Smyth hat dies nie in solchem Ausmaß erlebt, sondern mußte nur im übertragenen Sinn gegen Einengungen kämpfen. Ihre Erziehung, die es ihr gestattete, sich körperlich zu betätigen, ermöglichte es ihr, einige als »unweiblich« geltende Eigenschaften zu trainieren.

Sie betrieb regelmäßig und begeistert Sportarten wie Reiten, Golf, Tennis, Schach, Radfahren und Cricket. Das Radfahren galt damals für Männer als vulgär und für Frauen als unschicklich; unberührt davon unternahm sie Radtouren durch Italien und fuhr daheim bei jedem Wetter. Sie scheute sich nicht vor waghalsigen Sprüngen und Geländefahrten mit Pferden, unternahm gewagte Klettertouren und liebte besonders die Fuchsjagd. Sie konnte beim Golf, Tennis auch beim Schachspielen alles um sich herum vergessen.

»Himmel, wie ich Spiele liebe! Sie sind für mich grimmig ernst. Ich kann sie nicht als reines Spiel betrachten«, schreibt sie und behauptet, daß sie ohne Golf zwar quantitativ mehr, dafür aber qualitativ nicht so gut arbeitet (St. John, 116). Der Sport spornte sie an, ihr Bestes zu geben.

Aufschlußreich ist ihre Begeisterung für die Bergsteigerei. Sie bewertete diese Leidenschaft höher als die für die Jagd und sogar höher als die Liebe. Ihre Schilderung eines Aufstiegs (What Happened Next, 55) erinnert spontan an Strauss' symphonische Dichtung ›Eine Alpensinfonie‹, wo mit einem wilhelminisch anmutenden Riesenorchester eine Bergbesteigung sinnlich nachvollzogen wird. Die Gipfelerstürmung als Höhepunkt des Stückes wird mit dem mächtigen Orchesterapparat voll ausgekostet. Hier wird beschrieben, was den Frauen dieser Zeit fremd, weil untersagt war: die physische Herausforderung, das Erlebnis einer Risikoerfahrung unter Mobilisierung der letzten Kräfte und die krönende Belohnung. In Sportarten wie der Bergsteigerei konnte Ethel Smyth ihrem Drang nach Freiheit und Bewegung frönen. Denkbar ist, daß sie im Bewegungssport die viktorianischen Normen der Innerlichkeit, der Passivität und der Bewegungslosigkeit, die Frauen vorgeschrieben waren, durch immer neu mobilisierte Anstrengungen überwand. Nur so konnte sie vielleicht die Kräfte aufbringen, um entgegen allen landläufigen Vorschriften und Meinungen zu komponieren: Nicht nur zu komponieren, sondern dabei auch in Genres vorzustoßen wie Messe und Oper, die für Frauen in besonderer Weise tabuisiert waren.

Sie gab traditionell weibliche Normen auf und setzte andere Werte an deren Stelle. Es waren vorwiegend männlich-geprägte Werte, die sie übernahm. Sicherlich gaben sie ihr mehr Spielraum, doch zugleich wird deutlich, daß das Entrinnen aus einem Klischee häufig nicht in die Freiheit führt, sondern dieses dennoch widerspiegelt, wenn auch in umgekehrter Form. Noch gravierender fällt ins Gewicht, daß die unbewußte Anstrengung, einer stereotypen Rolle zu entkommen, Energien absorbierte und ihre Lebenskräfte umlenkte.

Ihre Musik – wie Kritiker sie sahen

Ethel Smyths Musik fällt aus dem Rahmen der Musikgeschichtsschreibung, ebenso wie ihr Schaffen rezeptionsgeschichtlich gesehen Neuland ist. Die Entdeckungsfahrten haben noch gar nicht begonnen. Das soziale Umfeld der Komponistin, das sie zugleich hemmte und förderte, beeinflußte sowohl die berufliche Ausrichtung, als auch ihre psychische Disposition. Im folgenden wird zu deuten sein, wie sich dies auch auf ihr Denken und ihre Affekte, und damit auf ihr kompositorisches Schaffen auswirkte. Doch zuvor wäre zu fragen: wie standen Kritiker in England zu ihrer Musik?

Die verwirrende Meinungsvielfalt laviert zwischen überschwenglicher Wertschätzung und kritischem Verdikt. Einige meinten, sie sei für ihre Zeit zu früh geboren und wäre einige Jahrzehnte später erfolgreicher gewesen. Andere wähnten ihre wahre Begabung im Schriftstellerischen. Ihr wurde vorgeworfen, zu sehr von deutscher Schwerblütigkeit Brahmsscher Prägung beeinflußt zu sein. Altmodisch sei sie noch dazu. Sie selbst nahm an, als Frau benachteiligt zu sein; es gibt aber auch die gegenläufige Überzeugung, daß es gerade ihr exotischer Sonderstatus als Komponistin war, der ihr einen gewissen Nimbus verlieh und dadurch eine gewisse öffentliche Anerkennung ermöglichte.

Kritiker stellten Ethel Smyth gern mit gönnerhafter Attitüde in die Nähe des Querulantentums. Nigel Nicolson sieht in ihren Beschwerden über ihre Benachteiligung eine »Obsession«. »Mit steigender Gereiztheit und verletztem Stolz wiederholte sie ihre Erlebnisse in Büchern und Gesprächen, aber sie erzählte sie mit solchem Gusto, Humor und solcher Eloquenz, daß ihr jeder um ihrer Freundschaft willen vergab. Zweifellos mußte Ethel kämpfen, um Aufmerksamkeit zu erringen, aber das mußten auch viele männliche Komponisten wie

Vaughan Williams und Arnold Bax, da der britische Geschmack für ernste Musik damals nur wenig verbreitet war.« (Nicolson Bd. 4, XV)

Ähnlich ambivalent äußert sich Scott Goddard: »Die Meinungen sind geteilt, ob man sie als eine der vorrangigsten und fähigsten Komponisten ihrer Zeit oder als die größte Komponistin aller Zeiten ansehen sollte. Was das Letztere betrifft, war sie ihre eigene lautstarke Reklamemacherin. In einer Reihe brillanter Erinnerungsbücher betonte sie die Härte gegenüber Frauen sowie die krasse männliche Diskriminierung, die sie – zusammen mit einer Minderheit von Lesern – als hinderlich für ihre Chancen ansah« (Goddard, 28). Und W. McNaught dreht den Spieß gar um: »Sie war bis zur Besessenheit davon überzeugt, daß die Opernwelt sich gegen sie stellte, weil sie eine Frau war. Wer hätte gewagt, ihr zu sagen, daß ihr Geschlecht kein Hindernis, sondern eine positive Hilfe gewesen ist?« (McNaught, 211)

Mit einer solchen Ausblendung der eingefahrenen Spielregeln des Musiklebens konnte man Ethel Smyth leicht als krittelnde Nörglerin abtun. Ein kurzer Blick zurück zeigt, daß es sehr wohl Indizien für reale Benachteiligungen gibt. Die bürgerliche Musikkultur hat Künstlerinnen vom 18. Jahrhundert an vielfältig eingegrenzt, wenn auch in unterschiedlicher Schattierung: den Sängerinnen wurde gehuldigt, während komponierende und dirigierende Frauen als Absurdität galten. An dieser Stelle mag ein Hinweis auf eine Untersuchung von Freia Hoffmann genügen, die Zeitungsberichte zu Auftritten von Künstlerinnen aus der Zeit von 1750 bis 1850 untersuchte und Merkmale einer spezifischen Wahrnehmung der konzertierenden Frauen feststellte:

»Das Überwiegen des visuellen Interesses, geschlechtsabhängige Beurteilungen, die Präsentation weiblicher Schönheit, die Sexualisierung der Körperhaltung, die Bedeutung der Kleidung und rollen-entsprechende Forderungen an die Spielweise: Die Musikerinnen müssen einen zermürbenden Kampf darum geführt haben, trotz dieses Wahrnehmungsfilters als leistungsfähige Musikerinnen anerkannt zu werden ... Eine Frau darf die Grenzen zarter Weiblichkeit nicht überschreiten und bekommt als Gegenleistung die Zweitklassigkeit ihrer Leistung bescheinigt. Für einen Mann kommt es schon einem peinlichen Versagen gleich, wenn er eine Kollegin nicht weit übertrifft.« (Hoffmann Bd. 1, 175 und 176)

Wenn selbst die berühmteste Sängerin und Instrumentalistin benachteiligt war, geriet die Komponistin erst recht in Konflikt mit der Umwelt.

Leicht wird übersehen, daß Ethel Smyth nicht nur gegen die Tücken ihres Geschlechts angehen mußte, sondern außerdem in der zweiten Hälfte des 19. Jahrhunderts einem wenig entwickelten Musikleben in England gegenüberstand. Es gab zwar eine große und interessierte Hörgemeinde; diese mochte sich jedoch mehr an der kontinentalen als an der spezifisch britischen Musik orientieren. Historiker sprechen etwas ungenau von der Mendelssohn'schen Hegemonie. Unterhaltungsmusik britischer Provenienz wurde akzeptiert, das recht schwerfällige, der Tradition Händels erwachsene Oratorium und die Kantate errangen einen festen Platz. Alles andere hatte einen schweren Stand.

Die Tradition der italienischen Oper war im 19. Jahrhundert noch so vorherrschend, daß französische, deutsche und selbst englische Opern für ihre Londoner Aufführungen ins Italienische übersetzt wurden; Wagners Fliegender Holländer wurde 1870 in einen »L'Olandese dannato« umgewandelt. Vorstöße zur Schaffung einer romantischen englischen Oper waren kurzlebig. Und noch etwas wirkte erschwerend: nicht nur, daß englische Komponisten im eigenen Land zögernd akzeptiert wurden, sie haben es bis heute nicht leicht, auf dem Festland akzeptiert zu werden. Edward Elgar wurde nie als Komponist etwa vom Rang eines Richard Strauss gewürdigt, Frederick Delius oder Gustav Holst führen ein Schattendasein. Erst Benjamin Britten erlangte eine dauerhafte internationale Reputation.

Ethel Smyth konnte nicht damit rechnen, in England aufgeführt zu werden. Sie hatte zwar ein berühmtes Vorbild in Arthur Sullivan (1842–1900), der im Bereich der komischen Oper zusammen mit seinem Librettisten Gilbert erfolgreich war, strebte aber Anspruchsvolleres an. Umso mutiger ist ihr Eindringen in das Operngenre zu bezeichnen, war sie doch als Frau *und* Engländerin benachteiligt, im In- wie im Ausland. (Den Ausschlag für dieses Wagnis gab der Wagner-Dirigent Hermann Levi, der ihr dramatisches Talent bereits an ihrer Messe erkannte und sie ermutigte, ihr Glück mit einer Oper zu versuchen.)

Ihre Messe in D gehörte denn auch zu ihren ersten großen Erfolgen. Sie stellte ihre Fähigkeit zu großen Dimensionen erfolgreich unter Beweis. Mit meisterhaften kontrapunktischen Partien und farbiger Instrumentierung vermied sie alles, was sich der Schablone »weichlich-weiblich« zuordnen ließ. Das ging so weit, daß sie bei konzertanten Aufführungen eine Umstellung des strahlenden Gloria an den Schluß wünschte: der Gedanke, mit einem lauen Gebet zu enden, gefiel ihr nicht. Die

Folge: Das ansonsten negative Etikett »Frau« wurde von der Presse nicht etwa entfernt, sondern einfach umgedreht. Die ›Times‹ schrieb: »Diese Arbeit stellt Ethel Smyth unter die hervorragendsten Komponisten ihrer Zeit und mit Leichtigkeit an die Spitze aller Komponistinnen. Am auffälligsten ist das völlige Fehlen derjenigen Eigenschaften, die man gemeinhin mit Frauen assoziiert. Das Werk ist durchweg viril, meisterhaft in Konstruktion und Ausarbeitung und besonders bemerkenswert in seiner kunstfertigen und satten Färbung der Orchestrierung.« (zit. b. St. John, 86)

Aber nicht nur die Messe, sondern auch ihre Opern erhielten lobende Anerkennung. Der berühmte britische Dirigent Thomas Beecham stellt Teile ihrer Oper ›The Wreckers‹, den Chor ›Hey Nonny No‹ und einige ihrer Lieder als einzigartig in der zeitgenössischen Kunst dar und entdeckt in ihrer Musik »Vitalität und rhythmische Gewalt, gepaart mit hoher Emotionalität und zarter Empfindung, frei von aller Schwülstigkeit oder Plattheit« (Beecham, 85). W. McNaught dagegen hält ihre Opern für weniger gelungen und preist gerade ihre Kammermusik, der er »ein Gespür für Freiheit und Entstehung und Fluß« attestiert. Den langsamen Sätzen des e-moll Streichquartetts und des Konzertes für Horn und Violine spricht er Bedeutung und Expressivität zu und zieht einen Bogen zu Dvořák. Frank Howes kritisiert die angeblich mangelnde Individualität und Brüche im thematischen Material, das nach deutschem Muster zugeschnitten ist; er zieht die Messe vor (Howes, 66).

Ihre Biographin Christopher St. John bedauert, daß die Erfolge ihrer Lieder mit kammermusikalischer Begleitung in Paris und Wien sie nicht ermutigten, mehr Kammermusik zu schreiben: »Ihr Streichquartett in e-moll zeigt deutlich, daß sie in diesem Genre mit entsprechender Übung originelle Arbeit hätte leisten können.« (St. John, 133)

Ihre Musik – heute

Es bleibt festzuhalten, daß Ethel Smyths Werkschaffen im Standard-Repertoire sowohl des internationalen als auch des englischen Musiklebens fehlt. Es ist, als hätte es sie nie gegeben. Erst Jahrzehnte später gelang es in England drei stilistisch höchst unterschiedlichen Komponistinnen, Elisabeth Lutyens (1906–1979), Elizabeth Maconchy (geb.

1907) und Phyllis Tate (geb. 1911), sich allgemein durchzusetzen. Wiederum eine Generation weiter besticht das umfangreiche Werkschaffen der 1928 in Edinburgh geborenen Thea Musgrave. Kann man sich überhaupt heute, da sich Ethel Smyths 130. Geburtstag jährt, ihrer Musik unbefangen nähern, oder wurde sie unwiderruflich vom Wind der Vergänglichkeit weggeweht?

Eine objektive Bewertung wird aus zwei Gründen erschwert. Zum einen bereitet es Probleme, an Notenausgaben zu gelangen, vom klingenden Beispiel ganz zu schweigen. In der Bundesrepublik waren es die dem »Arbeitskreis Frau & Musik« e. V. nahestehenden Künstlerinnen, die in Konzerten die Kammermusik vorstellten bzw. beim Rundfunk einspielten, und so zumindest einen ersten Eindruck ermöglichten. Zum anderen wird ihr Schaffen noch immer von einer Mischung aus echter Anerkennung und allgemeiner Irritation überschattet. Als Frau fällt sie eigentlich aus dem musikkulturellen Diskurs heraus, ließ sie sich doch weder in die Salon- noch in die Liedecke stellen. Diese Zuordnungen sind zwar heute als falsch anerkannt, aber noch lange nicht aus der Welt. Wenn die Rezeption ihrer Musik durch das Raster der exotischen Außenseiterin verzerrt wurde, war dies genauso hinderlich, wie wenn man sie heute durch eine kritiklose Anhimmelung hochjubelte. Wie man es dreht und wendet, es ist fast unmöglich, dem Etikett »weiblich« zu entgehen, und ihre Musik wird in der Bewertung davon affiziert, bleibt von diesen polaren Zuspitzungen nicht unberührt.

Ethel Smyth erlebte die Musikkultur nicht als brüchig, wie es manche Schriftstellerin mit der Sprache erfuhr. Virginia Woolf spricht beispielsweise in ›Ein Zimmer für sich allein‹ von einem Riß, der aus der Erkenntnis entspringt, daß die Sprache mit ihren überlieferten Mustern und Bildern und ihrer festgefügten grammatischen Ordnung eine fremde Sprache für Frauen ist. Eine solche Erfahrung war Ethel Smyth fremd. Sie fand sich in dem überlieferten musikalischen Material zurecht, formte es nach eigenem Gusto. Die Aneignung englischer Folklore und die von der englischen Music-Hall Tradition übernommene Unbefangenheit dem Unterhaltungsgenre gegenüber sind ebenso vorhanden wie handwerkliche Gediegenheit im Formalen und die feste Verwurzelung in der deutschen Spätromantik, wobei sie sich eher der Brahmsschen Richtung als der der Neutöner anschließt. Ihr ausgeprägter Sinn für Dramatik, ihre Vitalität und ihr Humor allerdings gehören ihr selbst, ebenso wie die Sanftheit, die eine emotionale (aber nie sentimentale) Ausstrahlung verrät, die sie selten in ihren Büchern zur Schau stellt. Innovativ war sie nicht: das war auch nie ihre Intention. Es ist ein Kriterium der bürgerlichen Musikkultur, das sogenannte »Abgenutzte« als minderwertig abzutun und immer neue Materialien und Umgangsformen zu kreieren. Eine solche Auffassung stellt eher das Ich des Künstlers in eitler Pose zur Schau, als daß sie die Belange der Zuhörer/innen berücksichtigt. Obwohl Ethel Smyths Leben von einer Abneigung gegenüber allen Festlegungen beherrscht war, suchte sie in ihrer Kompositionsweise die feste Verwurzelung in der Tradition und weniger die aufsehenerregende Neuerung. Ihr war stets der kommunikative Aspekt wichtig. Das erklärt, warum sie unentwegt bemüht war, ihrer Musik zu Aufführungen zu verhelfen.

Mit ihrem unbekümmerten Leben und ihrer geistigen Produktivität widersprach sie allen gängigen Formeln von der unschöpferischen Frau. Man mag sie ironisch-amüsiert als exzentrische Kämpferin betrachten und als Widerspiegelung der Legenden sehen, die sie in ihren eigenen Büchern bildete; doch bleibt sie uns aus der Ferne nah. Ihre Probleme sind auch und immer noch unsere Probleme.

»Bleibende Eindrücke«? Das wird sich zeigen. Sie selbst wußte um die Vergänglichkeit der Töne und verbrachte einen Gutteil ihrer Zeit, um der Umwelt Eindrücke ihrer Musik zu vermitteln. Sie empfahl sich zu Lebzeiten so energisch, daß sie schwerlich übergangen werden konnte. Ihre schriftstellerische Arbeit hat sich bereits heute als kulturhistorisch wertvoll ausgewiesen. Doch sie wünschte vor allem, daß ihre Musik endlich einmal unvoreingenommen auf dem Prüfstand stehen könnte, um sich zu bewähren. So schrieb sie:

»Der genaue Wert meiner Musik wird wahrscheinlich erst dann erkannt werden, wenn nichts von mir übriggeblieben ist als geschlechtslose Punkte und Striche auf liniertem Papier ... Wenn das kümmerliche Rinnsal eines persönlichen Schicksals mit dem Strom menschlicher Erfahrungen davongetragen wird; wenn auch nur ein Quentchen von alledem ins Werk eines Künstlers einfließt, lohnte es sich, dieses Werk verfaßt zu haben. Und sollten andere jetzt oder nach meinem Tod nur ein schwaches Echo eines solchen Geistes in meiner Musik erfassen, dann ist alles gut, und mehr als gut.« (zit. b. St. John, 172)

Verzeichnis der Kompositionen

Eine von Jory Bennett zusammengestellte präzise Aufstellung einschließlich Erstaufführungsdaten und Besetzung findet sich bei Ronald Crichton (Hg.), The Memoirs of Ethel Smyth, Middlesex 1987.
Ethel Smyth schrieb bis 1887 nur Kammermusik. Nach 1939 war sie fast völlig ertaubt und komponierte nicht mehr.

Steichquartett d-moll, 1880
Prelude and Fuge for Thin People, ca. 1883 (Manuskr. verschollen)
Four Short Chorale Preludes für Streicher und Soli, 1882–4
Streichquintett E-dur op. 1, 1884
Lieder und Balladen op. 3, 1886
Lieder op. 4, 1886
Sonate für Vc. und Klavier op. 5, 1887
Sonate für Violine und Klavier op. 7, 1887
Trio für Streicher D-dur, 1887
Streichquartett C-dur, 1886–8
The Song of Love, Kantate op. 8, 1888
Ouvertüre zu Shakespeares ›Antony and Cleopatra‹, 1890
Serenade D-dur, 1890
Messe D-dur für Soli, Chor und Orchester, 1891
Oper ›Fantasio‹, 1892–4
Oper ›Der Wald‹, 1899–1901
Oper ›The Wreckers‹, 1902–4
Vier Lieder mit Kammermusikbegleitung: Odelette, La Danse, Chrysilla (T.: Henri de Régnier) und Anacreontic Ode (Leconte de l'Isle) für Flöte, Harfe, Streicher und Schlagzeug, 1907
Sleepless Dreams (T.: Rossetti) für Chor und Orchester, 1912
Songs of Sunrise: Laggard Dawn, 1910 – being a faithful chronicle ..., March of the Women, für Chor a cappella, 1910
March of the Women für Chor mit Klavierbegleitung, 1911

Hey Nonny No! für Chor und Orchester, 1911
Streichquartett e-moll, 1902–1912
Sleepless Dreams für Chor und Orchester, 1912
Fünf kurze Choralpreludien, 1913
Drei Lieder (The Clown (T.: Maurice Baring), Possession, On the Road (Ethel Carnie) mit Orchesterbegleitung, 1913
Lieder: Three Moods of the Sea: Requies, Before the Squall, After Sunset (T.: Arthur Symons) mit Orchesterbegleitung, 1913
Oper ›The Boatswain's Mate‹, 1913–4
Dreamings (T.: Patrick Macgill) für Chor a cappella, 1920
Soul's Joy (T.: John Donne), Madrigal für Chor a cappella, 1923
Oper-Ballett ›Fête Galante‹, 1923
Oper ›Entente Cordiale‹, 1923–4
Konzert A-dur für Violine, Horn und Orchester, 1927 (auch als Trio arr. für zwei Soloinstrumente mit Klavier)
Variationen über Bonny Sweet Robin für Flöte, Oboe und Klavier, 1927
Zwei Trios für Violine, Oboe und Klavier, 1927
The Prison, Sinfonie für Soli, Chor und Orchester, 1930
Hot Potatoes, Fanfare für Bläser, 1930
Präludium über eine irische Volksmelodie, 1939

Literatur

A. L. Bacharach, British Music of our Time, Harmondsworth 1951

Maurice Baring, The Puppet Show of Memory, London 1922

Thomas Beecham, A Mingled Chime, London 1949

Derselbe, Dame Ethel Smyth, in: The Musical Times Juli 1958

Karmela Bélinki, Women's Suffrage and Fiction in England, 1905–1914, Helsinki 1984

Louise Collis, Impetuous Heart. The Story of Ethel Smyth, London 1984

Ronald Crichton (Hg.), The Memoirs of Ethel Smyth, Middlesex 1987

Kathleen Dale, Dame Ethel Smyth, in: Music and Letters 25/1944, 191

Dieselbe, Ethel Smyth's Prentice Work, in: Music and Letters 30/1949, 329–336

Edward J. Dent, A Theatre for Everybody. The Story of the Old Vic and Sadler's Wells, London 1946

Scott Goddard, The Roots and the Soil: Nineteenth Century Origins, in: A.L. Bacharach, British Music of our Time, Harmondsworth 1951

Eduard Hitschmann, Johannes Brahms und die Frauen, in: Psychoanalytische Bewegung, 5. Jg. 2/1933

Freia Hoffmann, Instrument und Körper. Die musizierende Frau und ihre Wahrnehmung in der bürgerlichen Kultur 1750–1850, Manuskr.

Frank Howes, The English Musical Renaissance, London 1966

Konrad Huschke, Frauen um Brahms, Karlsruhe o. J.

Trevor Lloyd, Suffragetten. Die Emanzipation der Frau in der westlichen Welt, Lausanne 1970

W. McNaught, Dame Ethel Smyth, in: The Musical Times Juli 1944, 207–212

Nigel Nicolson (Hg.), The Letters of Virginia Woolf. Bd. 4., Bd. 6, London 1980

Sylvia Pankhurst, The Suffragette Movement, London 1977

Claudia Schmölders (Hg.), Deutsche Briefe von Liselotte von der Pfalz bis Rosa Luxemburg, Frankfurt 1987

Christopher St. John, Ethel Smyth, London 1959

Donald Francis Tovey, Essays in Musical Analysis, Bd. 5, London 1937

Bruno Walter, Thema und Variationen, Frankfurt/M. 1960

Ursula Weck, Neue Töne in Eden. Ethel Smyth – eine vergessene Komponistin, in: TAZ v. 17.5.1988

Eva Weissweiler, Komponistinnen aus 500 Jahren, Frankfurt/M. 1981

Henry J. Wood, My Life of Music, London 1938

Kurzbiographien

ALLEN, SIR HUGH (1869-1946), englischer Organist und Dirigent, wurde 1907 Dirigent des Londoner Bach Chors und 1918 Professor für Musik in Oxford.

D'ARC, JEANNE (ca. 1412–1431), französische Nationalheldin, führte ein Heer gegen die Engländer; von den Engländern auf dem Scheiterhaufen verbrannt.

ASQUITH, HERBERT HENRY (1852–1928), Premierminister von 1908–1916.

BALFOUR, GRÄFIN BETTY, langjährige Freundin und Vertraute Ethel Smyths.

ASTOR, NANCY WITCHER, geb. Langhorne (1879–1964), das erste weibliche Mitglied des britischen Unterhauses.

AUSTEN, JANE (1775–1817), englische Schriftstellerin.

BAHR, HERMANN (1863–1934), österreichischer Schriftsteller.

BARING, MAURICE (1874–1945), englischer Schriftsteller und Diplomat, ein guter Freund Ethel Smyths, die eine Biographie über ihn verfaßte.

BARNBY, SIR JOSEPH (1838–1896), englischer Komponist und Chordirigent. Sein Chor ging in die Royal Choir Society ein.

BATTENBERG, PRINZ HENRY VON (1858 bis 1896), heiratete Prinzessin Beatrice, die jüngste Tochter von Königin Victoria.

BEACONSFIELD, EARL (= BENJAMIN DISRAELI) (1804–1881), britischer Staatsmann, Minister zu Königin Victorias Zeiten.

BEECHAM, SIR THOMAS (1879–1961), englischer Dirigent, der die Werke von Richard Strauss und Delius in England bekannt machte.

BELL, GERTRUDE (1868–1926), britische Reiseschriftstellerin.

BERNHARDT, SARAH (1844–1872), französische Schauspielerin, glänzte in klassischen und modernen Rollen, auch Hosenrollen (z. B. Hamlet).

BOADICEA (gest. 62 n. Ch.), britische Königin von Iceni in Ost-Anglien, führte einen Aufstand gegen die Römer.

BONHEUR, ROSA (1822–1899), französische Malerin, die durch ihre Tierbilder berühmt wurde.

BOULT, SIR ADRIAN (1889–1983), englischer Dirigent, ab 1950 Chef des London Philharmonic Orchestra.

BREWER, SIR HERBERT (1865–1928), englischer Organist, Dirigent und Komponist. Sein besonderes Verdienst war die Leitung des Three Choirs Festival in Gloucester, wo er zahlreiche neue Werke aufführte.

BREWSTER, HENRY (1850–1908) (»H.B.«), amerikanischer Philosoph und Schriftsteller, langjähriger Freund und Geliebter Ethel Smyths.

BROCKHAUS, EDUARD (1829–1914), zusammen mit seinem Bruder RUDOLF Verlagsinhaber in Leipzig. Rudolfs Sohn MAX gründete 1893 in Leipzig den Musikverlag Max Brockhaus.

BRONTË-SCHWESTERN: CHARLOTTE (1816 bis 1855), EMILY (1818–1848) und ANNE (1820–1849), englische Schriftstellerinnen, die unter den Pseudonymen Currer, Ellis und Acton Bell veröffentlichten.

BÜLOW, BERNHARD VON (1849–1929), deutscher Staatsmann, Reichskanzler und preußischer Ministerpräsident von 1900 bis 1909.

CAMPBELL-BANNERMANN, Sir Henry (1836 bis 1908), britischer Staatsmann, von 1905–1908 Premierminister. Er gab den unterworfenen Burenstaaten 1906 die Autonomie und bereitete die Gründung der Südafrikanischen Union vor.

CASALS, PABLO (1876–1973), spanischer Violincellist, auch als Dirigent, Pianist und Komponist tätig.

CAVOUR, CAMILLO GRAF BENSO DI (1810 bis 1861), italienischer Staatsmann, einer der Begründer des vereinten Italien.

CHAMBERLAIN, HOUSTON (1855–1927), philosophischer Schriftsteller, begeisterter Anhänger der Wagnerschen Kunst und Weltanschauung; beeinflußte die nationalsoz. Rassenlehre.

CHAMBERLAIN, JOSEPH (1836–1914), britischer Politiker, dessen expansionistische Politik den Burenkrieg herausforderte.

CHRISTIAN, PRINZESSIN (1846–1923), dritte Tochter von Königin Victoria, heiratete Prinz Christian von Schleswig-Holstein.

CHRISTINA VON SCHWEDEN (1626–1689), schwedische Königin.

CLIVE, ROBERT BARON (1725–1774), britischer Soldat, Gründer der britischen Herrschaft in Ostindien.

COATES, ALBERT (1882–1953), englischer Dirigent und Komponist.

COLERIDGE, SAMUEL TAYLOR (1772–1834), englischer Dichter und Kritiker.

CONNAUGHT, HERZOG VON (1850–1942), dritter Sohn der Königin Viktoria, heiratete Prinzessin Louise von Preußen.

CROSS, RICHARD VISCOUNT (1823–1914), britischer Staatsmann, konservatives Mitglied des britischen Unterhauses von 1857–1862 und 1868–1886. Als Innenminister dämmte er die Kinderarbeit durch Erlasse ein.

CURIE, MARIE (1867–1934), französische Wissenschaftlerin, gewann 1903 mit ihrem Mann den Nobelpreis in Physik und 1911 alleine den Nobelpreis für Chemie.

DANE, CLEMENCE (1888–1965), Schriftstellername der englischen Erzählerin Winifred Ashton, die Romane und Dramen schrieb.

DELBRÜCK, HANS (1848–1929), Historiker mit dem Schwerpunkt auf kriegsgeschichtliche Forschungen.

DISRAELI s. Beaconsfield

DRAKE, SIR FRANCIS (ca. 1540–1596), britischer Seeoffizier, der 1587 die spanische Flotte bei Cádiz zerstörte.

EDGEWORTH, MARIA (1769–1849), irische Schriftstellerin, die durch ihre Heimatromane bekannt wurde.

EDINBURGH, HERZOG VON (1844–1900), zweiter Sohn Königin Victorias.

EDWARD VII. (1841–1910), britischer König von 1901–1910, ältester Sohn Königin Victorias.

ELGAR, EDWARD WILLIAM (1857–1934), englischer Komponist, Violonist und Organist. Er gilt als Spätromantiker, dessen Schaffen sich an der älteren Musik und Folklore Englands orientiert.

ELIOT, GEORGE (1819–1880), Pseudonym für Marian Evans, englische Schriftstellerin.

ELISABETH I. (1533–1603), Königin von England.

EUGÉNIE, COMTESSE DE TEBA (1826–1926), Frau Napoleon III. und Kaiserin von Frankreich von 1853–1870. Nach der Schlacht von Sedan 1870 suchte sie ihr Exil in England.

EULENBURG, PHILIP FÜRST (1847–1921), begabt als Dichter und Komponist, wurde er der Vertraute Wilhelms II.

FASSBENDER, ZDENKA (1880–1954), tschechische Sopranistin, mit dem Dirigenten Felix Mottl verheiratet.

FAWCETT, DAME MILLICENT GARRETT (1847–1929), Präsidentin der National Union of Women's Suffrage Societies (NUWSS) ab 1897.

FREDERICK, KAISERIN (eigentlicher Name Victoria), älteste Tochter Königin Victorias und »Princess Royal«, heiratete 1858 den deutschen Kronprinz, der 1888 seinem Vater als Friedrich III. auf den Thron folgte.

FRIEDLÄNDER, MAX (1852–1934), deutscher Musikforscher.

FULLER–MAITLAND, JOHN ALEXANDER (1856–1936), englischer Musikkritiker und -wissenschaftler.

GEISTINGER, MARIE (1836–1903), österreichische Schauspielerin.

GILBERT, SIR WILLIAM S. (1836–1911), Librettist der Operetten des britischen Komponisten Arthur Sullivan.

GLADSTONE, WILLIAM E. (1809–1898), britischer Staatsmann.

GLEICHEN, FEODORA (gest. 1922), englische Bildhauerin, deren Skulpturen u. a. in London, Kairo und Paris stehen.

GODFREY, SIR DANIEL (1868–1939), Dirigent, bis 1934 Leiter des Bournemouth Municipal Orchestra.

GORDIGIANI, LUIGI (1806–1860), italienischer Komponist, hatte besonderen Erfolg mit kleineren Gesangsstücken.

GOSSE, SIR EDMUND WILLIAM (1849–1928), englischer Schriftsteller.

HADOW, SIR WILLIAM HENRY (1859–1937), englischer Komponist, Musikschriftsteller und Musikpädagoge, gab das Komponieren zugunsten der musikwissenschaftlichen Arbeit auf.

HARDY, KEIR (gest. 1915), Labour Mitglied des britischen Unterhauses und Sympathisant der Frauen-Wahlrechtsbewegung.

HARNACK, ADOLF VON (1851–1930), evangelischer Theologe; er war der bedeutendste Vertreter der historischen Schule innerhalb der liberalen Theologie um die Jahrhundertwende.

HENSCHEL, GEORGE (1850–1934), Bariton, Dirigent und Komponist. Er studierte am Leipziger Konservatorium. 1862 debütierte er als Pianist in Berlin, 1866 als Baß in Hirschberg. Zeitweilig Dirigent des neugegründeten Boston Symphony Orchestra. Er übernahm die britische Staatsbürgerschaft und heiratete die amerikanische Sopranistin Lilian Bailey.

HERBERT, SIDNEY (1810–1861), britischer Politiker.

HERRICK, ROBERT (1591–1674), englischer Dichter, bekannt für seine Verssammlung »Hesperides« (1648).

HERSCHEL, CAROLINE (1750–1848), Schwester des Astronomen Friedrich Wilhelm Herschel, unterstützte ihren Bruder, entdeckte acht Kometen.

HERZOGENBERG, ELISABETH („LISL") (1847 bis 1892) UND HEINRICH (1843–1900): Die Pianistin und der Komponist waren mit Brahms eng befreundet. Von Leipzig siedelte das Ehepaar 1885 nach Berlin über, wo Herzogenberg als Direktor der Abteilung für Komposition an der Musikhochschule tätig war.

HESSE, GROSSHERZOG LUDWIG IV (1837 bis 1892), heiratete Prinzessin Alice, die zweite Tochter Königin Victorias.

HILDEBRAND, ADOLF VON (1847–1921), Bildhauer. Die Gestaltungsgesetze, die sein Werk bestimmen, legte er 1914 in seiner Schrift ›Das Problem der Form‹ dar.

HOCHBERG, GRAF BOLKO VON (1843 bis 1926), deutscher Komponist, 1886–1903 Generalintendant der Königlichen Schauspiele in Berlin.

HOWELL, DOROTHY (*1898), Komponistin, Pianistin, Klavierpädagogin, war zuletzt als Kompositionslehrerin an der Royal Academy of Music in London tätig.

HOWELLS, HERBERT (*1892), englischer Komponist, Schriftsteller und Pädagoge.

JADASSOHN, SALOMON (1831–1902), Komponist und Musiktheoretiker, lehrte am Leipziger Konservatorium.

JOACHIM, JOSEPH (1831–1907), Geiger, Dirigent und Komponist, war ein getreuer Freund Brahms'.

JOHN, AUGUSTUS EDWIN (1878–1961), walisischer Maler.

JOHNSON, SAMUEL (1709–1784), englischer Schriftsteller.

JOWETT, BENJAMIN (1817–1893), britischer Wissenschaftler.

KATHARINA (II.) DIE GROSSE (1729–1796), Zarin von Rußland.

KIRCHNER, FÜRCHTEGOTT THEODOR (1823–1903), deutscher Komponist, dessen Klavierstücke und Lieder bekannt wurden.

KLENGEL, bedeutende musikalische Leipziger Familie. JULIUS (1859–1933) war Cellist im Gewandhausorchester.

KNIGHT, LAURA (1877–1970), britische Malerin.

KOWALEWSKAJA, SOFJA (1850–1891), bedeutende Mathematikerin und Schriftstellerin.

KRAUS, ERNST (1863–1941), preußischer Kammersänger, Gastspiele im In- und Ausland.

KREISLER, FRITZ (1875–1962), Geiger und Komponist.

KRÜGER, PAULUS (auch »Ohm Kruger«), Politiker Transvaals, beim Burenkrieg gegen Großbritannien 1880–1881 am Oberkommando beteiligt.

LALO, EDOUARD (1823–1892), französischer Komponist.

LASCELLES, SIR FRANK CAVENDISH (1841 – 1920), Diplomat und Botschafter in Berlin von 1895–1907. Seine Tochter FLORENCE heiratete den Diplomaten Sir CECIL SPRING-RICE (1859–1918).

LEE, VERNON (1856–1935), Schriftstellername für Violet Paget, britische Schriftstellerin, schrieb vor allem geistvolle Essays über italienische Kunst.

LENBACH FRANZ VON (1836–1904), Maler, der erfogreichste deutsche Bildnismaler seiner Zeit.

LENCLOS, NINON DE (1620–1705), eine durch Bildung und Schönheit bekannte französische Kurtisane, deren Haus Treffpunkt bedeutender Personen war.

LEVI, HERMANN (1839–1900), Dirigent. Er näherte sich ab 1870 dem Kreis R. Wagners; 1882 der erste Dirigent des Parsifal in Bayreuth.

LICHNOWSKY, KARL MAX FÜRST (1860 bis 1928), Diplomat, wurde 1912 Botschafter in London.

LIND–GOLDSCHMIDT, JENNY (1820–1887), schwedische Sopranistin, genannt »die schwedische Nachtigall«. Sie feierte Welterfolge. 1852 heiratete sie ihren Klavierbegleiter Otto Goldschmidt.

LLOYD GEORGE, DAVID (1863–1945), britischer Staatsmann, wurde durch seinen Redefeldzug gegen den Burenkrieg bekannt.

LOË, WALTER DEGENHARDT, FREIHERR VON (1828–1908), Generalfeldmarschall, in besonderem Vertrauensverhältnis zu Wilhelm I und Wilhelm II.

LYTTON, LADY CONSTANCE (1869–1923), Suffragette aristokratischer Herkunft, wurde viermal eingesperrt; zwei Hungerstreiks, 1912 Schlaganfall, von dem sie sich nicht mehr erholte.

MAAS, LOUIS (1852–1889), Pianist und Komponist, lehrte das Fach Klavier am Leipziger Konservatorium ab 1875.

MANNS, SIR AUGUST FRIEDRICH (1825 bis 1907), deutscher Dirigent, leitete 1855–1901 die Saturday Concerts am Crystal Palace in London. Er brachte viele Erstaufführungen.

➤ MARIA THERESIA (1717-1780), österreichische Kaiserin.

MARKHAM, MRS. (1780–1837), Pseudonym für Elizabeth Penrose, erfolgreiche Kinderbuchautorin.

MAUROIS, ANDRÉ (1885–1967), französischer Schriftsteller.

MCKENNA, REGINALD (1863–1943), britischer Staatsmann, Innenminister von 1915–1916.

MILTON, JOHN (1608–1684), englischer Dichter. Als sein Meisterwerk gilt »Paradise Lost« (1667).

MINGHETTI, LAURA, Ehefrau des italienischen Botschafters Prinz Camporeale und Mutter von Gräfin BÜLOW, der Frau des deutschen Kanzlers. In zweiter Ehe war sie mit dem Staatsmann MARCO MINGHETTI verheiratet (1818–1886).

MOTTL, FELIX (1856–1911), österreichischer Dirigent, der vor allem mit seinen Interpretationen Wagnerscher Werke Weltruhm erlangte.

MUCK, KARL (1859–1940), gehörte zu den großen Dirigenten seiner Zeit. Er war lange Jahre an der Berliner Hofoper (1892–1912) und in Bayreuth (1901 bis 1930) tätig.

MURRAY, GILBERT (1866–1957), britischer Wissenschaftler, dessen Übersetzungen der Meister des altgriechischen Dramas ihn populär werden ließen.

NELSON, HORATIO (1758–1805), englischer Admiral. 1805 besiegte er in Trafalgar eine französisch-spanische Flotte, wobei er tödlich verwundet wurde. Lord Nelson gilt in England als Nationalheld.

NEWMAN, ERNEST (1868–1959), Musikkritiker, zu Lebzeiten einer der angesehensten englischen Musikschriftsteller.

NIGHTINGALE, FLORENCE (1820 bis 1910), englische Krankenschwester, berühmt für ihre segensreiche Tätigkeit im Krim-Krieg. Sie gründete 1860 eine Ausbildungsstätte für Krankenschwestern in London.

NIKISCH, ARTHUR (1855–1922), deutscher Dirigent, der große Erfolge in den Metropolen Europas und in den USA errang.

NOAILLES, KOMTESSE ANNA DE (1876 bis 1933), französische Dichterin.

OSBORNE, WALTER FREDERICK (1859 bis 1903), britischer Maler.

PANKHURST, EMMELINE (1858–1928), Suffragette, führte die 1905 gegründete WSPU (Women's Social and Political Union) an. Ihre Töchter Sylvia und Christabel halfen ihr dabei.

PARRY, SIR HUBERT (1848–1919), Komponist und Lehrer, eine wichtige Figur in der englischen »Musikrenaissance«.

PATTI, ADELINA (1843–1919), italienische Sopranistin, eine der gefeiertsten Primadonnen ihrer Zeit.

PETHICK-LAWRENCE, Herr und Frau (später Lord und Lady) spielten ab 1906 eine bedeutende Rolle in der Frauen-Wahlrechtsbewegung; sie waren u. a. Herausgeber der Zeitschrift ›Votes for Women‹.

PIERSON, GEORG (1852–1902), Intendant am Preußischen Hoftheater, Berlin.

PONSONBY, LADY, Ehefrau des königl. Privatsekretärs Sir Henry Ponsonby, der 1895 starb. Ihr Sohn Arthur war in seiner Jugend ein Page der Königin gewesen.

RADZIWILL, FERDINAND FÜRST (1834 bis 1928), war 1879–1928 Abgeordneter im deutschen Reichstag und Vorsitzender des Polenklubs.

RALEIGH, SIR WALTER (ca. 1554–1618), englischer Abenteurer und Schriftsteller.

RÉGNIER, HENRI DE (1864–1936), französischer Dichter.

REINECKE, CARL (1821–1910), Komponist, Pianist und Dirigent. Leiter des Leipziger Konservatoriums; 1860–1895 Kapellmeister der Gewandhauskonzerte in Leipzig.

RHODES, CECIL JOHN (1853–1902), gewann ein Vermögen durch die Ausbeutung südafrikanischer Diamantminen, war von 1890–1896 Premierminister der Kapkolonie.

RIDDELL, BARON GEORGE ALLARDICE (1865–1934), politisch aktiver Zeitungsbesitzer (›News of the World‹).

ROBERTS, FREDERICK SLEIGH GRAF (1832–1914), englischer Feldmarschall, u. a. im Burenkrieg tätig.

RÖNTGEN, ENGELBERT (1829–1897), 1. Konzertmeister im Gewandhausorchester, er lehrte ab 1869 am Konservatorium.

RONALD, SIR LANDON (1873–1938), englischer Dirigent, Pianist, Komponist und Musikkritiker, Leiter der Guildhall School of Music.

ROSEBERY, ARCHIBALD PHILIP, EARL OF (1847–1929), britischer Staatsmann, Nachfolger Gladstones als Premierminister.

SACKVILLE-WEST, VICTORIA (1892–1962), englische Schriftstellerin, war eng mit Virginia Woolf befreundet.

SAINT-SAËNS, CAMILLE (1835–1921), französischer Komponist, schrieb zahlreiche Opern. Als Schriftsteller war er ein scharfer Gegner Wagners.

SALISBURY, ROBERT ARTHUR TALBOT GASCOYNE-CECIL (1830–1903), britischer Staatsmann, bis 1900 Außenminister. Er förderte eine imperialistische Kolonialpolitik.

SAND, GEORGE (1804–1876), Pseudonym für Amandine Lucile Aurore Dudevant, Baronin von, französische Schriftstellerin.

SARGENT, JOHN SINGER (1856–1925), amerikanischer Maler, der sich ab 1884 in London niederließ.

SCHUCH, ERNST (1846–1914), österreichischer Dirigent, Königl. Kapellmeister der Dresdner Hofoper.

SCHUMANN, CLARA (1819–1896), Pianistin und Komponistin, mit Brahms lebenslang befreundet.

SCRIABIN, ALEXANDER (1872–1915), russischer Komponist und Pianist.

SEEBACH, GRAF NIKOLAUS VON (1854 bis 1930), Intendant der Dresdner Hofoper von 1894–1919.

SEELY, SIR CHARLES (1859–1926), britischer Politiker und Parlamentsmitglied der Liberalen Partei.

SHAW, GEORGE BERNARD (1856–1950), britischer Dramatiker, Schriftsteller und Kritiker.

SICKERT, WALTER RICHARD (1860–1942), englischer impressionistischer Maler.

SITWELL, OSBERT (1892–1969), Bruder der Schriftstellerin Dame Edith Sitwell, wurde bekannt durch eine Serie von Memoiren und Gedichte.

SOMERVILLE, MARY (1780–1872), britische Wissenschafts-Autorin.

SOMERVILLE & ROSS, Schriftstellernamen von EDITH ANNA OENONE SOMERVILLE (1858–1949) und ihrer Kusine VIOLET FLORENCE MARTIN (Martin Ross) (1862–1915). Edith Somerville benutzte das doppelte Pseudonym noch nach dem Tod ihrer Kusine und behauptete, sie wäre von ihr inspiriert.

SPECHT, RICHARD (1870–1932), österreichischer Musikschriftsteller, Gründer der Zeitschrift ›Der Merker‹.

SPEYER, SIR EDGAR (1862–1932), musikinteressierter Geschäftsmann, einer der Gründer der Whitechapel Kunstgalerie.

SPITTA, JULIUS AUGUST PHILIPP (1814 bis 1894), deutscher Musikhistoriker und Bach-Spezialist.

STEER, WILSON (1860–1942), britischer Maler.

ST. JOHN, CHRISTOPHER, Journalistin und Schriftstellerin, schrieb eine Biographie Ethel Smyths.

SUGGIA, GUILHERMINA (1888–1950), portugiesische Violoncellistin, studierte 1904 in Leipzig bei J. Klengel, besonders gefeiert als Interpretin italienischer Musik des 17. und 18. Jahrhunderts, war von 1906–1912 mit Pablo Casals verheiratet.

SULLIVAN, SIR ARTHUR (1842–1900), englischer Komponist, schrieb zahlreiche populäre Operetten.

SWINBURNE, ALGERNON CHARLES (1837 bis 1909), englischer Dichter.

SWYNNERTON, ANNIE, englische Malerin.

Tauchnitz, Christian Bernard (1816 bis 1895), Verleger. Das bedeutendste Unternehmen der Firma war die 1841 begonnene Sammlung angloamerikanischer Literatur in Originalsprache (»Tauchnitz-Edition«).

Thibaud, Jacques (1880–1953), französischer Violinist, der 1905 zusammen mit Casals und Cortot eine berühmte Triovereinigung bildete.

Tosti, Paolo (1846–1916), italienischer Sänger, Balladenkomponist und Musiklehrer. Er unterrichtete die britische Königliche Familie in Gesang.

Tovey, Sir Donald (1875–1940), englischer Komponist, Pianist und Musikwissenschaftler. Seine Musik–Essays schufen einen neuen Standard im englischen Musikschrifttum.

Vaughan Williams, Ralph (1872–1958), englischer Komponist mit vielseitigem Schaffen, auch als Dirigent und Musikredakteur tätig.

Victoria, (1819–1901), britische Monarchin. Ihre lange Regierungszeit machte sie zu einem populären Symbol des britischen Reiches.

Wach, Lili (1845–1910), jüngste Tochter von Felix und Cécile Mendelssohn Bartholdy, heiratete 1870 den Rechtsgelehrten Adolf Wach.

Walter, Bruno (1876–1962), amerikanischer Dirigent deutscher Geburt, hatte eine glänzende Laufbahn als Opernkapellmeister. Er war Mahlers Assistent in Wien, Generalmusikdirektor in München, sowie an der Berliner Städtischen Oper und der Wiener Staatsoper tätig.

Werner, Anton von (1843–1915), der bevorzugte Maler des Kaiserreichs, dessen Schlachten und Hoffestlichkeiten er realistisch darstellte.

Wilamowitz–Moellendorff, Ulrich von (1848–1931), klass. Philologe, ab 1897 in Berlin tätig.

Wilhelm II. (1859–1941), deutscher Kaiser, auch König von Preußen.

Wood, Sir Henry (1869–1944), englischer Dirigent, der die populären Promenade Concerts (»Proms«) 1895 in London einführte. Er zeigte sich neuen Werken gegenüber stets aufgeschlossen und spielte auch Ethel Smyths Musik.

Woodhouse, Violet Gordon (1872 bis 1948), Cembalistin und Klavichord-Spielerin. Pionierin bei der Wiederbelebung historischer Instrumente.

Zoloaga, Ignacio (1870–1945), spanischer Maler.

Nachweise

BLEIBENDE EINDRÜCKE (Impressions that Remained), aus: Impressions that Remained, in Two Volumes (1919), New Edition, London (Longmans, Green and Co.), 1923
Es handelt sich um die Kapitel 14 bis 18, 21, 24 sowie das Kapitel 25 (bis S. 289) aus dem ersten Band.

ZWEI KURZE EINDRÜCKE VON KÖNIGIN VICTORIA (Two Glimpses of Queen Victoria), aus: Streaks of Life, London (Longmans, Green and Co.), 1921

EIN STÜRMISCHER WINTER (A Winter of Storm), aus: Streaks of Life, London (Longmans, Green and Co.), 1921

WEIBLICHE TÖNE IM PARADIES (Female Pipings in Eden), aus: Female Pipings in Eden, Edinburgh (Peter Davies Limited), 1933
Es handelt sich um das zweite Kapitel des in diesem Band enthaltenen Porträts von Emmeline Pankhurst.

DIE LETZTE BRÜCKE HINTER SICH ABBRECHEN (A Final Burning of Boats), aus: A Final Burning of Boats etc., London (Longmans, Green and Co. Ltd.), 1928

SCHLAGWORTE UND DIE GELIEBTE IGNORANTIA (Catchwords and the Beloved Ignorantsia), aus: A Final Burning of Boats etc., London (Longmans, Green and Co. Ltd.), 1928

Frontispiz: Dame Ethel Smyth. Gemalt von John Singer Sargent, 1901. National Portrait Gallery, London. Reg. No. 3243

Kommentare, Fußnoten, Kurzbiographien und Nachwort stammen von der Herausgeberin.